新发展理念下档案文化建设的创新与实践

中国档案学会档案文化专业委员会　编

中国文史出版社

图书在版编目（CIP）数据

新发展理念下档案文化建设的创新与实践／中国档
案学会档案文化专业委员会编. -- 北京：中国文史出
版社，2022.9
　　ISBN 978-7-5205-3791-9

　　Ⅰ.①新… Ⅱ.①中… ②档… Ⅲ.①档案研究-文
集 Ⅳ.①G270-53

中国版本图书馆 CIP 数据核字（2022）第 181752 号

责任编辑：詹红旗

出版发行：中国文史出版社
社　　址：北京市海淀区西八里庄 69 号院　　邮编：100142
电　　话：010-81136606　　81136602　81136603（发行部）
传　　真：010-81136655
印　　装：北京中科印刷有限公司
经　　销：全国新华书店
开　　本：787 毫米×1092 毫米　　1/16
印　　张：21.5
字　　数：410 千字
版　　次：2023 年 2 月北京第 1 版
印　　次：2023 年 2 月第 1 次印刷
定　　价：66.00 元

《新发展理念下档案文化建设的创新与实践》
编 委 会

序言
Preface

　　档案作为人类社会实践的历史记录，是文化传承与发展的重要载体，档案与文化密不可分，因而，档案文化蕴含在档案信息资源、档案活动、档案工作及档案事业中。档案文化建设不仅是社会主义文化建设的重要组成部分，而且在落实文化强国战略、提升文化软实力、推进"文化自信"中具有独特优势。党的十九大报告指出：中国特色社会主义进入了新时代，我国社会主要矛盾已经转化为人民日益增长的美好生活需要和不平衡不充分的发展之间的矛盾。档案文化作为一种基础文化，对于促进国家各项建设与发展、更好地满足人民日益增长的美好生活需要方面具有重要的价值，应受到高度重视。

　　近年来，随着档案数据化和互联网技术的应用推动，档案文化传播的方式、内容、载体、途径、范围、运行模式等发生了巨大的变化，加之民族文化自信的日益增强，给档案文化建设带来了良好的发展契机。当前，在档案文化理论的指导下，档案文化建设工作如火如荼开展，各级各类档案馆都将档案文化当作一项重要工作来抓，档案展览、档案文化传播、档案编研、档案文创产品开发等活动扎实开展，形成了众多影响力巨大、可圈可点的档案文化建设成果，档案文化开发与建设业已形成热点，档案文化研究也已成为档案学研究的一个重要专题领域。

　　档案文化建设健康发展的大环境，使档案业界和学界认识到，成立档案文化专业委员会已成为我国档案界一项十分迫切的任务，同时也具备了成立的良好基础。正是在这个大背景下，为进一步凝聚档案文化建设和研究队伍，探索新形态下档案文化资源建设和传播的有效途径及方式，在中国档案学会的关怀和具体指导下，中国档案学会档案文化专业委员会于 2021 年 12 月正式成立。

　　档案文化专业委员会以北京联合大学应用文理学院为挂靠单位，并以应用文理学院档案系为具体实施单位。成立档案文化专业委员会，有利于汇聚档案文化建设和研究队伍，开展理论和实际问题研究，促进资源整合及成果共享。在档案文化专业委员会组织协调下，通过加强档案文化建设与研究，可有效凸显档案特色，进一步发挥档案资源及档案工作的社会作用，从而增强行业自信，更好地推动档案事业创新发展。

档案文化专业委员会将坚持社会主义的价值观引导和"文化兴档，文化强档"的指导方针，凝聚各方力量，围绕档案文化建设中的理论与实践问题，通过不同层次、多种方式的学术研究与交流，丰富档案文化内容，促进档案文化的传播与宣传，加大档案资源开发力度，不断推出具有广泛影响力的档案文化精品，形成档案文化开发和研究的合力，服务文化强国战略、文化软实力建设，为促进档案文化事业的繁荣和发展做出应有的贡献。

为检验我国档案界在档案文化建设方面的成绩，配合中国档案学会计划召开的全国档案工作者年会，加强档案文化学术研究和交流，档案文化专业委员会面向全体委员和在档案文化建设方面有研究或实践心得的档案工作者，发起主题为"新发展理念下档案文化建设的创新与实践"的年度论文征集活动。自2月22日发布征文通知至4月初征文截止日，共收到论文475篇。经档案文化专业委员会秘书处、北京联合大学档案事务研究所联合组织专家进行两轮双盲评审，共评出一等奖42篇，二等奖90篇，优秀奖201篇，合计333篇。

这是档案文化专业委员会成立以来的第一次论文征集和评选活动，得到了学界和行业部门同仁的大力支持和积极参与。参与此次活动人数众多，研究范围广泛，论文质量较高，得到了专家和领导的高度肯定。在此，我们向为征文活动成功举办而付出巨大努力、给予全力支持的作者和各单位的组织者表示诚挚的谢意，对各位获奖作者表示热烈的祝贺！

为了将档案从业者和研究人员的优秀成果固定下来、传播开去，在中国档案学会秘书处指导下，我们组织编辑委员会，在征询作者意愿的基础上，选择征文中具有代表性的成果编辑成册出版。

论文集收录的33篇论文是从获得一等奖的论文中选取的。这些入选文章具有很强的代表性，可以较为全面地反映出本次征文的基本特点，即经过多年的档案文化建设，全国各级各类档案馆（室）已经积累了相当丰富的档案文化建设成果，在档案文化理论和方法研究方面也不断探索创新。从获奖论文的内容来看，既有档案文化建设理论、方法和政策方面的研究，也有来自综合档案馆、企业档案馆、高校和科研档案馆的大量建设实例，如北京市档案馆、四川省档案馆、中国科学院档案馆、国家电网系统档案馆、中国石油系统档案馆等经过长期建设和积累，已经形成了系列成果；2021 年是中国共产党建党百年，各馆积极开展红色档案资源开发、展览、传播活动，因此红色档案资源开发利用方面的论文占了很大的比例；此外，包括侨批档案、纳西族东巴档案等在内的特色档案文化产品、文创产品的开发，以及探讨新技术影响下档案文化建设与传播的策略的论文也形成了研究热点。

本次征文活动已经落下帷幕，但档案文化建设及其理论研究依然任重道远。档案文化建设是一项实践性非常强的工作，同时迫切需要理论的指导。从本次征文来看，对档案文化概念的认识和研究范围的界定依然处于争鸣和探索中，档案文化资源的开发、利用、传播的手段有待进一步丰富，档案文创产品开发的意识、政策等方面有待出现实质性的突破；同时，相当一部分档案从业人员的研究混淆了档案文化建设与档案业务工作，表明开展档案文化建设相关理论与实务培训是十分必要和迫切的。

我们要深刻认识到档案文化建设和传播在社会文化建设和文明传承上的重要作用，深化档案文化开发的内容，丰富档案资源利用的形式，拓宽档案文化传播的范围，提升档案文化传播的速度，突出档案文创产品的特色，巩固档案文化建设的成果，进而形成持续深入的档案文化建设热潮。

作为本次征文活动和文集编辑的组织者，档案文化专业委员会秘书处及北京联合大学档案事务研究所做了大量艰苦、细致的工作，保证了征文工作平稳有序地开展，达到了预期目的。因为是首次组织这样大规模的征文活动，所以也存在着这样或那样的不足，敬请各位同仁提出宝贵的意见和建议，以促使我们吸取经验教训，便于今后更好地推进档案文化专业委员会的各项工作。

本项工作得到了中国档案学会秘书处各位领导的大力支持和精心指导，在此一并表示感谢。

董 焱
2022 年 8 月 20 日

目录
Contents

坚定文化自信　讲好中国档案故事
——强化新时代档案主流媒体责任担当的思考

冯　喆

中国档案报社

摘　要： 中华文化"使中华民族保持了坚定的民族自信和强大的修复能力"。在实现中华民族伟大复兴的征程中，中华优秀传统文化是我们最深厚的文化软实力，"必须结合新的时代条件传承和弘扬好"。新时代档案主流媒体要充分挖掘档案中蕴含的历史文化价值，积极转变观念，勇于面对媒体融合大势，努力加速档案媒体传播模式的创新探索和实践。讲好中国档案故事，要在弘扬社会主义核心价值观、增强国家文化软实力中不断创新发展，强化责任担当。

关键词： 文化自信；中国档案故事；新时代档案主流媒体；责任担当

0　引言

习近平总书记指出："文化是一个国家、一个民族的灵魂。文化兴国运兴，文化强民族强。没有高度的文化自信，没有文化的繁荣兴盛，就没有中华民族伟大复兴。"[1]在实现中华民族伟大复兴的征程中，中华优秀传统文化是我们最深厚的文化软实力，"必须结合新的时代条件传承和弘扬好"[2]。档案是文化载体，在传承中华优秀传统文化中发挥着重要作用。新时代档案主流媒体要做坚定文化自信的践行者，要自觉融入社会主义文化强国建设中，充分挖掘档案中蕴含的历史文化价值，讲好中国档案故事，在弘扬社会主义核心价值观、增强国家文化软实力中不断创新发展，强化责任担当。

1 坚定高度文化自信，弘扬档案文化社会价值

习近平总书记指出："抛弃传统、丢掉根本，就等于割断了自己的精神命脉。博大精深的中华优秀传统文化是我们在世界文化激荡中站稳脚跟的根基。"[3]中国共产党的文化自信必须立足于中华优秀传统文化。要使中华民族最基本的文化基因与当代文化相适应、与现代社会相协调，必须坚定推动中华优秀传统文化的创造性转化、创新性发展。

1.1 档案是文化传承与传播载体，是讲好中国故事的文化资源

党的十九大报告指出："中国特色社会主义文化，源自于中华民族五千多年文明历史所孕育的中华优秀传统文化，熔铸于党领导人民在革命、建设、改革中创造的革命文化和社会主义先进文化，植根于中国特色社会主义伟大实践。"[4]

档案作为文化记录的资源库、文化发展的思想库、文化建设的素材库，它与文化紧密联系。新时代的档案文化自信根植于中华民族悠久的历史文化，源于档案特有的文化传播价值，源于档案特有的维护历史的凭证价值。文化自信是档案文化自信的统领，档案文化自信是文化自信的组成部分。[5]档案是文化的母体，是文化传承与传播的载体，是讲好中国故事的文化资源。

1.2 文化自信背景下的档案文化建设

档案文化是在档案所反映的文化内涵的基础上，对传统文化的一种"吐故纳新"的再挖掘、再创造和再升华，是在挖掘历史文化、弘扬民族文化、发展地方文化的过程中的再丰富、再发展。在坚定文化自信的背景下，在弘扬和传承中华优秀传统文化、革命文化和社会主义先进文化的氛围下，全方位、多层次对档案资源进行整合、开发、利用，挖掘档案中蕴含的历史文化价值，不仅可以极大地丰富档案文化内涵，还能充分发挥档案对提升文化软实力的重要作用。档案主流媒体在新时代档案文化建设中，必须担当弘扬社会主义先进文化、推进社会主义核心价值体系建设、传播文化正能量的职责，讲好中国档案故事。

1.3 守望兰台，向社会大众传播中华文化的"档案表达"

档案主流媒体是档案编研成果的重要传播渠道之一。守望兰台，讲述不一样的档案故事，是一种向社会传播中华文化的"档案表达"。强化档案在主题教育中的作用，提升全社会档案意识，弘扬中华民族优秀传统文化，传承红色基因是

档案主流媒体的职责担当。

1.3.1　依托历史档案，传承优秀文化

《中国档案报》创刊近 30 年，始终依托历史档案，通过报网宣传平台发出"档案声音"。丝绸之路是一个世界现象，跨越了民族国家的畛域。丝绸之路沿线的国家、地区、族群，在生产、贸易、交往等社会活动中形成的档案，不仅是人类历史的记忆，更是文明交流的符号，承载着千古常新的丝路精神，成为人类文明的宝贵遗产。为了通过回望那段辉煌的历史，传承与传播丝路文化，续写新的"一带一路"传奇，《中国档案报》与中国第一历史档案馆合作，从国家档案局主办、中国第一历史档案馆等承办的"锦瑟万里虹贯东西——'丝绸之路'历史档案文献展"中选取素材，2020 年 2 月起推出"锦瑟万里虹贯东西——历史档案里的丝路故事"栏目，邀请档案专家、历史学家，从国内外保存的丝绸之路历史档案中甄选若干撰文，图文并茂地讲述 16 世纪至 20 世纪初我国与丝绸之路沿线国家和地区交流的历史佳话。

张謇（1853—1926）在兴办实业的同时，积极兴办教育和社会公益事业，是中国民营企业家的先贤和楷模。《中国档案报》与江苏省南通市档案馆合作，从 2021 年 2 月 1 日起推出"江风海韵话张謇"专栏，依托相关档案，讲述"一代儒商"张謇实干兴邦、造福乡梓的故事，以弘扬其"实业救国""教育救国"理念，及其矢志不渝探索富民强国之路的精神。

1.3.2　用活红色档案，讲好百年党史

中央档案馆集中保管着自五四运动以来的、具有全国意义的革命历史档案和新中国成立后党和国家中央机关具有永久保存价值的档案，馆藏档案 80 多万卷、600 多万件，资料 260 万册，照片档案 9 万张，声像档案 1.9 万小时。这些丰富珍贵的馆藏档案，是党和国家档案的精华。

其中，自中国共产党成立以来形成的"红色档案"，记录了中华优秀儿女"开天辟地"，成立中国共产党，铸就为了民族独立和人民解放而不畏艰险、坚守信念、敢于牺牲、勇往直前的斗争精神；记录了中国共产党人"改天换地"，建设新中国，铸就为了改变民族贫穷落后的面貌而自力更生、奋发图强、艰苦奋斗、无私奉献的创业精神；记录了中国共产党人"翻天覆地"，进行改革开放，铸就为了国家富强、民族振兴和人民幸福而开拓创新、锐意进取、求真务实的改革创新精神。2021 年是建党百年，也是全党开展党史学习教育之年。中国档案报社与中央档案馆保管部、利用部共同推出"档案公布·学党史"专栏，从红色档案中甄选百件珍档，在纸媒上以 10 个主题通版的展示，回顾《中国共产党章程》形成与发展历程；重温入党誓词、入党申请书背后的故事；致敬革命英烈、时代楷模；探寻国旗、国徽和国歌的诞生……以原汁原味的"档案表达"，

让读者从一帧帧老照片的历史场景、一件件文书档案的字里行间、一句句红色家书的只言片语中，感悟百年大党的信仰坚定、斗争精神、人民至上，用好用活红色档案资源，讲好百年党史故事，弘扬伟大建党精神，传承红色基因，用党的历史、先辈典范浸润、感化党员的心灵。

2 壮大主流思想舆论，提升档案传播引导水平

"牢牢把握正确舆论导向，唱响主旋律，壮大正能量，做大做强主流思想舆论，把全党全国人民士气鼓舞起来、精神振奋起来，朝着党中央确定的宏伟目标团结一心向前进。"[6] 习近平总书记这一重要要求，为宣传思想工作强信心、聚民心、暖人心、筑同心指明了努力方向、提供了根本遵循。

2.1 "档媒"姓党，坚持政治家办报党性原则

档案主流媒体必须始终坚持马克思主义新闻观，坚持以习近平新时代中国特色社会主义思想为指导，坚持政治家办报的原则，要讲品位，讲格调，讲见报效应，讲公信力；要坚持"立足档案，面向社会，为档案事业服务，为社会服务，为读者服务"的宗旨，努力把"三贴近"原则正确运用到媒体宣传报道中；要始终把握正确舆论导向，坚持专业性与社会性、知识性与趣味性、严肃性与灵活性的有机结合；要注重发挥档案媒体的正确引导功能、认识功能、教育功能、审美功能、激励功能；要坚持弘扬真善美、鞭挞假丑恶的主旋律，努力做到政治性、思想性、艺术性、可读性、知识性、趣味性、新闻性的和谐统一。始终围绕党和国家工作中心、服务大局，牢记社会责任，让档案媒体成为传播社会主义先进文化的重要舆论阵地之一。

2.2 让党的声音始终成为档案网络传播空间最强音

网络已是当前意识形态斗争的最前沿，网络意识形态安全风险问题值得高度重视，要坚决打赢网络意识形态斗争。2021年，中国档案资讯网和公众号相继推出"档案公布·学党史""抗争与求索——从鸦片战争到辛亥革命""光辉历程——民国档案中的红色记忆"等专题，努力打造文化精品，传播积极健康、向上向善的网络文化，让党的声音始终成为档案网络传播空间的最强音。

2.3 坚持真理，敢于亮剑，反对历史虚无主义

党的十八大以来，习近平总书记多次强调"要警惕和抵制历史虚无主义的影

响，坚决抵制、反对党史问题上存在的错误观点和错误倾向"[7]。这为反对历史虚无主义指明了方向。近年来，社会上有一种历史虚无主义思潮，贬损革命，否定中国近现代史上革命斗争的伟大意义；抹黑革命领袖和历史上的英雄，极力歪曲事实、颠倒黑白；否定中国共产党的领导及新中国的建设成就；给历史上的反动人物贴金、翻案、褒扬、吹捧等，最终是要否定马克思主义指导地位和中国走向社会主义的历史必然性，否定中国共产党的领导，企图搞乱人心，煽动推翻中国共产党的领导和我国社会主义制度[8]。

档案在反对历史虚无主义中发挥着重要作用，对待历史虚无主义就是要凭借真实的档案，"让历史说话，用史实发言"[9]，旗帜鲜明地加以抵制和反对，敢于亮剑，增强对党史、国史的认同。档案媒体要充分利用宣传平台，以文为"剑"，对错误思想和言论，做到不回避、敢交锋，用史实揭穿谣言、谎言，驳倒谬误，澄清迷雾，让党的主张和人民的意志成为时代最强音。近年来，《中国档案报》陆续刊发了一系列相关文章。如2021年1月8日刊发的文章《生的伟大死的光荣——档案中记述的刘胡兰牺牲前后》，以山西省档案馆保存的参与杀害刘胡兰的张宝全于1951年6月24日供述残害刘胡兰经过的供词档案，以及1947年2月6日《晋绥日报》发表的《刘胡兰慷慨赴义》报纸资料为凭，讲述了刘胡兰从容就义、壮烈牺牲的史实；还有2020年2月7日刊登的、以中央档案馆藏《一九四一年八月晋察冀反扫荡战役》总结（部分）档案为凭创作的《宁死不屈的"狼牙山五壮士"》文章等，都是以档案见证的史实驳斥了历史虚无主义污蔑英雄的谎言。

3 树立文明大国形象，讲好档案背后中国故事

习近平总书记在党的十九大报告中指出："讲好中国故事，展现真实、立体、全面的中国，提高国家文化软实力。"[10]档案媒体要讲好中国档案故事，推动中华优秀传统文化的创造性转化、创新性发展。

3.1 塑造历史底蕴深厚的大国形象

习近平总书记指出："要注重塑造我国的国家形象，重点展示中国历史底蕴深厚、各民族多元一体、文化多样和谐的文明大国形象，政治清明、经济发展、文化繁荣、社会稳定、人民团结、山河秀美的东方大国形象，坚持和平发展、促进共同发展、维护国际公平正义、为人类作出贡献的负责任大国形象，对外更加开放、更加具有亲和力、充满希望、充满活力的社会主义大国形象。"[11]有效传播推介文明，讲好中国故事，主动、全面、客观地让世界更好地感知中国、了解

中国，让中华文明在自然流淌、润物无声中散发独特魅力，充分展示社会主义大国形象，是当代新闻舆论工作者义不容辞的职责。档案主流媒体则要通过创新档案文化传播形式，让档案文化走出行业，走近大众，走入社会，走向世界。

3.2 档案是人类文明承前启后赓续发展的桥梁

习近平总书记指出："没有文明的继承和发展，没有文化的弘扬和繁荣，就没有中国梦的实现。"[12]档案是传承历史、文化的可靠凭借。中国是人类文明的发源地之一，中华文明五千年来从未间断过，中国的档案工作也延续了近四千年。在中华五千年灿烂文明历史中，档案一直有着举足轻重的地位并扮演着极其重要的传承链条与阶梯的角色[13]。档案将人类的文明具体化、实体化，连接过去，承接现在，沟通未来。经由档案的代代相传，我们可以探索历史发展规律，还可以了解中华文明的由来，从而继承传统文化的精髓。

3.3 共塑大国形象中的"档媒"担当

文明大国形象是对历史民族文化的高度认同。纵贯千年、横跨百业的档案，是历史的原始记录，记载着规律的形成、历史的延续、事业的发展。据统计，至2019年底，中国共有各级各类档案馆4234个，中国档案馆藏档案数量达到82850.7万卷，系统而丰厚的档案资源能够为历史镜鉴、领导决策、事业发展提供有力的支撑。在共塑大国形象中，档案媒体要依托档案价值系统开发、深度开发、精准开发的"源头活水"，大力传播中华优秀传统文化、革命文化和社会主义先进文化，从档案中追寻源远流长、灿烂辉煌的历史足迹，讲好档案背后的中国故事，大力弘扬档案中蕴含的讲仁爱、重民本、守诚信、崇正义、尚和合、求大同等思想理念。

4 推动媒体融合发展，创新档案报发展格局

2019年，习近平总书记在《加快推动媒体融合发展 构建全媒体传播格局》中指出："全媒体不断发展，出现了全程媒体、全息媒体、全员媒体、全效媒体，信息无处不在、无所不及、无人不用，导致舆论生态、媒体格局、传播方式发生深刻变化，新闻舆论工作面临新的挑战。"[14]在新媒体语境下，档案媒体必须与时俱进，尽快开展融媒体建设，创新发展格局。

4.1 积极转变观念，勇于面对媒体融合大势

习近平总书记指出："我们要加快推动媒体融合发展，使主流媒体具有强大

传播力、引导力、影响力、公信力，形成网上网下同心圆，使全体人民在理想信念、价值理念、道德观念上紧紧团结在一起，让正能量更强劲、主旋律更高昂。"[15] 档案媒体要积极转变观念，抓住机遇，顺势而为，主动加强学习、加快融合，努力通过理念、内容、形式、方法、手段等创新，加速档案媒体传播模式的探索和实践，使档案宣传质量和水平明显提高。

4.2　档案报网联动亟须深度开发，融合明显滞后

现阶段，《中国档案报》依托纸媒采编力量建设了网站和公众号，但多媒体手段运用不足，传播方式比较陈旧和单一，只是由采编部门选取纸媒信息直接平移到微信公众号和资讯网站，存在时效性差、文字篇幅较长、图像视频很少、内容同质化、信息格式不适合新媒体传播规律等问题，宣传效果不理想。对以纸媒为重点载体的传统宣传模式的固守，缘于对媒体融合认识不够深入，顶层设计不够强劲，投入微乎其微，缺乏高水平技术人才，造成档案主流媒体融合明显滞后，跟不上新媒体时代网络传播模式发展变化的脚步。

4.3　搭建融媒新平台，发出"档媒"最强音

对于当今中国来说，源远流长的中华优秀传统文化、作为党和国家指导思想的马克思主义、党领导人民创造的革命文化和社会主义先进文化，就是中华文化安身立命之"本来"，必须始终不渝地坚持、与时俱进地弘扬，使其惠及当代、泽被后人[16]。档案主流媒体必须勇于自我革新，灵活运用新时代读者约定俗成、喜闻乐见的新的传播模式进行宣传报道。

4.3.1　充分利用新技术做支撑

不断提高对大数据、云计算、移动互联网等新技术的认知能力、应用能力，探索出科学、合理的应用模式。云计算技术是融媒体资源应用、资源聚合的关键；大数据平台可以实现数据采集、存储、分析、定制、推送等功能，是融媒体建设的依托和载体；依托移动互联网技术可以建设全媒体矩阵，使传统档案新闻报道、档案文化传播方式实现纸质传播、互联网传播与移动互联网传播"三位一体"[17]。

4.3.2　搭建档案融媒体新平台，要建立全新运行机制

采用"一次采集，多元生成，多端传播"采编模式，推动运行"微做快、网做新、纸做深"的传播流程。即实现内容管理和信息发布的融合统一，最大限度突出传统媒体最核心的内容优势，将多种媒介形式进行统一的融合管理，支持PC端新闻网站的同时，实现对其他媒介如APP、数字报、微信等新型媒体形态统一管理、编辑、发布、传播，最终形成一个全通路、多元化的管理体系。突出

档案宣传"时、度、效"特点,形成多角度、多层次立体宣传模式和传播格局[18]。

4.3.3　要形成全面的全媒体素养

档案媒体人要不断加强自身政治修养,提高专业素养,强化运用新媒体的能力,形成全媒体素养,全面掌握文字、摄影、视频拍摄等技能,这样才能创作出更多、更高质量的新闻、文化作品。

档案中蕴含丰富的文化营养,在坚定文化自信、文化强国建设中要利用好档案,从中获得灵感、寻找素材、汲取智慧、强化形象。档案主流媒体要搭建好融媒体平台,千方百计地运用各种文化形式,特别是要善于运用覆盖面广、受众多、当下流行的文化形式,给档案插上融媒新技术的翅膀,让档案和档案文化作品既可登大雅之堂,又可进群居之巷,既可做咨政参考,又可上百姓案头,成为雅俗共赏的文化精品,为文化强国建设奉献出更多的档案担当。

习近平总书记指出,"媒体融合发展是一篇大文章",档案主流媒体要在推动媒体融合发展中强化职责担当,坚定文化自信,"坚持不懈讲好中国故事",讲好中国档案故事,"让党的声音传得更开、传得更广、传得更深入"[19]。

参考文献

[1]习近平.习近平谈治国理政(第三卷)[M].北京:外文出版社,2020:32.

[2]本书编写组.中共中央关于党的百年奋斗重大成就和历史经验的决议(辅导读本)[M].北京:人民出版社,2021:56.

[3]习近平.习近平谈治国理政(第一卷)[M].北京:外文出版社,2018:164.

[4]习近平.习近平谈治国理政(第三卷)[M].北京:外文出版社,2020:32.

[5]李宝玲.从文化自信到档案自信[N].中国档案报,2017-09-13.

[6]习近平.论党的宣传思想工作[M].北京:中央文献出版社,2020:181-182.

[7][8]张国安.旗帜鲜明地反对历史虚无主义[N].光明日报,2018-09-18.

[9]习近平.让历史说话用史实发言 深入开展中国人民抗日战争研究[EB/OL].[2015-07-31].http://politics.people.com.cn/n/2015/0731/c1024-27393908.html.

[10]习近平.习近平谈治国理政(第三卷)[M].北京:外文出版社,2020:35.

[11]习近平.习近平谈治国理政(第一卷)[M].北京:外文出版社,2018:160.

[12]习近平总书记系列重要讲话读本[M].北京:学习出版社、人民出版社,2014.

[13]李晓莉.浅析档案在传承传统文化中的重要作用[N].中国档案报,2019-

07-25.

[14][15]习近平.习近平谈治国理政(第三卷)[M].北京:外文出版社,2020:317.

[16]习近平关于新时代中国特色社会主义思想基本问题[M].北京:人民出版社,中共中央党校出版社,2020:256.

[17]王善柏.档案传统报刊应尽快开展融媒体建设[N].中国档案报,2020-11-06.

[18]豆丁网.新媒体融合一体化平台方案参考-税务报[EB/OL].[2022-08-10].https://www.docin.com/p-1956546504.html.

[19]习近平.习近平谈治国理政(第三卷)[M].北京:外文出版社,2020:316-320.

乡村振兴战略视域下的乡村档案文化*

赵彦昌　王　琳

辽宁大学信息资源管理学院

摘　要：在农村人口不断外流的背景下，村民对乡村文化的归属感与认同感随着乡村档案文化发展的不断推进而逐渐增强，可以说，乡村档案文化在乡村文化建设中占据了重要地位。受各种因素制约，各地乡村档案文化出现了发展不平衡的现象，因此，档案部门应紧抓乡村振兴战略，结合当地乡村档案工作开展的实际情况，大力发展乡村档案文化，为我国乡村文化的发展增添活力，也为乡村振兴战略的全面实现打下坚实基础。

关键词：乡村档案；档案文化建设；乡村振兴战略

0　引言

乡村振兴战略是习近平总书记在党的十九大报告中提出的。"农业农村农民问题是关系国计民生的根本性问题，必须始终把解决好'三农'问题作为全党工作重中之重。"[1]2018 年 9 月，中共中央、国务院印发了《乡村振兴战略规划（2018—2022 年）》，这为各地区各部门全面实施乡村振兴战略指明了方向。随后经过各地对乡村振兴战略的全面落实，这一战略在 2021 年又迎来了新的发展。2021 年 2 月 21 日，中央一号文件发布，即《中共中央 国务院关于全面推进乡村振兴加快农业农村现代化的意见》。2021 年 2 月 25 日，国务院直属机构国家乡村振兴局正式挂牌。为进一步巩固脱贫攻坚成果，中共中央、国务院于 2021 年 3月发布了《关于实现巩固拓展脱贫攻坚成果同乡村振兴有效衔接的意见》[2]。由此不难看出，乡村振兴战略对我国在新时代的发展具有重要的意义。

---

* 本文为 2022 年度辽宁省普通高等教育本科教学改革研究一般项目"'双万计划'下辽宁省档案学专业本科人才培养体系建设研究与实践"成果。

乡村振兴战略的提出，为我国乡村档案文化的建设与发展提供了新的契机。经过一系列的会议研讨与审议，2021 年 8 月 20 日国家档案局局务会议审议通过国家档案局令第 18 号《乡镇档案工作办法》，并于 9 月 22 日公布，自 2022 年 1 月 1 日起施行[3]。在此背景下，我国档案文化建设工作也应做出适时的调整，在保持对档案文创产品研发关注的同时，应逐渐将目光移向乡村档案文化，结合各地乡村档案工作的实际情况，制定出"因地制宜"的乡村档案文化建设方案，在逐步完善我国档案文化建设的同时，以乡村档案文化助推乡村振兴战略的全面落实。

1 乡村振兴战略视域下乡村档案文化的时代价值

对乡村档案文化价值的充分把握，直接关系到我国乡村档案工作的规范开展，直接关系到乡村档案文化发展的推进步伐。因此，在乡村振兴战略视域下，重新认识乡村档案文化价值便具有了重要的意义。

1.1 归属共鸣：村民对本土文化归属感与认同感不断提高

伴随着城市经济的高速发展，农村外出务工人员呈现出急剧上升的趋势，农村人口的严重流失，使得社会对乡土文化的需求日渐增长。如何在农村人口不断外流的时代背景下，科学合理地构建起我国乡村文化的主体框架，进而增强村民对本土文化的认同感与归属感已经成为当下社会研究的又一热点。而乡村档案文化所具备的原始记录性，进一步增强了村民对本土文化的信任感。乡村档案文化包含历史名人、乡风民俗、风土人情等具有当地特色的时代烙印，大力发展和弘扬乡村档案文化，不仅是新时代背景下重新唤醒村民对本土文化归属感与认同感的最佳方法，也进一步满足了社会对乡土文化日益增长的需求，为我国社会稳定奠定了多元的文化基调。

1.2 双效协同：乡村档案文化兼具社会效益与经济效益

纵观档案文化的发展历程，我国对乡村档案文化的研究多是关于构建社会记忆、增强社会认同等社会效益方面，但随着乡村振兴战略的提出与全面推进、乡村振兴战略与精准扶贫档案的紧密联系、文旅融合背景下乡村文化建设的再出发等策略的提出，有关部门也开始注重对乡村档案文化经济效益的挖掘，档案文创产品的不断研发就是这一趋势的最好见证。

在文旅融合的时代背景下，应结合当地实际，有尺有度地利用好乡村档案，进一步提高乡村档案文化与当地特色产业的黏合性，推出当地乡村档案文化品牌，以当地乡村档案文化助推乡村文化建设，在带动当地文旅产业蓬勃发展的同时，进一步巩固我国脱贫攻坚成果，有力助推乡村振兴战略的高质量发展。以江苏省张家港市为例，该市档案馆党支部与乐余镇永利村党委结对共建，联合打造出农村档案文化体验馆——"档案忆空间"项目。在永利村成功种植的果园生产基地里，设立一个农村档案文化体验馆，并结合社会大众对乡思与儿时追忆等情怀的不断吐露，设置了"美丽乡愁""金色童年""文化氧吧""老对象展示"等区域[4]，在带动果园经济发展的同时，也满足了大众对乡土文化的需求。又如贵州省安顺市通过建立传统乡村乡愁文化"一档一库"项目、中国第一家蜡染非遗全域链活性态档案馆等，在建设乡村档案文化的同时，也给乡村旅游经济的发展注入了强大的动力[5]。再看湖南省长沙市长沙县开慧镇葛家山村，依托全国最早的农村党支部——杨柳坡支部，策划了"我的代号是'杨柳'——红色葛家山史迹陈列"展，在美丽乡村建设中融入红色档案元素，打造红色文化旅游线路，发展"党建+档案引领产业"助力乡村振兴，截至目前，共接待游客超过200万人次，帮助村集体增收80多万元[6]。乡村档案文化具备当地独特的文化资源，对这部分档案的充分挖掘与利用，在提升村民爱乡意识的同时，也为当地利用特色文化创造经济效益提供了可靠的条件。

1.3 再焕生机：乡村振兴战略实施为乡村档案文化提供新的发展契机

随着乡村振兴战略的提出，为进一步解决我国存在已久的"三农"问题，进一步推动我国乡村发展再上新台阶，充分利用当地特色文化带动当地发展，以乡土文化来滋养村民日益增长的精神文化需求，有关部门开始思考乡村档案在乡村振兴战略视域下所发挥的作用。结合近几年各地区乡村档案文化的实际建设，可清楚地看到，随之而来的是乡村档案工作的不断规范、乡村档案文化建设的不断推进。

以安徽省望江县为例，该地档案局、县档案馆以乡（镇）综合档案室建设为抓手，逐步配备档案管理设施设备，开展乡（镇）、村级档案收集范围、方法等业务知识的讲解，并提供跟踪指导服务，还通过招投标的方式将档案整理业务进行社会化外包，望江县乡村档案管理自此走上标准化轨道[7]。由此可说，乡村振兴战略的提出，为乡村档案文化建设提供了新的契机。

2 乡村振兴战略视域下乡村档案文化发展的实存问题

我国乡村档案文化发展已走过一段历程，在经过短暂沉寂后，它在乡村振兴战略的引领下焕发生机。但我国乡村档案文化发展仍存在"难攻""难啃"的问题，这些问题是我国乡村振兴战略全面推进的绊脚石，唯有对症下药，才能精准助推我国档案文化建设事业再发展，才能有力助推乡村振兴战略实现。

2.1 区域发展问题

一个地区的经济是否繁荣，在很大程度上影响着该地区文化的发展，只有人民生活水平提高了，解决了基本民生问题，民众对文化的需求才会有所增长。但我国多地因为地理环境、自然资源、政策、技术、人才等因素的限制，当地经济很难发展起来，这也进一步导致了我国乡村档案文化发展呈现出地区发展不平衡的局面。陈伟斌、叶海燕也指出，因乡村地理位置偏远，经济水平相对落后，在民俗文化档案的保护与开发中，资金和人才等保障能力较弱，致使民俗文化档案信息化程度不高[8]。乡村档案文化的建设不但要有当地特色文化的档案资源库，还不能缺少资金、技术、政策等外力的扶持，这些是全面开展乡村档案文化建设的物质基础，也是基本保障。

2.2 思维创新问题

我国诸多地区受到经济等因素的制约，各地档案工作的开展存在地区差异，使得多地乡村档案工作人员受教育程度不高，缺乏专业的档案管理知识，这部分工作人员对乡村档案的日常管理常常都应接不暇，更难以集思广益地去开展当地乡村档案文化的建设。在全国大力开展乡村档案文化建设的同时，这部分档案工作人员往往会以传统的档案文化思维去看待乡村档案文化，当上级部门要求开展具备当地特色的乡村档案文化活动时，最后呈现出的只是一些无实际意义的档案展览，形式主义的色彩尤为浓厚。关注乡村档案文化的群体本就小众，如若不转变档案工作人员的思维方式，乡村档案基础管理工作做得再好，也是无人问津的结局。

2.3 社会参与问题

与其他档案资源相比，现存完整的乡村档案是比较少的。王静、倪丽娟指出，乡镇是我国宗族关系、血脉传承体现最为明显的区域，如若能收集有关家庭、宗族的档案，构建完整的乡镇记忆，可进一步发挥当地独特的乡风文明作用[9]。加之乡村档案文化建设的目的之一是重新唤醒村民的记忆，因此，在乡村档案文化发展中不能忽视村民的参与力度。老一辈的村民脑海中仍留有他们儿时的乡村记忆，因此，王伟霞指出，在乡村档案资源的收集、整理过程中，可以发挥老一辈村民的作用，以口述历史的形式，对本村各阶段发展概况、重大历史事件、重要历史人物进行记录留存[10]。除此之外，还要注重吸引社会其他群体对乡村档案文化的关注，为当地乡村档案文化的发展拓宽资金与技术引进渠道，进而减轻当地政府的财政压力。但结合现有情况来看，我国乡村档案文化建设还是以档案部门为主导，其他社会组织与个人的参与度还有待提高。

2.4　品牌打造问题

从现今各具特色的档案文创产品身上，我们不难看出社会对文化品牌的需求度越来越高。目前最成功的应属北京故宫博物院推出的档案文创产品。档案文化品牌的打造，不仅满足了大众对档案文化的需求，同时也创造了经济效益，为我国后续多元化的档案文化建设提供了参考案例与资金支持。虽然我国乡村档案文化发展呈现地区发展不平衡的趋势，但是各地区、各部门不能放弃对当地乡村档案文化品牌的持续挖掘，对这一问题的持续关注，极有可能给当地经济与乡村档案文化建设带来腾飞的发展。各地区各部门应注重挖掘本土独特的档案资源，进而推进乡村档案资源的个性化建设，以本土档案资源的个性化建设推动乡村档案文化品牌的打造。倪丽娟提出："乡村档案资源个性化建设是立足乡村实际，在遵循档案法规所确定的档案资源建设基础之上，针对乡村经济社会发展、乡村历史与文化、乡村民族构成、乡村风貌、乡村生态特点等进行的具有乡村特色的档案资源建设。"[11]唯有构建具备本土特色的乡村档案资源，才能在众多文化品牌中脱颖而出，但我国乡村档案文化品牌的打造处在起步阶段，对这一问题的尽快解决，事关当地经济的发展，也事关当地乡村档案文化的发展进程。

3　乡村振兴战略视域下乡村档案文化的发展路径

在探究我国乡村档案文化建设问题的同时，各地区各部门要适时地做出调整。乡村振兴战略视域下的乡村档案文化的发展路径主要分四步走，具体如下。

3.1　均衡地区发展，注重经济不发达地区乡村档案文化的建设

有关部门要注重对经济不发达地区乡村档案文化建设的扶持，结合各地乡村档案文化发展的实际情况对症下药，以政策扶持为主轴，辅以资金、新理念、技术、人才培养等方面的支持，进而推动我国乡村档案文化的均衡发展。

此外，各地区还可以寻求跨地区合作，主要以乡镇档案馆之间结对子的形式呈现。由乡村档案文化建设较好的地区带动乡村档案文化建设较弱的地区，一对一的帮扶策略更有助于两地乡村档案文化建设的持续推进。对发展较弱的地区而言，可以充分学习其他地区乡村档案文化建设的优秀案例，吸取经验教训，在短

时间内探寻贴合当地乡村档案文化建设的最优方法；对于发展较好的地区而言，通过这种一对一的帮扶，在帮助其他地区开展乡村档案文化建设的同时，也能对自身查漏补缺，从帮扶实践中寻求乡村档案文化建设的新发展思路。

3.2　变革思维方式，注重乡村档案人员档案素质的培养

乡村档案文化发展的持续推进，在很大程度上还是依赖乡村档案人员，对我国乡村档案人员的档案知识、档案素养等方面的提升，各地区各部门应加以重视，它直接关系到乡村档案文化建设的实际开展。加强对乡村档案人员的教育培训，不仅有利于乡村档案管理工作的健康开展，也有利于乡村档案人员在档案文化发展思维方式上的创新与变革。

首先，要注重加强乡村档案人员的档案专业培训，在进行档案专业知识培训的同时，还要开展相关实践培训，特别是在乡村档案整理工作方面，只有乡村档案管理工作做好了，才能为后续的乡村档案文化建设服务；其次，要注重对乡村档案人员新理念、新技术、典型案例等方面的知识培训，以此拓宽乡村档案人员的眼界与思维，为乡村档案文化建设的再发展增添新思路、新方法；最后，要注重对人才的引进，以人才带动乡村档案文化的创新发展，进一步提升乡村档案文化发展的主动性与创新性。

3.3　推动社会参与，注重村民与社会大众的参与

第一，要注重村民的参与度。村民的参与，不仅可以提高他们对本土文化的自信与认可，激发他们对乡村文化的认同感与归属感，更能进一步完善乡村档案。通过对老一辈村民回忆的记录，进而形成本土乡村口述档案，可以为乡村档案文化建设提供更多素材。以江西省新余市分宜县钤山镇防里村为例，该村是有名的进士村，通过查阅族谱、走访族中老人等形式，共收集到历代进士故事传说34篇、明清进士匾额9块及农具等日常用品40余件，以此打造农耕文化馆和民俗馆[12]；充分利用当地的人才资源，对乡村档案做进一步的完善，如江西省新余市渝水区珠珊镇花田村档案室，组织村里退休教师编写村组织沿革、历年大事记等，再由大学生志愿者把相关信息录入计算机，进一步推进乡村档案数字化建设[12]。

第二，要寻求跨界合作，主要以多领域合作的形式呈现。乡村档案文化建设的最终目的是为大众服务，将乡村档案文化以大众喜爱的形式呈现出来，单靠档案部门是很难实现的。而大众喜爱的形式是随着时代潮流不断变化发展的，所以我们不能再仅用传统的档案展览、纪录片等形式去吸引大众的目光。周林兴、崔云萍指出，面向数字人文的乡村档案记忆资源开发路径应实现"协作融合，多元

参与"，包括不同学科的融合，以及开发主体之间的联盟共建[13]。跨界合作能进一步激发乡村档案文化的潜在活力，发展较弱地区也能在其他行业的协助下焕发新生。如四川省档案馆近几年不断加强在档案文创产品方面的开发，该馆主动与研发团队、市场企业、文创公司合作，在多方的共同努力下，共建档案文创开发基地[14]。村民的广泛参与和跨界合作交流，能进一步为我国档案文化建设事业的全面推进增添动力。

3.4 发掘乡村档案，注重乡村档案文化品牌的打造

第一，乡村档案人员要注重对乡村档案内容的研读与把握，从中寻找具有打造乡村档案文化品牌潜质的乡村档案，做好这一步，乡村档案文化品牌的打造已经成功了一半。如分宜县钤山镇防里村，通过结合村里留存的档案、志书等资料，梳理出了防里村建村以来的大事件35件，不仅记载了防里村的百年变迁，还为探寻独特的防里文化提供了寻"根"线索，凝聚起浓浓乡愁；又如浙江省台州市"台州古村落数字记忆"项目，主要围绕古村落的风俗特色、乡土生活、诗礼传家等内容进行采集、挖掘和整理，制作成纪录片进行保存，全方位、多角度记录了古村落的故事[15]。

第二，乡村档案文化品牌的打造，要借鉴其他档案文化品牌的实践经验，如当下引领潮流的"档案文化+沉浸式体验"。因此，有关部门要着力打造"多媒体技术+乡村档案文化"平台，除了传统的乡村档案实物展览、纪录片制作、广播等视听手段外，还要加强对虚拟现实等新技术的应用，为用户提供一种沉浸在乡村故事中的体验，更能直击用户的心灵，也更能引起用户的共鸣。如畲族档案资源开发利用充分体现了"现代化"工作机制，主要采用2D、3D数字动画技术，通过视频、三维动画等形式，生动形象地再现畲族乡村记忆场景，有效实现畲族档案资源可视化[16]。

第三，注重"乡土性、真实性、合法性、创新性、实用性"[17]五性的有机结合，除了要保证乡村档案文化品牌的乡土性与真实性，还要考虑知识产权等方面问题，并注重这类文化品牌产品的创新性与实用性，在满足社会大众文化需求的同时，也要照顾到村民对其实用问题。因此，在全面推进乡村档案文化建设时，要注重对档案内容的挖掘、对档案文化品牌成功案例的借鉴以及"乡土性、真实性、合法性、创新性、实用性"五性的合理运用。

4 结语

各具特色的乡土文化，造就了独一无二的乡村档案文化。我国乡村档案文化

建设呈现出的地区发展不平衡趋势，意味着各地区各部门应结合当地的民俗民风与乡村档案建设情况，精准把握乡村振兴"产业兴旺、生态宜居、乡风文明、治理有效、生活富裕"二十字总要求，找出适宜当地乡村档案文化的建设方案。在实践中追寻切合自身发展的思路与路径，以乡村档案文化的全面建设来带动当地乡土文化的发展，进一步提升乡村档案文化的经济效益，为我国全面实现乡村振兴战略打下坚实基础；以乡村档案文化讲述中国乡土故事，为进一步提高国家文化软实力增添档案之力。

参考文献

[1]新华网.习近平强调,贯彻新发展理念,建设现代化经济体系[EB/OL].（2017－10－18）[2022－03－07].http://www.xinhuanet.com//politics/2017－10/18/c_1121820551.htm.

[2]新华社.中共中央 国务院关于实现巩固拓展脱贫攻坚成果同乡村振兴有效衔接的意见[EB/OL].（2021－03－22）[2022－03－09].http://www.gov.cn/zhengce/2021－03/22/content_5594969.htm.

[3]国家档案局.《乡镇档案工作办法》正式公布[EB/OL].（2021－10－20）[2022－03－07].https://www.saac.gov.cn/daj/tzgg/202110/cfedea3b3de0425c92a1458cbf4fe711.shtml.

[4]中国档案报.江苏张家港市档案馆 党建结对共建 促乡村农文旅融合发展[EB/OL].（2021－01－27）[2022－03－11].https://www.saac.gov.cn/daj/xwdt/202101/fee936694299413aacc0c3a96047022d.shtml.

[5]陈伟斌,柯晓晴.乡村振兴背景下乡村特色建筑档案资源的保护与开发[J].城建档案,2021(12):121.

[6]中国档案报.村级档案创示范 乡村振兴谱新篇——湖南省长沙县精准实施"档案工作服务农村基层社会治理"工作纪实[EB/OL].（2022－03－21）[2022－03－24].https://mp.weixin.qq.com/s/Bqk3oiTlIuUGxkwOUnSRIg.

[7]中国档案报.安徽望江 加强乡村档案标准化管理[EB/OL].（2019－12－18）[2022－03－14].https://www.saac.gov.cn/daj/c100210/201912/08466bef71f24f4385bca108a1e983ec.shtml.

[8]陈伟斌,叶海燕.乡村振兴背景下乡村民俗文化档案资源保护与开发[J].档案与建设,2020(7):22.

[9]王静,倪丽娟.《乡镇档案工作办法》的理性审视[J].档案与建设,2021(12):24.

[10]王伟霞.对"乡村记忆"工程建设现状的思考[J].档案,2015(8):11.

[11]倪丽娟.乡村振兴战略视域下乡村档案资源个性化建设探究[J].档案与建设,2022(1):39.

[12]蔡永飞,吴晓敏,符剑.田野盛开兰台花[N].中国档案报,2021-12-09(1).

[13]周林兴,崔云萍.面向数字人文的乡村档案记忆资源开发:价值、机制及路径选择[J].北京档案,2021(10):12-13.

[14]詹雪瑜.破题:四川省档案文创产品开发记[J].中国档案,2022(2):42-43.

[15]中国档案报.浙江台州"古村落数字记忆"项目通过验收[EB/OL].(2021-12-30)[2022-03-14].https://www.saac.gov.cn/daj/c100206/202112/95448d9667f741b983f9bea01286994c.shtml.

[16]方晓茜,余厚洪.乡村振兴背景下畲族档案资源的开发利用探析——以龙泉竹垟畲族乡为例[J].浙江档案,2021(5):42.

[17]陈伟斌,张庆顺.乡村记忆档案文化创意产品的开发与利用[J].北京档案,2019(11):27-29.

应用"赋能思维"优化档案馆公共文化服务的内在逻辑及实践路径[*]

黄霄羽　靳文君　徐晓苗

中国人民大学信息资源管理学院

摘　要： 优化档案馆公共文化服务是档案事业高质量发展的题中应有之义。当前我国档案馆公共文化服务的现存困境迫切呼唤"破圈"新思维。"赋能思维"的国际前沿性及内涵意蕴有助于档案馆从矫正公共文化服务"辅助者"角色认知、打破服务"高围墙"状态、注重衡量服务效能层面寻求新路径。基于此，我国档案馆可按照将主体角色从"服务辅助者"升级为"赋能引导者"、服务站位从"档案本领域"拓展至"国之大者"、服务效能从"合规完成"转换为"正向改变"的思路优化档案馆公共文化服务。

关键词： 档案馆公共文化服务；"赋能思维"；综合档案馆；"赋能引导者"

0　引言

21 世纪的社会是一个"文化社会"，在信息化基础上全球将迎来文化的浪潮[1]。国际档案理事会 2014 年会以"档案与文化产业"为主题，探讨档案馆文化服务与创意产业的联合策略[2]。中国档案学会 2014 年会也以"创新：档案与文化强国建设"为主题，设置"档案公共服务的拓展与创新""档案文化建设""档案文化特色与档案文化精品"等分主题[3]。国际国内档案年会主题的设置表明档案馆公共文化服务受到重视。2021 年《"十四五"全国档案事业发展规划》提出"十四五"时期档案工作存在制约高质量发展的"观念障碍"，启示我国档案馆立足档案的信息资源和历史文化价值，采用新思维解决我国档案馆公共文化

---

* 本文是国家社会科学基金重点项目"新时代我国档案服务能力建设研究"（项目编号：21ATQ009）的成果。

服务现存问题，以此为建设文化强国贡献专业力量。

笔者以文献研究确定选题，选择 CNKI 期刊全文数据库、博硕士学位论文数据库、中国人民大学学位论文数据库，从档案馆赋能与档案馆公共文化服务两方面设计检索策略。先以"档案"+"赋能"为主题检索，筛选出 28 篇文献。现有成果关注将档案数据作为赋能要素[4][5]、技术[6][7]或政策[8]赋能档案管理升级、依托服务的档案部门赋能行为[9][10]，却未解读"赋能思维"。再以"档案馆"+"公共文化服务"为主题检索，经筛选得到 29 篇文献，研究内容一是社会治理[11]、数字乡村战略[12]、人文交流[13]、公共文化服务体系建设[14]、数字记忆[15]、用户文化权益保障[16]视域下档案馆公共文化服务基础理论研究；二是档案馆公共文化服务功能[17]、责任[18]、空间构建[19]、影响因素[20]；三是国外档案馆公共文化服务类型、特点及成效介绍[21]与经验借鉴[22]；四是中外档案馆公共文化服务政策比较研究[23]。现有成果的不足在于：一是对档案馆公共文化服务存在问题或影响因素的研究多限于服务环境、政策保障及技术应用等外围因素，较少聚焦服务主体内在意识及其变革；二是所提策略多停留在操作层面且较为同质，并未从理念层面提出档案馆公共文化服务的优化思路。为此，笔者将立足我国档案馆公共文化服务现存问题，引入档案服务的前沿思维，解读应用这种思维优化档案馆公共文化服务的内在逻辑和实践路径，此即本文内容的创新点。

1 我国档案馆公共文化服务的现实困境

档案馆公共文化服务指"档案馆以保障公民文化权利为逻辑起点，以满足公众档案文化需求为目的，向社会和公众提供档案文化产品和档案文化服务的活动和过程"[24]。此定义虽不完善，但说明档案馆立足馆藏，以满足公众文化需求为目的，提供档案文化产品或活动的行为即档案馆公共文化服务，它兼具公共性和文化性。笔者调研发现目前我国档案馆公共文化服务虽取得一定成绩，却存在服务积极性差异显著、服务站位不高、服务效能不易衡量等问题，难以彰显档案文化价值与档案馆文化属性，阻碍国家公共文化服务能力的提升。

1.1 服务积极性差异显著，公众文化需求匹配度低

综合档案馆是我国档案公共文化服务的主体，其服务积极性差异显著，公众文化需求匹配度低。一方面，档案馆开展公共文化服务的积极性地区差异显著。北京、广州、苏州等地档案馆服务主动性强，推出虚拟展览、体验课程、特色实践等活动，提升全民档案文化素养。而陕西、青海等西北地区档案馆服务积极性不突出，对馆藏中诸如清朝光绪档案、民国"西安事变"档案等特色资源，只

做简单介绍，并未深入提取其中的历史文化内容为公众服务。另一方面，档案馆公共文化服务内容及形式难以满足公众日渐多样的需求。不少档案馆公共文化服务多为编研、展览、培训课程等形式，既与公众需求匹配度低，又无法将特色内容精准传递给用户，影响力相对有限。

1.2 服务站位限于档案圈，与社会发展融合性不强

我国档案馆开展公共文化服务的出发点多限于档案领域，且以"单打独斗"为主。一方面，服务站位仅限于档案圈，缺乏将服务纳入国家文化强国建设、创意产业发展的思维，难以依托社会环境实现档案馆公共文化服务"跨界"与"破圈"式发展。另一方面，单一主体的文化服务也缺乏与外界的交流融合，不仅弱化了档案馆与社会各界的联系，难以形成双向促进的合力，也加深了档案馆的封闭性，造成档案馆公共文化服务受众狭窄、难以渗透进公众日常生活、无法推动社会文化发展的问题。

1.3 与公众交流互动不足，服务效能不易衡量

与英、美、澳等发达国家相比，我国档案馆公共文化服务开展过程中与公众互动较少，服务效能难以得到反馈与衡量。如澳大利亚国家档案馆在建立精准用户画像基础上开展公共文化服务，时刻注重与公众互动，实时获得用户反馈。对比我国，一方面，公共文化服务多以资源展示为中心，注重档案馆主观创意设计的实现而忽视公众的参与性与体验感，造成档案馆与公众互动性不强；另一方面，缺乏系统、量化的服务评价反馈机制，档案馆公共文化服务效能难以衡量，导致服务难以持续完善。

解决我国档案馆公共文化服务现实困境需突破浅表现象，立足文化强国建设、创意经济发展的战略高度进行顶层设计，探寻档案馆公共文化服务优化之策。一方面，立足战略高度探寻解决之道要求档案馆关注档案服务的国际前沿，思考如何将档案馆公共文化服务置于国家战略高度和各项事业发展框架中。另一方面，突破浅表现象要求挖掘我国档案馆公共文化服务现存问题的原因，主体能动性尚未充分发挥、服务融合程度有限及服务效能模糊正是以上问题的成因表现。这为档案馆引入前沿的"赋能思维"提供了应用场景。

2 应用"赋能思维"优化档案馆公共文化服务的内在逻辑

档案馆公共文化服务升级需要立足新背景、采用新思维，从服务能力建设的根本上探寻解决思路。引入"赋能思维"，关键在于二者之间理论指导性与场景

应用性的内在耦合。

2.1 "赋能"将成为国内外档案服务的战略导向

将"赋能"应用于档案服务具有明显的国际前沿背景。放眼国际，档案"赋能"渐成趋势：第19届国际档案大会确定主题为"赋能知识社会"（Empowering Knowledge Societies）；2020年11月国际档案理事会（ICA）执行新战略《赋能档案馆与职业 2021—2024》，指出档案与档案工作者、文件管理人员对于实现善治、提高公信力与透明度、发展文化事业均至关重要。立足国内，档案"赋能"蓄势待发：2020年12月，江苏省档案工作者年会主题为"创新、赋能，档案工作与国家治理体系和治理能力现代化"；2020年12月29日全国档案局馆长会议上，国家档案局局长陆国强将统筹四个体系建设、着力服务经济社会发展列为2021年档案工作重点。可见，当前"赋能"已成为国内外档案服务的重要战略和未来方向，这构成应用"赋能思维"优化档案馆公共文化服务的理论土壤与关键前提。

2.2 "赋能思维"及其优化档案馆公共文化服务的内在逻辑

2.2.1 "赋能思维"的内涵

"赋能"最早为心理学术语，指通过言行、态度、环境的改变给予他人正能量，以最大限度发挥个人才智和潜能。笔者曾解读"赋能"为赋予能力和能量，使受能对象激发才智或潜能，发生正向或成长性变化。可见，"赋能"强调主体能动性、过程融入性及效能最大化。《马克思主义与当代辞典》中"思维"指"在人们劳动实践过程中形成和发展起来的人的一种创造性的能力，是认识的高级阶段。思维不仅能反映事物的内部联系及规律，还能指导实践能动地改造世界"[25]。《社会科学大辞典》中"思维"指"理性认识，或指理性认识的过程。是人脑对客观事物能动的、间接的和概括的反映"[26]。以上表明"思维"是一种具有创造性、反映事物内在规律、可以产生正向效能的认知能力。将"赋能"与"思维"进行关联可推导出"赋能思维"的概念内涵：主体充分发挥主观能动性和创造性，基于客体内在规律并融入其发展过程中，使主客体分别实现效能最大化和正向改变的高级认知能力。

2.2.2 "赋能思维"优化档案馆公共文化服务的内在逻辑

由"赋能思维"的内涵及档案馆公共文化服务优化的诉求可知，"赋能思维"为优化档案馆公共文化服务从理念、融合、效能三方面提供了突破口，而档案馆公共文化服务优化为"赋能思维"提供了具体应用场景。具体而言，档案馆公共文化服务引入"赋能思维"的必要性体现为三点：

第一，矫正档案馆公共文化服务"辅助者"角色认知。

"赋能思维"针对主体强调全方位激活主观能动性和创造性，能够矫正当前档案馆公共文化服务"辅助者"的角色认知。这种认知的不足在于部分档案馆认为公共文化服务并非"不可或缺"，相较基本的管理职能只是"锦上添花"。我国档案馆公共文化服务的积极性差异显著及公众需求匹配度较低，原因正源于此。"赋能思维"既能促使档案馆越发重视自身独特的文化功能，以实现馆藏档案的文化价值作为服务内驱力；又能推动档案馆舍弃粗粒度、同质化的服务，换之以创造性、特色和创意鲜明的服务，满足公众文化需求。可见，"赋能思维"意在改变现有档案馆公共文化服务"辅助者"角色认知，提供目标导向。

第二，打破档案馆公共文化服务"高围墙"状态。

"赋能思维"强调尊重客体的内在规律并融入其发展过程，有助于打破档案馆公共文化服务"高围墙"状态。这种状态是指将档案馆公共文化服务限于小范围及低价值密度的查阅档案、主题展览、专题讲座等活动，其结果是服务站位仅限于档案圈，难以"破圈"进而融入国家中心大局和社会发展潮流。"赋能思维"强调尊重客体内在规律并融入其发展过程，意在促使档案馆突破以往公共文化服务孤岛状态，转而在图博档资源共享、协作参与、"档案文化+"理念基础上，从国家治理、社会运行、经济发展、城市建设、文旅融合和记忆构建等层面谋篇布局，形成档案馆公共文化服务融合国家中心大局和社会发展新业态。可见，"赋能思维"有利于档案馆公共文化服务打破"高围墙"状态，通过提高站位与"国之大者"相融合。

第三，倒逼档案馆评估并提升公共文化服务效能。

"赋能思维"强调使主客体分别实现效能最大化及正向改变，可以倒逼档案馆评估并提升公共文化服务效能。当前我国档案馆公共文化服务仍处于"有没有"的阶段，与"好不好"的高质量服务仍有一定距离。"赋能思维"一定程度上会倒逼档案馆同时关注公共文化服务对主客体共同的影响。一方面，主体服务"效能最大化"将使档案馆通过档案价值是否实现增加、档案馆文化竞争力是否增强、社会档案文化意识是否上升等衡量服务的"成本—收益"，这种目的导向将使档案馆公共文化服务突破"可有可无""可好可差"的固有思维，最终完成从主体端衡量档案馆公共文化服务效能。另一方面，客体发生"正向改变"将促使档案馆重视服务前是否深度调研用户档案文化需求、服务过程中与公众的交互程度、服务结束后用户的反馈评价，以用户发生正向改变实现"档案馆—档案资源—用户"深度连接，从客体端倒逼档案馆提升公共文化服务效能。

可见，"赋能思维"将构成档案馆公共文化服务新的内在驱动力，对从根本上持续性解决我国档案馆公共文化服务现实困境至关重要。

3 应用"赋能思维"优化档案馆公共文化服务的实践路径

笔者调研发现,部分发达国家档案馆公共文化服务已初具"赋能思维",其做法可为我国提供经验借鉴。虽然不同国情背景或视域下档案馆公共文化服务各有侧重,但"思维方式变革对于主体的认识活动和实践活动具有前提性、导向性和规范性的功能"[27]是通用的。基于此,笔者将合理借鉴现有经验,在理念层面提出应用"赋能思维"优化档案馆公共文化服务的实践路径,为优化档案馆公共文化服务提供思路指引。

3.1 服务主体:从"服务辅助者"升级为"赋能引导者"

档案馆应用"赋能思维"能重塑其公共文化服务的角色认知——从"服务辅助者"升级为"赋能引导者"。"赋能引导者"角色包括两种含义:一是从服务理念层面,档案馆将公共文化服务视为服务能力建设不可或缺的组成部分,集聚档案馆藏信息资源和历史文化遗产价值、沉浸式场馆等优势提供独具特色的档案文化服务;二是超前捕获甚至引领公众的档案文化需求,将基础的档案查阅、展览服务升级为富有文化需求引领性、趣味性及可以参与互动的创意服务。如美国国家档案馆每年举办"档案馆奇妙夜"活动,邀请亲子家庭在档案馆大厅过夜,参与探险游戏等特色活动,借此向公众宣传档案馆在留存历史记忆方面所发挥的作用。该馆还积极通过 Blog、Twitter 等社交媒体扩大公共文化服务的辐射面,最大限度地让服务贴近公众生活,打造公共文化服务品牌。借助这些创意举措,档案馆以"赋能引导者"角色吸引、鼓励和支持公众参与其中,持续增加用户数量,彰显公共文化服务的独特魅力与文化影响力。

3.2 服务站位:从"档案本领域"拓展至"国之大者"

"国之大者"是国家或影响国家发展的最大的事情或最重要的问题,其要求站在战略全局层面、把握国家利益视角、坚持人民立场、担当民族大任[28]。档案馆应用"赋能思维"可以推动"破圈",将公共文化服务融于国家外交、文化软实力提升、创意产业经济发展、文化记忆构建和文化创意城市建设等战略布局中,探寻服务"国之大者"的理论意义和实践框架。如阿联酋国家档案馆发起"书是您的最佳伴侣"计划,将馆内编研出版物分发给热门咖啡馆,促进馆藏档案利用的同时,也体现出文化创意经济新思路。我国也有典型案例,如北京市文化和旅游局发布的虎年春节潮玩线路中,北京市档案馆被纳入其中,充分体现了"文旅融合"。档案馆应用"赋能思维"融入"国之大者",能提高公共文化服务站位,为其持续发展带来更多的战略保障与政策支撑。

3.3 服务效能:从"合规完成"转换为"正向改变"

"赋能思维"要求档案馆将服务效能与过程相结合,实现档案馆公共文化服务从现有不计效能的"合规完成"转换为"行必果"的正向改变。澳大利亚国家档案馆基于网站访问量、资源利用率进行用户画像,挖掘公众感兴趣的内容,据此设计创意活动,从而在服务"选题"上激发公众兴趣,为公众档案文化体验发生"正向改变"奠定基础。同时"注重效能"亦可使档案馆自身发生正向改变,例如,该馆积极推出"发现澳新军团"等创意互动网站,公众可通过网站上传、共享自己所了解的档案信息和故事,并通过时间轴、地图等形式了解其中的关键事件,共同搭建社会历史记忆。此则案例中"赋能思维"促使档案馆充分发挥公众创造性和能动性,借此丰富馆藏内容,优化服务形式。可见,档案馆应用"赋能思维"可以深化公共文化服务,优化现有公共服务职能,强化与用户交流互动,提高用户服务满意度。

4 结语

我国档案馆公共文化服务已进入关键转型时期,需要针对现存困境从思维层面进行"创造性破坏"[29]式的升级替代。"赋能思维"将主体积极引领、在融合中提高站位、注重效能及正向改变融为一体,可以为解决档案馆公共文化服务现实困境注入创新思路。笔者认为在国家倡导高质量档案服务背景下,优化档案馆公共文化服务仅是"赋能思维"的具体应用场景之一。"赋能思维"或许会有更深的应用层次及更大的应用空间,甚至可为档案馆服务能力建设研究和实践提供新的切入点和突破口。未来,如何激活和维持档案服务主体能动性、将档案服务与"国之大者"高度融合、构建档案服务效能衡量指标等将是新的研究趋向,值得档案界关注。

参考文献

[1] Alvin Toffler. The Third Wave [M].New York:Bantam,1984:358.

[2] ICA. Annual Conference 2014 [EB/OL].[2022-03-15]. https://www.ica.org/en/annual-conference-2014.

[3]黄霄羽,谈伟,高苏.适新 联众 固本——2014年国内外档案年会主题评析[J].档案学研究,2014(3):52-56.

[4]祁天娇,王强,郭德洪.面向知识赋能的档案数据化编研:新逻辑及其实现[J].档案学通讯,2022(1):45-52.

[5]徐丹丹,方鸣.城市精细化治理逻辑下档案信息赋能路径探究[J].北京档案,2021(8):15-18.

[6]姬荣伟,周耀林.数字人文赋能档案遗产"活化"保护:逻辑、特征与进路[J].档案学通讯,2021(3):46-54.

[7]钱毅.智慧档案馆全局对象与建设层级分析[J].档案学研究,2019(4):109-115.

[8]姜超.新发展阶段浙江档案工作转型发展新征程——对贯彻落实《关于新时代全面推进档案工作数字化转型的意见》的认识和思考[J].浙江档案,2020(12):9-11.

[9]黄霄羽,靳文君.从助力到赋能:档案故事传播提升国际传播能力的路径及趋向[J].档案学研究,2022(1):103-109.

[10]黄霄羽.直面疫情 双向赋能——2020年国际档案界回眸[J].中国档案,2021(2):78-81.

[11]丁宁.参与治理:档案馆公共文化服务运行模式的创新[J].档案学研究,2016(5):81-85.

[12]张东华,高芮.数字乡村战略背景下公共档案馆文化场域建构的路径探析[J].档案与建设,2020(10):36-40,44.

[13]郭若涵,王玉珏,关颖欣,等.中外人文交流背景下的档案馆公共文化服务[J].档案管理,2019(6):24-29.

[14]周林兴.公共文化服务体系建设进程中的公共档案馆职责研究[J].档案学研究,2011(5):49-52.

[15]龙家庆.档案创意文化服务在数字记忆建构中的功能与实现方法[J].档案与建设,2019(9):22-26.

[16]李灵风.公民文化权利与档案馆公共文化服务[J].山西档案,2010(2):19-21.

[17]苏君华.公共文化服务体系建设中公共档案馆的功能定位研究[J].档案与建设,2013(5):19-22.

[18]周林兴.文化强国战略下公共档案馆的社会责任及实现机制研究[J].档案学研究,2014(4):29-33.

[19]倪晓春.关于综合档案馆公共文化空间建设的思考[J].档案学通讯,2015(2):11-16.

[20]李彩容,杜家蕊,陈永辉.综合档案馆公共文化服务影响因素探析——以

武汉市地区综合档案馆为例[J].档案管理,2021(1):93-96.

[21]黄霄羽,管清潆.国外档案馆公共文化服务的类型、特点和成效[J].档案学研究,2020(2):121-129.

[22]周文泓,黄思诗,陈淑涵,等.全球国家档案馆公共文化服务数字转型图景及其启示[J].档案与建设,2021(10):45-50.

[23]闫静.中美综合档案馆公共文化服务政策比较研究[J].档案学通讯,2013(2):73-76.

[24]黄振原.公共档案馆公共文化服务研究[D].南昌:南昌大学,2010:15.

[25]中华数字书苑.思维[EB/OL].[2022-03-10].http://hffaia68c823f9fb74411hunc5009pnxqf6cv9.ffzi.libproxy.ruc.edu.cn/ruc/? pid = refbook.entry&bi = m.20081027-m300-w001-124&ei = rt.m.20081027-m300-w001-124.001661&cult = CN&wd = %E6%80%9D%E7%BB%B4.

[26]社会科学大辞典.思维[EB/OL].[2022-03-15].http://hfgga35353fcf0afc4f08sfp6f9x69qf056wpk.fhaz.libproxy.ruc.edu.cn/RBook/Detail? entryId = R2006070360000525.

[27]肖新发.论思维方式变革的根源、功能和进路[J].青海社会科学,2005(2):65-68,102.

[28]韩振峰.准确理解和把握"国之大者"的时代意蕴[EB/OL].(2021-10-19)[2022-03-26].http://theory.people.com.cn/n1/2021/1019/c40531-32257794.html.

[29]钟春平.高质量发展需要有创造性破坏思路:理论基础与最优政策[J].经济纵横,2021(3):72-77.

叙事解读与沉浸体验：
档案文化创意产品开发策略研究

何紫璇

山东大学历史文化学院

摘　要：档案是重要的文化资源，档案文化创意产品是档案馆面向社会公众推出的新型档案利用服务方式。档案文创开发可以看作档案馆将馆藏档案进行内容解读、价值挖掘，为公众提供沉浸体验、方便感知档案文化的过程。通过合理选择开发主题，利用新技术和潮流新方式等开发策略，可以突出"档案味"，升级档案叙事的层次及增强公众的沉浸体验感，推动中华优秀传统文化创造性转化、创新性发展。

关键词：档案文化创意产品；档案叙事；沉浸体验；档案开发利用

0　引言

　　档案是重要的文化资源，档案文化创意产品（以下简称"档案文创"）是档案馆面向社会公众推出的新型档案利用服务方式。开发档案文创对突出馆藏文化内涵、塑造档案馆文化形象具有积极意义，更是传承社会记忆，推动中华优秀传统文化创造性转化、创新性发展的重要举措。近年来，多数学者主要围绕档案文创的开发设计、宣传推广、用户行为等方面进行研究。学者利用心流理论[1]、价值共创理论[2]等分析档案文创的开发策略，利用 5W 传播理论[3]、4V 营销理论[4]等分析档案文创的推广营销。王小云等分析了美国 8 家档案文创产品线上商店，得到链接多元开发主体、拓展合作渠道、创新产品形态的我国档案文创线上发展思路[5]。周丽霞等根据档案文创用户感知价值的实践研究，从产品选题、设计、生产、服务环境、服务模式等提出优化策略[6]。档案文创开发可以看作档案馆对馆藏档案进行内容解读、价值挖掘，为公众提供沉浸体验、方便感知档案文化的过程。从开发者与利用者双向剖析档案文创开发过程与策略，可以更好推动档案文创的创新设计与广泛传播，使档案开发利用工作更上一层楼。

1 叙事解读——档案文化内容再现过程

叙事，就是通过语言、文字、声音、图像等方式重现事件、讲述事情[7]，是档案文创挖掘、提取、再现优秀档案文化内容常用的方式。文创通过描述内容、重现场景、传递情感等方式将宏观的文档内容着眼于产品，可以很好解决纸张形态传递档案文化内涵困难的问题。目前档案文创除了传统的生活用品形式外，还出现了舞台剧、人文游戏等衍生作品，甚至是一种文化体验和感知活动。每一类档案文创都具备独特的情感表达和叙事结构，根据叙事要素与程度的不同，可以将档案文创开发过程的叙事解读分为对档案形象的叙事解读和对档案内容的叙事解读，如图1所示。

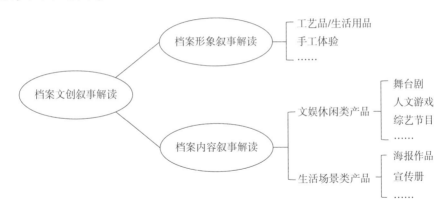

图1 档案文创叙事解读的类型

1.1 对档案形象的叙事解读

档案形象指的是档案可以直观表现、被公众感知到的内容，可以是档案的载体形式、外在样貌，也可以是档案技艺、工作等实践活动。可以选择体现档案特点的档案形象，作为档案文化符号延伸到档案文创设计中，具体如图2所示。档案及档案工作的文化符号以及文化环境通过符号映射和环境诠释可以被具象化，文创的产品介绍或讲解演示作为文化辅助解读，详细说明文创背后体现的故事和文化价值，完成档案形象文化的整体叙事过程，制作公众可以接受、获取并获得使用体验的文创产品，扩大档案形象的传播与普及范围。

部分档案文献、实物档案或档案建筑，本身就具备故事属性和文化指向，对

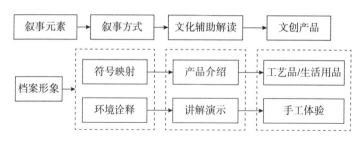

图2　档案形象叙事过程解析

其形象的描述与再现就是讲述文化内容。河北省档案馆以馆藏档案"大兴纱厂股票"样式、章程及规则为内容制作仿真复制件[8]。档案文创复刻了纱厂商标、股票信息，以真实历史内容促进公众对近代民族工业发展、时代审美、社会文化的认识与了解。广州市国家档案馆以二期大楼南立面大型花岗岩浮雕《凤凰之光》为原型设计出档案文创口罩[9]，使公众可以在生活用品上感受浮雕的文化魅力。档案形成过程如载体的选取与制作，档案工作内容如修裱工作、三孔一线的装订手法，都凝结着社会实践中人民的劳动印记，也体现着档案工作保存人类历史与记忆的智慧，同样代表着一定时代和地域的文化精髓。档案馆通过塑造和诠释档案形成以及档案工作的环境，让公众自行体验一些特殊载体档案如石刻档案、竹简档案的制作和文字记录过程，也可以让公众实际操作档案装订、修裱、盖章等过程，零距离接触档案工作，能将档案在不同历史时期的形态发展历程及在生命周期流转的不同状态介绍给公众。公众依托档案感受历史长河中人类文明的演变，增强档案意识与文化认同。

1.2　对档案内容的叙事解读

多数档案的文化价值体现在档案所记录的内容上，对档案内容的叙事解读即以档案内容为原型与思路，对一份或者多份档案的内容进行组织与挖掘，设计出包含背景、人物、事件经过的完整故事情节，深度开发档案文化资源。档案是具有凭证价值的权威资料，在印证历史记忆等方面具有无可替代的作用，所以依据档案内容的叙事可以提高公众在接触档案文创时的信任感，有利于公众对档案文化的自觉接受与传播。如图3所示，档案文创对档案内容的叙事解读有着丰富的展示手法、"以小见大"的叙事结构、多元叙事视角三个特点，立体饱满地解读了档案内容中蕴含的历史文化价值。

档案文创对档案内容的叙事解读有着丰富的叙事展示手法，可以分为平面叙事展示与立体叙事展示两种。平面叙事方式指的是将讲述故事的文字、音视频嵌

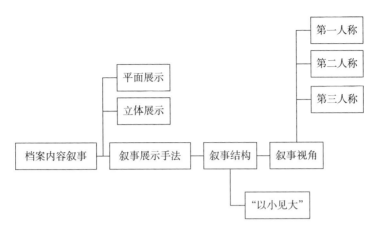

图 3   档案内容叙事特点解析

入物品再融入公众生活场景中。如吉林省辽源市档案馆在市区繁华地段夜景投光墙、全市出租车广告投放栏投放档案宣传标语[10]，济南市历下区档案馆将档案知识印在扇子上发放给市民[11]。立体叙事方式除了故事叙述本身，还创造出了故事的背景、环境，真实立体地展示人物与事件经过。例如舞台剧、人文游戏、档案类电视节目。舞台剧通常是以主人公的视角讲述历史背景下的档案故事。人文游戏则是以档案内容为素材巧妙设置背景与环节，利用 3D 建模、VR 等技术再现故事场景，增强档案内容的趣味性与表现力。档案类电视节目以档案内容为核心，通过档案展示、演员演绎、艺术加工、内涵解读等手段，在娱乐休闲中达到科普知识、传播文化的目的。

档案文创对档案内容的叙事解读体现了"以小见大"的叙事结构。档案的内容由人物的社会实践活动经历聚集而成，正是这些具体而细微的"故事"组成了我们的历史记忆与文化身份。所以对档案内容的叙事解读通常就是在大的社会时代背景下挖掘、描述与呈现一份或多份档案中的细节故事，使档案内容更加具象化与通俗化。上海市档案局（馆）指导出品的音乐剧《忠诚》，以 20 世纪守护"中央文库"的多位地下工作者为原型，折射出早期中国共产党人的奋斗拼搏历程，传递中共党员的初心使命[12]。苏州中国丝绸档案馆设计开发的"第七档案室"实景解谜游戏，以"第七档案室"的新晋调查员或神秘的窃听技术高手身份展开故事描述[13]，用人物视角科普历史内容，传递更深厚的丝绸传统文化。"以小见大"的叙事结构以人物的经历反映时代环境和历史背景，保证了故事的张力，更能"动之以情"地将文化内容传递给公众。

档案文创对档案内容的叙事解读采用了多元的叙事视角。传统叙事视角分类有第一人称、第二人称、第三人称三种角度[14]。平面叙事方式多采用第三人称叙事视角，按照时间或主题客观地交代故事发展，以一种全知、客观的角度讲述故事，传递文化价值。立体叙事方式通常采用多种类型结合的叙事视角，生动丰富地呈现历史内容。人文游戏的角色选择、舞台剧的真人演绎以"第一人称"带公众进入情景，使故事更具代入感和真实感；舞台剧、档案电视节目、人文游戏的背景简介、旁白解说是第二人称叙事视角，补充档案故事的内容，使其更加完整；电视节目的专家解读是第三人称叙事视角，客观揭示文化内容。几种叙事视角的配合，有利于公众从多角度全方面了解档案故事。

2 沉浸体验——档案文化内容被感知过程

奇凯岑特米哈伊（Csikszentmihaly）在1975年提出沉浸理论概念，指一种将个人精力与"身心"完全投入某种活动时的感觉[15]。沉浸体验指人将"身心"与周围环境融入的状态，在方式上可以分为多感官体验、场景沉浸、行为体验三种类型，如图4所示。档案文创运用一种或多种方式，让公众沉浸在档案文化环境中，感知档案文创所具备的文化内容。

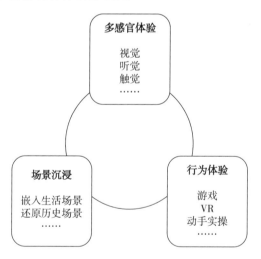

图4 档案文创沉浸体验方式

2.1 多感官体验

人身体所有的系统都是相互关联的，感觉也没有被单独隔离，多感官沉浸可以吸引观众并提升其情感体验[16]。档案文创首先带给公众的是视觉体验，尤其档案形象的符号映射在物品上传递给公众精致外观时，使公众在视觉上产生美与艺术的印象及体验。作为生活用品的档案文创也具有实用性，一些文创复刻了档案的载体材质，在被使用时充分调动了公众的触觉与感觉。舞台剧、电视节目等档案文创，通过刺激公众的听觉、视觉、嗅觉等感官，形成对档案故事与文化系统的沉浸体验，鲜活的人物与事件在综合调动多感官后可以触发公众震撼、感动等感受，这种感受可以进一步催生公众内心对历史文化的接纳、认同。公众不断在生活中加强对档案文创的多感官印象，形成档案画像，与其他历史经验、文化知识交织补充，与相近文化内涵进行匹配，不断扩充着知识网络，在获得使用感和情感感受后加速对档案文化的吸收。

2.2 场景沉浸

档案文创的设计与推广通过融入生活场景和构建历史场景两种方式在公众生活中营造出档案氛围，让档案文化内容更具吸引力与传播力。档案文化内容融入公众的生活场景，可以使公众利用碎片化的时间接受文化知识。苏州市档案馆以"忆燃情岁月，还看档案！红色档案话百年"为主题设置档案海报放置在公交候车厅上[17]，公众路过就多一分了解内容的可能性。公交车广告栏、城市地标建筑上的档案宣传内容，都是将档案故事和内容嵌入交通空间、生活空间，为公众提供了解学习与交流档案文化的机会。用档案构建历史场景，可以让公众仿佛置身于历史空间中。档案主题的舞台剧、电视节目、游戏通常采用这种方式，用道具、舞美还原档案中记录的历史景象。上海市档案局、市档案馆以馆藏档案为依托原创的《渔阳里的"大人物"》话剧，服装、道具都有参照档案进行设计，舞美设计参照了石库门房子的特点[18]，还原真实场景，凸显档案内容的真实性和独特性。观众代入感强，就更容易沉浸在舞台剧、电视节目、游戏之中，也会减少对故事创作背景和细节的纠结，避免"出戏"的情况，更容易将身心集中在故事内容上，感知历史文化。

2.3 行为体验

公众与文创产品互动，产生行为体验，也是进入沉浸状态的方式之一。公众在进行档案游戏、VR 体验、档案实操等活动时必须参与档案叙事环境，能更好地实现与档案文化的互动。档案游戏设置的关卡和通关情节具有竞技性和操作性，游玩者需要代入游戏设定的主人公角色，为了实现最终目标进行一定的操作，从而了解到游戏隐含的文化知识。为了增强还原场景的体验感与互动性，档案部门也常使用 VR 等虚拟技术还原历史场景，公众通过控制仪器自由完成在虚拟场景中的空间变化、行为动作，能够身临其境地进行场景体验，接受文化内容。档案馆还可以推出档案制作体验活动，类似法国档案馆组织的手工制作装饰书签的儿童档案活动[19]，公众将在实际操作中沉浸思索中华优秀传统文化如何在档案的记载下被保存、利用、传承。

3 档案文化创意产品开发提升策略

档案文创从字面含义上理解就是"档案文化+创意"，是一种将档案文化内容进行提炼、浓缩、重塑的创新方式，所以要想文创产品的开发获得成功，吸引公众目光，就要合理选择开发主题，突出"档案味"，利用新技术和新方式，升级档案叙事的层次以及增强公众的沉浸体验感，如图5所示。

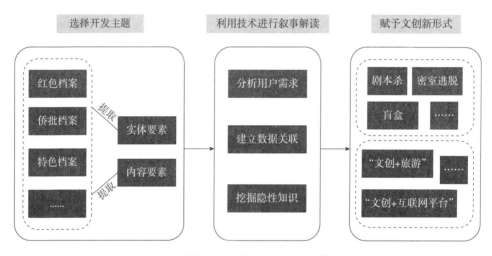

图5 档案文化创意产品开发提升策略

3.1 合理选择开发主题，突出"档案味"

档案文创需要在开发主题上下功夫，档案部门应选择能够突出档案特点的IP，为文创开发打下资源内容基础和流量基础。一是选择档案中本身就自带流量、公众熟悉的形象与内容。如侨批档案，从信封、批戳、墨迹等档案实体表征到汇款单、书信内容等档案内容，都蕴含着丰富的经济、文化、历史价值，其中有大量档案故事可以被深度挖掘和广泛传播。再如藏文经卷等敦煌档案，观察其载体、外观就可以感受到鲜明的大漠地域特色和璀璨的敦煌文化。二是着重突出档案的历史性、真实性、地域性。档案部门应选取当地具有代表性的文化内容，进行深入、系统的探索与开发，激活馆藏档案价值，形成全面立体的地方文化特色。文创开发也要充分尊重档案原始记录的特征，以史实为基础进行艺术改编与加工，体现专业情境，彰显档案文创有别于其他文创的独特之处，打造文化品牌。如红色档案是宝贵的历史资料，不同地方又有着属于当地的独特鲜明的红色人物和红色事件，立足于馆藏充分挖掘这部分内容，更容易让人们因生活在同一土地上而对文创的故事背景和设定更加熟悉，从而产生共鸣，激发内心的文化自信和文化认同。

3.2 利用新技术，提高档案叙事解读的层次

为了将档案文创解读出更多文化内涵，档案部门通常要在浩如烟海的档案馆藏中抽丝剥茧，人工的解读与找寻时间成本高、效率低，所以在档案文创开发设计的过程中，需要科学有效地利用新技术，感知公众需求，促进叙事解读从叙述档案内容的低层次向匹配公众需求、挖掘隐性内容、关联主题档案数据等的高层次转化。首先，数字技术的应用可以更好耦合文创设计与公众需求。社会公众是档案文创产品价值共创的关键角色，有着双向作用[20]。档案部门应该强化社会公众在档案文创开发设计中的角色，通过分析用户画像获取公众感兴趣的档案文化领域与内容，收集公众在使用文创时的感受与建议，真正让档案文创以公众需求为导向，有针对性地完成相关档案的叙事解读。其次，社会关系分析、关联数据等数字人文技术的应用，可以在数据层面梳理档案文化内涵，揭露隐性文化知识，建立起多种载体档案之间的内容与主题关联，最终形成更真实、细致、系统的档案叙事体系。

3.3 文创形式推陈出新，增强沉浸体验感

档案文创要想具有长期稳定发展的生命力，就必须不断寻找新的形式，为公众营造更具体验感的沉浸环境。满足大众文化体验需要，可以通过把握时代流行元素和多方面嵌入公众生活两条路径实现。档案文创研发团队人员需要对时尚元素敏锐捕获，努力寻找专业情境、馆藏特色与时代潮流元素可结合的方向，不断推陈出新，打造符合市场需求的文创产品。前文所述的"第七档案室"系列活动，采用了"剧本杀+密室逃脱"这种时下备受年轻人追捧的社交推理活动，可以避免公众对文创形式的审美疲劳。盲盒商品也是近年来销售火爆的产品，不仅盲盒营销模式能给消费者带来更多消费刺激，其作为文化消费品也可以给人们提供情感与文化享受[21]。档案馆可以思考这种新形式，将实物档案、主题档案等借助盲盒的形式，让公众沉浸感受和探索档案文化。此外，档案馆还可以推出体验档案制作、档案装裱或修复活动，催生公众主动了解档案工作与档案文化，在视觉、听觉、触觉、嗅觉等多感官调动下沉浸体验中华传统文化。另一种方式是将档案文创融入公众生活空间，打造"档案文创+旅游""档案文创+互联网平

台"等多重宣传渠道，构建以档案文创为中心的档案文化同心圆，全方位为档案文创宣传、档案文化传播营造环境，立体地提升公众对文化 IP 的感知与接受。

4 结语

立足馆藏内容开发设计的文创产品可以作为档案馆面向公众展示文化魅力的桥梁，有利于加强社会公众对传统文化的理解与认同。叙事解读和沉浸体验分别是档案文创再现文化内容和公众感知文化内容的两个过程。档案部门挖掘文化内涵，利用新技术和新形式，可以讲好中国故事，营造广泛的文化氛围；在沉浸体验中公众也会积极作为档案文创的推广者，自觉传承、宣传中华优秀传统文化，实现文化内容的共建共享，进一步扩大传统文化的宣传普及范围，增强文化自信。

参考文献

[1]孙大东,赵君航.基于心流理论的档案文创产品设计策略研究[J].档案管理,2021(6):42-44.

[2][20]孙大东,向晓旭.新《档案法》实施背景下档案文创产品价值共创策略探析[J].档案与建设,2021(9):16-20,25.

[3]罗宝勇,吴一诺.基于 5W 传播模式的档案文创产品社交媒体推广策略研究[J].北京档案,2020(1):15-19.

[4]李宗富,周晴.4V 营销理论视域下的档案文化创意产品营销策略分析[J].档案与建设,2019(12):28-32.

[5]王小云,方华,汤玲玲.美国档案文化创意产品线上运营的经验、不足与启示——以 8 家档案馆线上商店为例[J].档案学研究,2021(4):134-141.

[6]周丽霞,余少祥.基于 SPSS 分析的档案文创产品用户感知价值实证研究[J].档案学研究,2021(6):122-128.

[7]赵淑华,张力丽.博物馆文创产品叙事性设计方法[J].美术大观,2016(5):102-103.

[8]特色书签[EB/OL].(2020-07-03)[2022-03-23].http://www.hebdag.org.cn/content/2020/2989.html.

[9]马微微.呼吸之间传播档案文化! 广州市国家档案馆推出档案文创口罩[EB/OL].(2021-06-08)[2022-03-23].https://baijiahao.baidu.com/s? id=1701978347787854952&wfr=spider&for=pc.

［10］王欣.红色档案话说党史精彩活动引人注目 各地开展形式多样的国际档案日宣传活动［N］.中国档案报,2021-06-28.

［11］历下档案馆举办"档案送清凉,服务进万家"社区志愿服务活动［EB/OL］.(2019-06-19)［2022-03-24］.https://mp.weixin.qq.com/s/2YvOipwEiQRE_bLBwduOVw.

［12］守护"一号机密"的他们,我们始终铭记:原创音乐剧《忠诚》在沪首演［EB/OL］.(2021-07-10)［2022-03-25］.https://mp.weixin.qq.com/s/ERTkZkuuXQ277w77GNcCuQ.

［13］2021 创博会 | 听说过第七档案室吗? 一场惊心动魄的密逃,即将上演……［EB/OL］.(2021-09-26)［2022-03-25］.http://www.gusuwang.com/thread-2296469-1-1.html.

［14］颜沐岚.结构主义叙事学中的叙述视角及人物功能［EB/OL］.(2021-09-26)［2022-03-25］.https://zhuanlan.zhihu.com/p/414287661.

［15］万思远,邓韵,魏佳琛,等.沉浸体验视角下书法 APP 用户满意度影响因素模型构建［J］.包装工程,2022,43(6):75-82.

［16］张爱研,王彦.浅析基于沉浸理论的博物馆展示设计［J］.艺术科技,2018,31(12):217.

［17］十二个档案主题海报亮相人民路［EB/OL］.(2021-06-30)［2022-03-25］.http://www.daj.suzhou.gov.cn/detail/131252.html.

［18］"小人物"折射"大时代":大型原创话剧《渔阳里的"大人物"》在沪首演［EB/OL］.(2021-06-24)［2022-03-25］.https://mp.weixin.qq.com/s/jcgaEVN2L7hyID5XFypmKg.

［19］陈洁,王玉珏.文化创意服务:档案利用的新趋势——国外档案文化创意服务概览［N］.中国档案报,2017-10-16.

［21］张振中."盲盒热潮"下博物馆文创产品开发的思考［J］.中国博物馆,2021(4):44-49.

档案文化创意产品多层次设计研究

王云庆　朱烨青

山东大学历史文化学院

摘　要：开发档案文化创意产品对于挖掘档案价值、弘扬中国传统文化、提升国家文化软实力具有重要作用。本文基于对档案文化结构表层、中间层和核心层的分析，构建了档案文化创意产品的设计模型，据此提出了基于物质文化的产品外观层面设计、源于物质与行为文化的产品行为层面设计和融入精神文化的产品情感层面设计的档案文化创意产品多层次设计路径，以期为我国档案馆的开发工作提供参考。

关键词：档案文化；创意产品；多层次；设计模型

0　引言

档案文化创意产品是以档案文化资源为基础，经过文化元素的提取转化，运用创意思维设计出的文化产品。档案文化资源具有可持续和高增值的优势，对档案文化资源进行挖掘并开发档案文化创意产品是合理配置资源、发展新经济业态的有效方式。笔者以"档案+文化创意产品""档案+文创产品"为检索词在中国知网期刊全文数据库和中国知网博硕士学位论文全文数据库进行主题检索（截至2021年6月），通过梳理检索所得文献，笔者认为国内学者对于"档案文化创意产品"研究的重点主要集中在开发档案文化创意产品的可行性、必要性、阻碍与解决策略[1][2][3]，档案文化创意产品的开发策略[4][5][6]，档案文化创意产品的营销和推广策略[7][8]，特色档案文化创意产品的开发[9][10]及对其他国家和地区档案文化创意产品开发的实践分析[11][12]等方面。

如何通过创意设计将档案转化为异质异形的档案文化创意产品，通过解读档案内涵、提取档案元素和转化档案文化符号将创意思考有机融入产品设计中，是档案文化创意产品开发过程中的难点和重要环节。因此本文以档案文化创意产品设计方法为研究重点，利用跨学科的研究思维和跨领域的专业知识，为档案馆的实际工作提供思路和建议。

1 档案文化创意产品结构解析

档案文化创意产品来源于档案文化资源，在开发前期，档案馆应加强对馆藏档案资源的系统梳理和分类整合，搜寻有特色、有价值、可开发的档案文化元素。思考哪些档案文化元素具有开发潜质，怎样解读档案内涵是档案文化创意产品开发设计的前提，因此首先需要对档案文化结构进行解析，使之从抽象到具体，深入挖掘档案文化资源，确定可提取的档案文化元素。

笔者认为，档案文化创意产品的结构可分为三个层次，即表象层、中间层和核心层。表象层为档案物质文化，指有形的物质和视觉审美；中间层为档案制度与行为文化，主要指制度、规则、使用方式、体验和行为习惯等；核心层为档案精神文化，指无形的精神和意识形态。具体分析如下。

1.1 表象层——档案物质文化

表象层的物质文化指与档案相关的图形、线条、造型、色彩等有形物质上的视觉符号元素。具体来说主要涉及档案馆的造型外观，如古代档案馆的代表建筑皇史宬、富有设计美感的现代档案馆等；档案管理用具如档案柜架、档案袋、档案盒；档案载体如甲骨、竹简、缣帛等；照片档案中的有纪念和收藏价值的照片；科技档案中的设计图纸；历史档案中的文字书法等档案物质文化。设计人员可通过提取这些具有历史感、艺术感和辨识度的视觉文化元素，将其转化为典型的设计特征，创造出符合大众审美倾向的高颜值、高品质的档案文化创意产品。

1.2 中间层——档案制度与行为文化

档案制度与行为文化主要包括档案的功能、所反映的规则与逻辑以及档案的使用方式、人们的行为习惯等无形的档案文化元素。设计师可以在档案馆工作人员的帮助下解析档案文化行为，寻找与现代生活的对接点，在此基础上重新诠释消费者与产品的互动关系，重构产品使用行为、操作流程及服务模式，利用消费者在使用物品时发生的具体行为活动和操作方式构筑当时的文化情境。

1.3 核心层——档案精神文化

档案精神文化是指档案所蕴含的寓意、背后的故事、体现的精神、文化内涵和思想等内隐性文化元素。将档案的精神文化融入档案文化创意产品之中，利用其本身蕴含的特殊寓意引起消费者的情感共鸣，这是文化创意产品的情感内核，也是其核心价值所在。开发档案文化创意产品必须深入挖掘背后的故事，展现蕴含在其中的内涵与价值，延伸过去的生活、文化和记忆，实现文化创意产品和消费者之间的"对话"。

2 档案文化创意产品设计模型构建

在艺术设计领域，设计文化创意产品也需从三个层面进行，即表层的外观层面，涉及色彩、材质、纹饰、造型、线条等表面设计元素，给用户带来感官体验；中间层的行为层面，偏重于功能、操作方式、使用方式、互动关系等行为方面；核心层的情感诠释，即产品具有的特殊含义、故事、蕴含的感情，可以引发情感共鸣。由此笔者认为，档案文化与档案文化创意产品之间有着对应的逻辑关系，据此构建了档案文化创意产品设计模型，如图1所示。

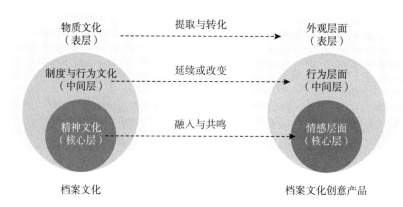

图1 档案文化创意产品设计模型

从档案文化向档案文化创意产品转化有三层实现路径，即在物质文化层面通过提取和转化与档案相关的视觉符号元素设计档案文化创意产品的外观；通过延续或改变档案制度与行为文化重构档案文化创意产品的行为层面；通过融入和共鸣档案精神文化表达档案文化创意产品的情感内核。以2013年台北故宫博物院推出的"朕知道了"纸胶带为例，如图2所示，该文创产品选自馆藏档案康熙皇帝朱批里的御笔真迹"朕安"与"知道了"，结合组成"朕知道了"四字，运用黄底红字、白底黑字和红底黄字三种色彩搭配设计出文创产品的外观造型；在行为层面，设计师将大众不常见到的皇家档案转变为贴近大众生活的文具用品，改变了其使用场景，并以纸胶带为载体，使产品可以粘贴在纸张之上表达作者的想法，这又与原型"朱批"的功能相似（"朱批"指的是皇帝在阅完大臣递交的奏折后，用红笔在奏折上批写的处理意见）；在情感层面，"朕知道了"纸胶带展现了康熙皇帝颇具董其昌风格的书法艺术，并以幽默的白话风格和符合现代人思维观念的平等的对话方式立刻与观众产生共鸣，同时向大众科普了康熙皇帝首创的奏折制度。

图 2 "朕知道了"纸胶带

3 档案文化创意产品多层次设计路径分析

开发档案文化创意产品是将档案文化融入产品的多层次设计转换，对感官体验、行为体验、情感体验等进行多维度设计，引发消费者的关注和购买欲。笔者基于档案文化创意产品的设计模型，形成了基于物质文化的产品外观层面设计、源于制度与行为文化的产品行为层面设计和融入精神文化的产品情感层面设计多层次设计路径，如图 3 所示。

3.1 基于物质文化的产品外观层面设计

基于物质文化的产品外观层面设计主要有直接引用和变形重构两种设计方法。直接引用指将档案物质文化中的纹饰、图像等具有艺术美感和辨识度的视觉符号部分或全部应用到文化创意产品的外观设计中。而变形重构指将档案文化元素中的形态构图、造型语义等进行解码与重组，创造出外观造型符合现代审美的产品。具体案例如下。

广州市国家档案馆在 2020 年国际档案日宣传活动中，围绕"记忆·广州"主题，根据馆藏资源设计了两款档案文化创意鼠标垫。一款是根据镇馆之宝——全国仅存的一套中山纪念堂建筑设计蓝图（横剖面东西图）设计而成；另一款来源于 1945 年广州市城区地图，如图 4、图 5 所示[13]。

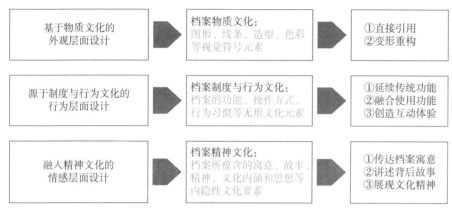

图3　档案文化创意产品多层次设计

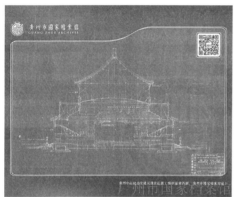

图4　广州中山纪念堂建筑设计蓝图鼠标垫　　**图5　1945年广州市区域图鼠标垫**

　　故宫博物院设计的"紫禁·太平有象挂饰"设计灵感来源于"清代錾胎珐琅太平有象"（图6）。设计师将原型文物中繁密复杂的珐琅彩小象结合现代人的审美做了整体切割设计，宝瓶借鉴了宋代汝窑瓷器的经典开片纹饰，整体简约大气。挂饰材质是仿珐琅，分量感十足，蕴含岁岁平安、天下太平之意。

　　设计师在选材时应重点考虑具有突出外观特征、深入人心的形象的档案物质文化。在设计开展中不仅要注重审美体验，给消费者带来充分的审美愉悦感，还要注重提升产品质量。设计师需要灵活提取和转化档案物质文化元素，结合现代美学设计风格，在色彩、造型、线条、表面装饰等各方面传达美感，实现产品美感最大化。对于文化创意产品来说，除了蕴含的文化附加值，产品的品质也是其能从众多功能相同的产品中脱颖而出的重要因素。档案馆应严格把控产品质量，

（a）清代錾胎珐琅太平有象　　　　　（b）紫禁·太平有象挂饰

图 6　设计思路

保证在材质选择、色彩装饰、整体造型、细节布局、生产工艺等方面精益求精，呈现最为精致和吸引人的外观。

3.2　源于制度与行为文化的产品行为层面设计

源于档案制度与行为文化的产品行为层面设计可以表现为延续传统功能和使用方式，复原当时的情景；或根据原有的外观和文化内涵融合到新的使用功能中；或通过用户的亲自参与和亲身感受，增强其互动体验感。

故宫博物院设计的"朕的印章"（图 7），设计师选取明清帝王的典型印玺及有趣的御批做成此套印章，延续了原有的使用方式。帝王专用的物品"飞入寻常百姓家"，激起了大众的购买欲望。再有故宫博物院设计的"朝珠耳机"（图 8）。朝珠本为清朝礼服上的佩挂物，挂于颈项、垂于胸前。设计师将其造型与耳机的功能相融合，虽然改变了原有产品的功能，却通过相似的使用方式展示了佩戴者的"威严"，有网友评论"戴上这耳机享受路人朝圣目光"，新奇又有趣。由漫威官方授权，奥秘之家出品的《漫威·绝密档案》（图 9）创意互动解谜书，通过设计一系列绝密档案，让用户在档案中寻找线索，完成重重解密任务。

图 7　朕的印章

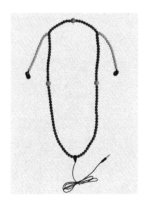

图 8　朝珠耳机

图 9　漫威·绝密档案

在行为设计层面，设计师一方面需要注重产品的使用功能。使用功能是一个产品的基础功能，不论是延续或是改变原有的功能，档案文化创意产品都应符合当代大众的生活习惯。设计师应充分运用人体工程学、设计心理学等对产品进行功能性设计，力求产品具有不逊于同类产品的使用便利性和实用性。另一方面需要加强体验互动。交互性与沉浸感是激发用户主动、积极参与的重要因素。如北京卫视的纪实节目《档案》通过解说已解密的档案，跟观众一起探寻其中隐含的历史事件线索，找寻那曾经的真实所在和鲜为人知的事实真相。档案馆可以利用用户对档案的好奇心，从"解密"的角度设计档案与用户之间的互动，鼓励用户对档案的探索。

3.3 融入精神文化的产品情感层面设计

设计师可以根据文字语义传达档案的寓意、讲述背后的故事、反映背后的精神等。故宫博物院推出的"雍正御批系列·宣纸折扇"（图10）出自雍正皇帝的御批史料"你如何向朕说起此等话来""谁无过？能改就好""话不必刚，亦不必柔，你自然有道理"等。这些政务批语有傲娇质问，有体贴勉励，字里行间，一个更加鲜活的雍正跃然纸上。设计师巧妙地通过折扇正反两面的双面言语将消费者想表达的态度在扇面里展现出来。

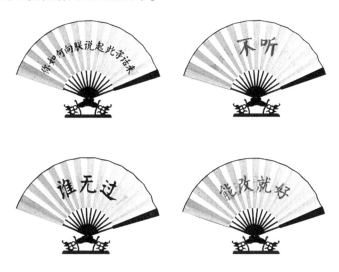

图10 雍正御批系列·宣纸折扇

文具界老字号"中华牌"挖掘上海红色文化的内涵，联合"海上文创"设计开发了彩色铅笔套装（图11）。该文创产品不仅在包装上符合年轻人的审美，而且包装上的文案如"心里有火眼里有光""不忘初心""绘出中华"等更是寄寓了对年轻人的期望。套装里一块印着"为了捍卫真理粉身碎骨也行"的橡皮擦（图12）也实现了文案与产品的高度结合，既符合橡皮擦的功能特征，也契合了产品蕴含的红色精神[14]。

设计师在挖掘档案的精神文化内涵时首先需要深入了解档案内涵，避免产生对档案文化的曲解。其次要选取独特的开发视角，运用创意思维提取档案中与现代社会契合的文化元素，如记录当地特色文化的非物质文化遗产档案、反映时代生活的民生档案、记录家庭家族历史的家族档案以及名人档案等，这些档案更能引发消费者的情感共鸣。

图 11 "中华牌"彩色铅笔套装　　　　图 12 "为了捍卫真理粉身碎骨也行"橡皮擦

4 结语

在人类的历史长河中，档案信息资源翔实地记录了影响个人、民族乃至整个人类的重大变革，是人类文化活动的历史积淀，承载着一代人的集体记忆和一个时代的精神文明。开发档案文化创意产品是扩展档案馆服务范围，满足公众精神文化需求，实现档案文化职能的创新举措。档案馆应改变传统的思想观念，积极进行自主创新和改革发展，不断丰富档案文化创意产品开发形式，用年轻化和创意性的设计风格为档案文化带来新流量；集聚全国档案资源进行联合授权开发，选取特色的明星藏品进行系列化设计；与老字号跨界合作，利用自身文化 IP 和老字号精良的品质与工艺提高档案文化创意产品的市场接受度，从而实现档案文化资源的创造性转化和创新性发展。在文化体制改革不断深化和文化消费需求稳步增长的背景下，档案馆应深入挖掘档案文化内涵，充分发挥档案文化创意产品对我国档案文化建设以及社会主义文化强国建设的积极作用，增强文化自信。

参考文献

[1]朱莉.档案文化创意产品开发阻碍因素及策略分析[J].档案与建设,2016(9):33-35,28.

[2]宋香蕾,洵异.档案馆文化创意产品开发的缺位与对策[J].档案学通讯,2017(3):88-93.

[3]邓连,陈洁.档案馆与文化创意产品开发[J].兰台世界,2017(3):21-26.

［4］王贞.档案文化创意产品的开发［J］.中国档案,2015(1):70-72.

［5］许晓彤.宜家效应视角下地域特色档案文创产品开发研究［J］.兰台世界,2018(6):24-28,12.

［6］方华,陈淑华,汤玲玲,等.从"缺味"到"有味":档案文化创意产品的"档案味"初探［J］.档案与建设,2020,379(7):10,11-14.

［7］贾聪聪,周耀林."互联网+"战略下我国档案馆在线商店建设探究——基于5W2H的视角［J］.档案管理,2018(1):11-15.

［8］李宗富,周晴.4V营销理论视域下的档案文化创意产品营销策略分析［J］.档案与建设,2019(12):28-32.

［9］姚明淑.高校档案文化产品创意表达策略——以西南石油大学为例［J］.四川档案,2019(1):17-18.

［10］黄膺竹.企业档案文化创意产品开发研究［D］.湘潭:湘潭大学,2020.

［11］王玉珏,刘佳欣.国外档案馆跨界合作模式及启示［J］.档案学通讯,2017(2):91-95.

［12］李明嫣.档案文创产品线上商店发展探析［J］.秘书,2019(1):50-55.

［13］广州市国家档案馆.广州市国家档案馆用档案文化创意产品讲好广州故事［EB/OL］.[2021-05-15].http://www.gzdaj.gov.cn/gzdt/gnxw/content/post_137644.html.

［14］云南网.连李佳琦也被种草!"追梦者"首播中的这款文创产品究竟有何亮点?［EB/OL］.[2021-05-15].http://society.yunnan.cn/system/2020/07/03/030765330.shtml.

档案文化产品社会化传播的效果研究

谭碧云

惠州市排水管理中心

摘　要：档案作为记录人们在日常工作和社会生活中的原始素材集合，具有强烈的文化属性。文化类档案产品在进行社会化传播时，可以起到有效宣传，提升社交价值的作用，从而强化社会和全民的档案意识。本文首先对档案文化产品及其市场化传播的特点、价值和作用进行简单介绍，其次对档案文化产品社会化传播的现状、效果进行分析，最后得出提升档案文化产品社会化传播效果的有效途径。

关键词：档案文化产品；社会化传播；效果

档案作为记录人们社交活动的原始手段，起着传承文化和传递档案文化价值的重要作用[1]。档案文化产品社会化传播能够起到提升民众对档案的认知，大力构建社会公共文化体系的作用。本文主要从档案文化产品的社会化传播展开研究，对传播效果的现状和存在的问题进行分析，从而得出提升传播效果的有效途径，实现档案文化产品的社会化传播，以促使档案文化得到大力弘扬。

1　档案文化产品及社会化传播概述

1.1　档案文化产品概述

文化类档案产品作为一种以传播档案的文化属性为重要使命的产品，具有较强烈的教育意义和文化价值传承意义。随着社会的发展，越来越多的文化类档案产品被收集整理出来，一方面被整理成具有教育意义的实物类产品集合，在展览馆、文化馆、博物馆等组织内进行展览，发挥文化教育和文化传承作用；另一方面以电子信息整合形式出现，在互联网上进行价值传递和文化传播[2]。文化类档案产品自带的教育及记录等特性与档案产品自身属性的有机融合，增加了档案文化的趣味性和创新力，增强了大众对档案文化的认识及对社会的认同。档案文化产品具有公益和公共的性能而不具有排他和竞争的缺点，在很大程度上不以竞争和盈利为目的，是社会大众能够共同获取的，是公平的和和谐的。档案文化产品具有丰富多彩的创意艺术设计，能够使人们对此产生较强的兴趣，进而使档案与人们的生活相融合贴近。

档案文化产品不仅具有经济效益，而且具有极高的社会影响力和社会效益，通过产品本身价值和外部价值的表现能够增强爱国主义教育的效果[3]。档案文化产品能够使档案馆形成特色品牌，对于塑造自身形象，提升档案馆文化价值起到决定性作用。档案文化产品的创意艺术设计能够吸引更多的社会群体，从而使产品受众增加，使档案文化得到更大的推广，使公众的档案意识得到普遍提升。档案文化产品还能够使档案开放的程度加深，提升档案的服务质量。

1.2　档案文化产品社会化传播概述

档案文化产品传播是档案事业的重要构成部分，能够充分地发挥档案文化的重要价值，扩大档案文化的影响力，对于社会文化的繁荣具有重要作用[4]。档案文化产品社会化传播要以大众需求为导向，要有效转变大众被动接收的形式，重视大众的个性化需求，为大众提供优质高效的产品服务；要有效激发大众的档案文化产品需求，使档案文化产品传播的主体更加大众化；将互联网技术与移动载体技术相结合，使大众能够通过多种渠道接受和传播档案文化；更加强多种档案文化产品模式的应用，使产品的传播深度和广度得到拓展，形式更加生动和创新，传播的效果更加明显。

2　档案文化产品社会化传播的效果研究必要性和方法

2.1　研究必要性

对档案文化产品社会化传播效果的研究，首先能够通过对相关资料进行收集和调研，对数据进行分析，从而对档案文化产品开发的形式和传播的现状有一定了解，认清目前档案文化产品社会化传播的优势和存在的缺陷；其次能够通过信息的采集和数据的分析[5]，明晰档案文化产品社会化传播的源头、渠道，从而梳理出影响传播效果的重要因素；最后能够通过调研和效果分析，寻找档案文化产品更加高效地进行社会化传播的途径，实现档案文化产品的社会效益和经济效益双提升。

2.2 研究方法

本文以档案文化产品社会化传播的路径为线索,以大众的体验反馈为依据,结合档案文化产品的传播现状,选取问卷调查法为主要研究方法。

本次问卷调查采用非完全随机调查的形式向社会大众发放问卷,问卷从档案文化产品社会化传播力、用户评价和社会认知等方面设置了 10 个问题,最终收回有效问卷 247 份。10 个问题的内容见表 1。

表 1　问卷调查内容

序号	问题	选项
1	您的性别	男、女
2	您的年龄	25 岁以下、26~35 岁、36 岁以上
3	您从事的职业	事业单位、企业单位、学生、其他职业
4	您所学的专业	情报学、图书馆学、档案学、经济学、历史学、其他专业
5	您对档案文化产品的定义是否了解	了解、基本了解、不了解
6	您是否在网络上查询过档案文化产品	经常查询、偶尔查询、从未查询
7	您希望阅读哪个层级档案馆的档案文化产品	国家级、省级、市县级
8	您是否支持档案文化产品网上传播	大力支持、支持、不支持
9	您认为档案文化产品传播不到位的原因	产品内容、产品价格
10	您认为在目前的传播状况下,哪一种方式更可行	传统图书、网络载体

对收回的 247 份调查问卷内容进行统计,统计结果见图 1~图 5。

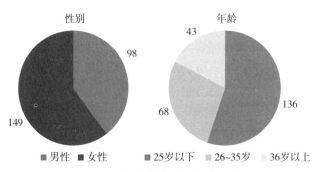

图 1　问卷对象性别及年龄分布

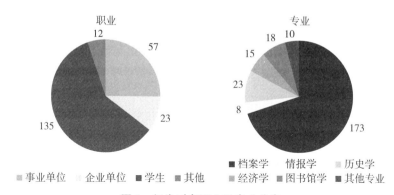

图 2　问卷对象职业及专业分布

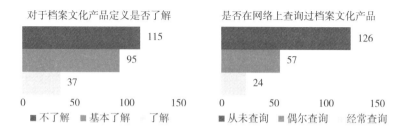

图 3　问卷对象对档案产品了解程度及是否通过网络了解的比重分布

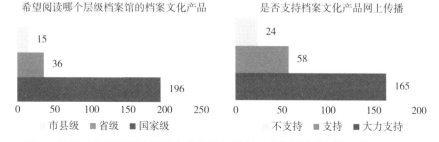

图 4　问卷对象希望阅读的档案产品层级及是否支持网络传播档案的比重分布

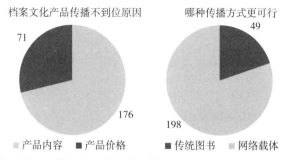

图 5　问卷对象对档案产品传播不到位分析的原因及认为的可行传播方式的比重分布

3 档案文化产品社会化传播的效果研究分析

通过对上述调查问卷的数据进行分析，可知目前档案文化产品社会化传播还存在以下问题制约着传播的效果。

3.1 传播渠道有待拓展

从问卷调查中可以发现，档案文化产品的传播渠道较少，大众获得产品的途径有限。一般的实体书店中很少有档案文化产品，只有大型书店会有少部分的档案文化产品。档案馆的文化产品相对比较封闭，对大众的开放范围较窄、开放度较低，所以普通大众对于纸质的文化类档案产品的获取难度较大，而在网络上架则需要经过层层审批[6]，且上架前的准备和上架后的维护也需要大量的人力资源，所以在常见的具有特定权限的知识类电子数据库如中国知网、维普、龙源、超星等中难以搜索到档案文化产品的相关内容。这就导致档案文化产品很难从档案馆进入大众的书房中。

3.2 产品内容与质量有待提升

档案馆对于档案文化产品的编制理念存在偏差，有些存在被动应付的行为，不能自觉主动地完成档案文化产品的编制。部分编制人员的水平和业务能力有待提升，在选材、写作、数据上存在问题。部分档案文化产品存在选题的趣味性不强、与生活实际无法结合的问题，造成部分档案文化产品对服务对象了解不足，可读性不强，用户的需求无法得到满足。档案文化产品的内容和质量还需要进一步创新和提升。

3.3 传播宣传力度不够

档案文化产品存在被动和独立开发的问题，对产品的传播、宣传力度不够。对产品的开发落后于用户的需求，造成回报的效益较低，进而对产品开发失去信心，开发工作变得更加被动。产品研发人员的结构比较单一，很少与其他人才进行产品的沟通交流，造成产品的样式单一、内容不新颖等问题。对于产品的营销策略考虑不够，并且很少与其他文化机构开展合作，很少与用户交流，使档案文化产品无法得到有效宣传。

3.4 产品价格较高不够亲民

档案文化产品一般是成套编制，内容较多，印刷也比较精美，编制者为此付出了很多心血，因此产品价格普遍较高，导致其与大众购买力不相匹配。有些用户虽然对档案文化产品比较感兴趣，但因为价格而退却。当当网上的一套《军机处雍正朝满文议复档译编》（全 13 卷）价格为 14196 元（原价 16800 元）[7]，这价格不是普通大众能够接受的。从当当网检索可以看出，大部分档案文化产品单册的价格都不低于 200 元，价格普遍较高、不够亲民，普通用户远远无法承担。

3.5 传播反馈机制需完善

在档案文化产品的社会化传播中，比较重要的是用户对产品的反馈。产品开发者可以根据用户的反馈对产品进行调整，并为以后的产品开发选题提供指导和依据。文化类档案产品需要经过设计、开发，然后具备资格后方可进入传播和售卖环节，整个产品制作链条较长，涉及审核、制作、传播和销售等诸多部门，整个传播过程的用户反馈机制一般流转至销售环节即停止，设计和开发部门在获取市场反馈的环节上存在获取反馈数据难、反馈数据和开发产品脱节、反馈数据落伍、反馈数据易被市场操纵等问题，且反馈机制不规范、不标准，带来较大的数据清洗工作量。

文化类产品进入市场后，对于产品传播的反馈极难到达产品设计和开发部门，获得数据迟滞于产品开发环节，开发者与开发者之间、开发者与传播者之间、用户与用户之间的反馈基本上还没有建立，因此用户无法有效传播档案文化产品的相关理念，档案文化产品传播效应不明显。

4 档案文化产品社会化传播建议

根据上述研究分析，结合档案文化产品传播过程中存在的问题等实际情况，对档案文化产品的社会化传播提出以下建议。

4.1 明确档案文化产品的市场定位，以服务促进开发设计

随着全民素质的提高，国家对于文化类档案产品的制作和开发也越来越和大众的精神需求相匹配，此类产品正在逐步加大开放力度、扩大开放范围。但是由于档案文化产品广泛传播的社会氛围有待进一步养成，故人们对于文化类档案产品的选择和信息辨识的能力较弱，需要进行长期且广泛的宣传教育，从而明确文化产品的市场定位，即档案文化产品肩负影响人们意识形态的任务，也负有规范教育大众的公开行为的责任，不可放任对历史事件的误读、曲解等意识形态，也不可出现文化传承的断档[8]。

档案管理部门应积极做好市场调研，并结合当今形势开发满足人们精神需求的文化类档案产品，并持续加大社会传播力度。在人民群众中牢固树立档案文化

产品客观积极、主动记录的历史定位，在和人民群众接触和交互的过程中进一步树立档案文化产品文化传承、意识传播的文化定位。协同科技馆、博物馆、图书馆进行实物资源和信息资源的互通有无，使大众更好地获得文化的感受和体验。档案馆工作人员要主动加强服务理念，积极参与档案文化的宣传组织工作，并加强与社会的沟通从而吸引大众了解档案文化。档案馆要依据不同的服务目标来提供相应的服务，不仅要提供档案馆藏和利用的入门介绍，也要提供档案文化研究的相关咨询服务，要组织开展各类讲座、培训班，提高大众使用和学习档案文化的能力。

4.2 增强档案文化传播意识，加大与大众联动力度

作为社会文化和意识形态传播的主要组成部分，档案文化产品因为档案自身所具有的神秘性，造成大众了解和运用档案的意愿不足，使得档案整体的利用度不高。要将档案文化在大众中普及推广，需要强调档案文化产品的社交属性，采取和大众勤互动、多响应的方式，使得大众在制作开发和传播推广的过程中，积极贡献自己的社交影响力，让大众参与各级档案馆、单位档案室、社区档案室、农村档案室、家庭及个人档案建设[9]。档案工作人员要经常深入民间进行档案资料的采集和整理。档案馆要通过传媒或到各单位、社区开展档案文化普及讲座的方式，使大众的档案意识得到大幅提升。要使大众能够自发自觉采集和整理重要信息，通过文字、图片或录像等多种形式将各种信息如家庭、单位、社区的不断发展变化等进行整理存档，等积累到一定程度后，可以将这些档案信息送到档案部门进行甄别并归档。

4.3 借助自媒体矩阵，和大众形成高互动多响应的关系状态

档案文化产品的传播时代不同，渠道也不同。过去没有现代媒体技术时，主要通过书画、实物进行传播，如今随着现代媒体技术的不断发展，"三微一抖"等自媒体聚集了大量的受众粉丝。档案部门需要借助这些现代媒体进行档案文化产品的宣传和传播。档案部门要通过与报纸、电视、广播等媒体合作，打造与档案文化相关的节目，加大人们对于档案文化产品在大众社交圈的传播力度和参与力度。现代媒体能够推动档案文化产品的传播，使大众通过二维码、微信朋友圈转发、评论留言点赞等方式参与互动[10]，可结合留言反馈持续改进产品的设计开发和传播推广方式。现代媒体所具有的互动性强的优势，能够使开发者加强与大众就档案文化产品进行交流，了解其对档案文化产品的需求和对现有产品的评价，从而调动大众参与档案文化产品传播的积极性，使档案文化产品的传播更加高效。

4.4 拓展档案文化产品的文化深度和普及广度，优化产品设计

档案文化产品传播是一项长久性的工作，因此要有规划，要提前进行传播的筹划工作。对于档案文化的研究要从历史和社会整体的高度进行档案文化内涵的挖掘，并且要和当前社会需求结合起来。档案文化产品的开发不是一蹴而就的，需要一定的时间，在这段时间内大众的文化需求是不断变化的，因此对于档案文化产品的开发要有预见性，要根据现阶段的社会文化需求预测出未来一段时间大众对于档案文化产品的需求，从而制定产品主题并开发出具有民族、地方和时代特色的品牌产品。档案文化还需要通过各类不同载体来展现，档案文化载体是社会发展水平的反映。在当前科技背景下，档案文化产品的传播除了引用传统的展览、书画外，还要加大现代媒体的传播力度，扩大档案文化产品的传播范围，利用电视、网络、手机等手段使档案文化产品的传播更有视听冲击力。

4.5 完善传播反馈机制，搭设交流沟通平台

档案文化产品传播的反馈不仅是档案文化产品传播过程的最终环节，还是新的档案文化产品开发的开端。通过传播的反馈，开发者能够及时了解到在传播过程中遇到的各种阻碍及其原因，从而及时调整，降低负面影响和传播成本，大幅提升社会效益和经济效益。因此在产品传播过程中，开发者要采用点和面相结合的形式，首先将档案文化产品在部分范围内进行推广，收集遇到的问题和建议等反馈后对产品进行相应的修改和完善，最终全面推广。做好档案开发部门、传播媒介和大众之间的沟通，使反馈得到及时反应，充满获取大众反馈的意见。要搭设各种交流与沟通的平台，使档案开发部门能够多渠道获取反馈信息[11]。比如，在档案文化产品中附加反馈意见表，让用户填写感受和相关改进意见；在网络社交平台上开展意见调查，让用户进行反馈。要通过多形式的沟通交流，提升档案文化产品的质量，从而使品牌形象得到整体提升。

4.6 与其他文化部门积极合作，建立档案文化产品传播产业链

档案部门可以寻求多方合作，积极与其他文化部门进行交流合作，共同打造档案文化系列产品，并形成相关产业链，壮大档案文化产业。档案开发部门要借助本地的文化储备资源，结合本地特色、民族特点设计相关的文化用品和工艺品，创作相关的歌曲、影视作品，同当地旅游部门合作进行旅游文化产品的开发，融合本地的文化类档案资源（旅游资源、文化资源、自然资源、人文资源、科技资源等）和地域特色，进而设计开发文化类品牌产品，并结合营销和推广的行业操作，形成本地的文化类档案资源库，打造当地独特的档案文化，并使其成

为能够代表当地文化特色的重要标志，获得更大的社会效益和经济效益。

5 结语

档案文化产品具有对社会公共文化进行传播的重要责任，因此在传播过程中，要将人们对档案文化产品的诉求作为传播重点，将传播作为档案部门和大众之间可靠的沟通桥梁。通过将人们喜闻乐见的优质档案文化产品进行精准传播，发挥意识形态影响作用，并助力群众树立正确的价值观，促进中华民族繁荣昌盛和国家富强。

参考文献

[1][11]卫奕.档案信息传播效果研究[J].档案学通讯,2005(5).

[2]李艳.档案文化传播与人的素质优化[J].黑龙江档案,2012(2).

[3]谢兰玉.档案文化传播与媒介演变[J].兰台世界,2012(8).

[4]方乐莺.档案文化产品的多渠道传播研究[J].兰台世界,2017(1).

[5]曹阳.浅析档案文化产品开发现状与策略[J].档案学研究,2017(S2).

[6]苏君华,龙家庆.档案文化产品传播影响力研究——以档案编纂成果为例[J].档案学通讯,2018(4).

[7]王芳.档案文化创意产品开发模式及实践路径研究[D].湘潭:湘潭大学,2016.

[8]李晓.基于社交媒体应用的档案文化传播策略研究[D].哈尔滨:黑龙江大学,2015.

[9]王嫱.面向文化认同的档案文创产品开发策略研究[D].郑州:郑州航空管理学院,2016.

[10]曲春梅,何紫璇.数字人文环境下档案文化价值释放特点与实现方式[J].北京档案,2021(4):6-11.

融媒体时代档案文化开发与传播的创新实践

米东荣

珠海市残疾人综合服务中心

摘 要：在融媒体时代，加强档案文化开发与传播方式的融合，是提升档案文化管理创新能力的重要保障。而现阶段，档案文化开发和传播与融媒体的结合依然存在一定的不足。基于此，本文主要探究融媒体时代档案文化开发与传播的创新实践，首先对融媒体时代档案文化开发与传播的新格局及重要性展开分析，其次详细分析融媒体时代档案文化开发和传播阶段存在的问题，并且提出针对性的创新建议。

关键词：融媒体；档案文化开发；档案文化传播

档案工作是各企业的核心工作之一，各项工作的记录、追溯均离不开档案的系统化管理。档案工作是各项事业发展和历史延续的重中之重。自古以来，档案就发挥着传递信息和记载史料的作用。在融媒体时代，电脑、手机和电视等智能终端以及微博、论坛、微信和抖音等多媒体传播形式成为主流信息传递通道，呈现出扁平化和多元化的特征。基于此，在档案文化开发和传播中，与融媒体深入结合，有利于实现档案文化管理的创新[1]。目前，档案文化在开发与传播时，对融媒体的应用深度和范围仍然有待进一步拓展。因而，探究融媒体时代档案文化开发与传播的创新具有重要的价值。

1 融媒体时代档案文化开发与传播的新格局及重要性

1.1 融媒体时代档案文化开发与传播的新格局

在人类发展进步中，文化作为社会进步的关键力量，呈现出物质文化和非物质文化的格局。文化作为人类改造世界的活动总和，可以通过传播辐射，由本土传递到其他群体。对于档案文化而言，需要在档案管理阶段，将文化传播与档案管理结合起来，以创新档案文化管理形式，提升档案文化管理能力。档案文化通过传播，其文化属性将会改变人们的认知，因此档案文化传播是增强我国文化软实力的重要手段。在融媒体不断发展的环境下，档案文化传播可以实现全程媒体、全员媒体及全息媒体的融合，真正地将档案文化与融媒体结合起来[2]。档案管理人员以视频和图文等形式展现档案文化内涵，用户在关注档案文化时，可全面了解档案文化知识及其内涵，从而增强档案文化的传播能力。

1.2 融媒体时代档案文化开发与传播的重要性

融媒体时代加强档案文化的开发与传播具有重要的意义。对于档案文化开发过程而言，其与融媒体的融合，提供了档案文化开发新模式。档案管理人员可以利用融媒体手段，丰富视频和图文等传播形式及档案文化的存在形式，这样在后续的档案文化管理中，将为人们提供更多的档案文化类型[3]。同时，在档案文化开发时，可以利用多元化的媒体，如微信公众号、抖音和微博等。对于档案文化的传播而言，利用融媒体环境，可以拓宽传播渠道，基本实现对用户范围的覆盖。另外，在利用融媒体进行档案文化传播时，可利用大数据技术及档案管理技术，了解用户的需求，根据用户的兴趣点进行精准推荐，实现档案文化的深度精准传播，从而有效地提升档案文化传播水平。

2 融媒体时代档案文化开发与传播存在的问题分析

2.1 融媒体时代档案文化开发存在的问题

2.1.1 融媒体时代档案文化内涵开发不足

在融媒体时代，对档案文化内涵的开发存在一定的不足。在传统文化内涵的开发中，以纸质档案为主，存在时间和空间的限制[4]。在融媒体时代，企业虽然加强对档案文化的开发和管理，但是对于新媒体的利用仍然存在不足，对微信、抖音和微博等资源的利用存在一定程度的欠缺。同时，在创作中仅生硬地采用图文和视频等形式，缺乏与文化内涵的融合，影响了档案文化的开发效果。

2.1.2 对网络技术应用不足

在档案文化开发时，基于融媒体的信息技术利用程度不足，还需要拓展网络技术的应用范围和深度。目前，网络技术包含4K、5G、AI和VR等多种技术手段协同，档案文化管理未能充分应用所有的技术体系，在一定程度上影响了档案文化的开发[5]。同时，对档案文化的深度挖掘存在显著的不足，并未融合档案文化的实际情况，致使档案文化与融媒体的开发深度不匹配，影响了档案文化的传播效果。

2.1.3 对用户需求了解不足

融媒体时代的档案文化开发，对用户需求的了解存在不足。在多方互动档案文化管理机制的建设方面未与其他部门建立互动机制，致使档案文化管理机制单一，影响档案文化的开发效果。档案文化的个性化服务机制建设不足。在融媒体时代，档案文化管理部门虽然不断加强对网络技术的应用，但未深入结合大数据技术以及物联网技术，在档案文化管理技术应用层面存在显著的缺失，严重影响档案文化开发能力。

2.2 融媒体时代档案文化传播存在的问题

2.2.1 联动传播机制建设不完善

融媒体时代档案文化传播时，相关机构对多元化传播机制的建设并不完善。通常情况下，档案管理部门以自主部门的独立传播为主，缺乏与相关部门的战略合作，致使档案文化传播范围及传播效果相对受限。同时，档案文化传播时，未充分融合文化环境和媒体环境，各部门之间的联动以及技术手段的应用还有相当大的进步空间。

2.2.2 缺乏文化和互动服务的传播机制建设

档案文化传播过程中，需要建立活动服务模式，以提升档案文化的传播效果。在档案文化传播和管理时，并未建设具有针对性的文化和互动机制。目前，档案文化传播部门虽然已经通过微信公众号及官网等途径进行文化传播，同时为用户提供档案服务和预约服务，但是在互动功能及与用户沟通功能的建设方面并不完善，致使档案管理机构缺乏对档案文化管理的认知，从而不能充分认识到档案管理的实际情况，因而在提供档案文化服务时，与用户的预期存在一定的差距，影响了档案文化的传播效果。

2.2.3 缺乏依托大数据的精准传播模式构建

在融媒体时代，档案管理需要建立精准传播模式。档案文化开发部门虽然建设了符合用户需求的档案文化管理体系，然而在档案文化的大数据技术应用方面还存在不同程度的不足，表现在用户需求分析方面并未融合目前的大数据技术以及物联网等技术，在制订传播计划时不够精准，覆盖面和用户重合度不足。同时，在大数据传播中，缺乏对电子 AI 角色的打造，用户在沟通信息时，仅可以在工作时间与工作人员沟通，并且存在排队及沟通效果不佳等问题，影响档案文化的传播效果。另外，在传播形式方面，以简单的叙事等结构为主，并不能充分利用故事和科技等手段来激发用户的兴趣。可见，精准传播模式的构建不足，是影响档案文化传播的重要因素之一。

3 融媒体时代档案文化开发与传播创新策略

3.1 融媒体时代档案文化开发创新策略

3.1.1 以新媒体形式展现档案文化内涵

传统档案文化的展现形式以纸质为主，存在时间和空间的限制。在融媒体技术的发展环境下，通过新媒体，可以实现随时随地传播，同时可以利用多种形式来展现档案文化资源。首先，可以加强对数字等媒体的应用。在档案文化开发时，可以利用微信、微博和抖音等新媒体，实现对档案文化产品的设计，通过多种新媒体载体，赋予档案文化新的力量。其次，利用多种形式进行创作，以图文和视频的形式展开加工和创作，更新档案文化的形式，从而全面提升档案文化内涵。例如中工网发布的春运影响档案资料，涵盖了 1953—2018 年的春运影像报道，以色彩和图像的形式，生动地展现出人们的物质精神世界。从案例中可以看出，在进行档案文化开发时，要加强对融媒体及图文等形式的档案文化产品建设，丰富档案文化内涵，进而促进档案文化持续创新。

3.1.2 运用网络技术手段建立档案文化协同机制

在档案文化开发中，需要建设新的档案协同机制。如利用多种技术手段实现对档案文化的深度挖掘，建设 4K、5G、AI 和 VR 等多种技术手段协同的档案文化，充分营造良好的舆论环境，利用多元化的技术手段，深度打造档案文化精髓。另外在深度挖掘档案文化时，要适当对档案文化进行创新，充分展现档案文化的底蕴和内涵，进而创新档案文化矩阵。例如《时代号子》档案在传播方式上，利用 5G、VR 和 AI 等多种技术手段，打造了东北老工业基地的振兴档案文化，并通过网站及手机等途径，对东北老工业基地档案文化进行深度挖掘，推出工运史定期展览方式，吸引了全国各地的观众，使其感受到东北老工业基地深厚的文化底蕴。通过案例可以看出，档案文化的开发要积极加强对网络技术的应用，建立多元协同档案文化管理机制，以丰富档案文化的内涵。

3.2 融媒体时代档案文化传播创新策略

3.2.1 建立"1+N"的联动传播机制

在进行档案文化传播时，需要积极应用多元化的传播手段，构建"1+N"的联动传播机制。"1"是指档案文化的核心，包括档案文化的制造者和传播者。

"N"是指媒介，包括社会机构和媒体机构等。通过该传播模式，可以实现档案馆、文化馆以及科研机构等多部门的联动，扩大传播范围，从而增强档案文化的传播效果。在进行档案文化传播时，要实现文化环境、媒介环境和心理环境的结合，为档案文化的联动传播奠定基础。例如某高校在档案文化传播中，建立了学校、媒介组织、职能部门及社会结构的联动机制，利用数字化和虚拟化的技术手段，将师生关心的问题融入档案文化传播，起到了较好的传播效果。

3.2.2 建立"文化+服务+互动"联动传播机制

在进行档案文化传播时，需要构建精准的联动传播机制，实现对档案文化的深度传播。要从文化和服务的角度入手，将档案文化与优质的资讯联合起来。在档案文化传播中，可将微信公众号或者网页作为载体，为用户提供线上和线下融合的档案文化服务模式；为用户提供档案服务、预约服务以及读者互动等功能，与用户进行深度沟通。在档案文化传播反馈和互动方面，可以在档案上设置留言、弹幕和评论等功能。用户通过网站或者微信公众号，即可及时与平台进行沟通。例如某残疾人档案管理中心，设置了"文化+服务+互动"的传播机制，在文化和服务传播的基础上，增加用户留言及评论点赞功能，实现与用户的深度互动，从而提升档案文化的传播效果。档案机构在进行档案文化传播时，应用档案服务互动联动机制，最终实现档案文化传播模式的优化。

3.2.3 依托融媒体建立精准传播模式

依托融媒体建立精准传播模式，是促进档案文化传播的重要手段之一。在融媒体环境下，要充分利用大数据的算法，对用户的需求进行针对性的分析，了解用户对档案文化的兴趣点，将符合用户兴趣的档案文化传播给客户。同时，在精准传播模式中，档案文化管理部门要充分应用多方面的文化机制来实现传播，将微信、抖音以及微博等途径充分结合起来，全面分析受众对档案文化的需求点，从而提升档案文化的精准传播水平。在进行档案文化传播时，要充分利用信息技术手段，打造档案文化电子形象。如通过档案技术，打造文化 AI 角色，通过语音、文字和视频等途径，让用户将需求发送给 AI，然后根据信息化技术，实现对用户需求的总结，并且根据用户需求，制订精准推送计划，从而加强档案文化的传播能力。例如某市档案馆，依托融媒体技术和大数据技术，实现对用户兴趣需求的调查，根据用户的需求，制定历史故事集以及科技故事集等故事档案模式，充分激发了用户的积极性，提升了信息传播水平。我国其他档案管理部门在进行档案文化传播时，同样可应用该模式，积极与用户互动，不断提升档案文化信息的传播水平。

4 结语

档案文化的开发与传播，需要通过融媒体途径来提升其水平。档案机构在档案文化开发和传播时，如不能有效地结合融媒体，将使档案文化的开发和传播受到限制。基于此，本文主要分析档案文化的开发和传播机制，在明确档案文化传播新格局以及重要性的基础上，探索融媒体时代档案文化开发和传播阶段存在的问题。根据实际问题，在档案文化开发阶段，提出了丰富文化内涵、建立档案文化协同机制等创新策略。在档案文化传播阶段，提出了"1+N"联动传播机制、"文化+服务+互动"的联动传播机制以及精准传播模式。希望通过本文的分析，可以为档案文化的开发与传播模式创新提供经验借鉴。

参考文献

[1]辛路娟.陕西传统文化传承创新设计及重塑机制研究——以融媒体时代为背景[J].国际教育论坛,2021,3(5):5-6.

[2]刘政序.融媒时代城市文化传播的现状与创新[J].青年记者,2016(17):2-4.

[3]周长琴.融媒体时代传统文化传播的创新路径研究[J].传播力研究,2019,3(33):2-4.

[4]黄晓霞.融媒体时代探索档案宣传在企业文化建设中的途径研究[J].神州,2020(6):17-18.

[5]杜清,陈少徐.融媒体视域下高校档案文化传播模式研究[J].新媒体研究,2021(4):26-28.

互动视频在档案保护文化传播中的应用研究

焦圣兰　蔡梦玲

苏州大学社会学院

摘　要： 档案保护领域拥有深厚的文化基因，蕴含丰富的文化内涵。档案保护文化的传播作为档案保护事业发展的重要途径，长久以来一直受到档案保护界的广泛关注。在这个"人人都是记录者"的数字化时代，档案保护文化的传统传播方式亟须改变。本文通过对多种文化传播方式及其特点进行分析，突出新时代互动视频应用于档案保护文化传播中的必要性，通过实际创建档案保护互动视频来研究其在整个档案文化传播、档案保护事业发展中的重要作用。

关键词： 文化传播；互动视频；档案保护

0　引言

2021年11月，国家档案局印发《"十四五"国家重点档案保护与开发工程实施方案》，强调创新档案资源开发利用方式，鼓励运用各种媒介宣传档案开发成果。档案保护事业的发展离不开档案保护文化的传播。档案保护实践是国家文化延续的手段，同时档案保护活动又是传统文化的重要部分。学界对档案保护的研究往往侧重于技术层面，但档案保护领域所蕴含的深厚的文化基因同样不容忽视[1]。档案保护文化是围绕档案保护实践活动，在人们对档案保护的认知和实践积累到一定程度后产生和形成的一种文化，是档案文化的重要组成。在当今现代技术翻涌的时代洪流中，互联网为档案保护文化的创新性传播带来机遇与挑战，越来越多的新媒体传播方式得到广泛关注。2021年3月5日《中华人民共和国国民经济和社会发展第十四个五年规划和2035年远景目标纲要（草案）》提出："迎接数字时代，激发数据要素潜能，推进网络强国建设。"在这个"人人都是见证者，人人都是记录者，人人都是发言者"的数字化时代[2]，鉴于档案数字化建设及新冠肺炎疫情等重大突发事件对传统档案文化传播带来的冲击，采用多种方式推进其传播显得更为必要。

目前,"数字中国"建设取得进展,也为文化领域的数字化建设提供了政策依据,5G、AI、VR、信息可视化等技术为档案记忆数字化提供技术支撑,沉浸式、互动式体验记忆成为文化传播的新形式[3]。在传统观念上,视频无疑是大众被动观看、学习和吸收内容的一种传播方式,但互动视频的出现打破了这种模式。互动视频作为文化传播的一种新方式,是"通过互联网向公众提供的具有分支剧情选择、视角切换、画面交互等交互功能,能够为用户带来互动观看体验的一种视频业务"[4]。这意味着大众不再是单纯地接受,而是主动地参与体验[5]。B站(哔哩哔哩,bilibili)是一个互动分享与二次创作集聚的弹幕视频分享网站[6],作为国内目前互动视频最多、参与互动视频创作人数最多的一个平台,在游戏、教育、测试、场景体验等多方面均有涉及。沉浸式体验的互动视频对档案文化的传播具有重要意义,为其提供了一个极有创新价值与实践意义的方向。本文将围绕互动视频在档案保护文化传播中的应用进行研究与实践。

1 档案保护文化传播方式

档案保护研究历史悠久、内涵丰富,不仅要求多种类型的高超技术,还包含了丰富的思想文化内涵,是在实践中传承与发展的档案事业的重要方面。档案保护中的文化基因诞生于档案保护理论与工作实践,兼具独特的技术与艺术特征。马歇尔·麦克卢汉曾在《理解媒介:论人的延伸》一书中指出:"真正有价值的讯息并不是各个时代的具体传播内容,而是这个时代所使用的传播工具的性质及其开创的可能性"[7]。相较于在理论和实践中发展的档案保护文化传播内容,与时代发展及技术水平进步息息相关的档案保护文化传播方式显得同样重要。

1.1 传统档案保护文化传播方式

1.1.1 概况

传统档案保护文化的传播主要通过两大途径:一是大众传媒,二是现实活动。档案保护文化的传播与大众文化的传播具有一致性,除了口述、言传身教以外,多通过报纸、杂志、广播、电视等大众传媒宣传。档案文化的传播与媒体是相互依赖的[8],二者以联办宣传栏目为利益纽带,建立了密切的合作关系,大众传媒成为档案保护文化传播的基本选择。

除了具有和大众文化传播方式相同的特征外,档案保护文化作为档案保护领域的重要方面,也具有自身独特的传播方式:通过与节日、档案文化传播场所等相结合,如举办国际档案日活动、档案馆参观、档案保护名人讲座、档案保护科普讲堂等各具特色的活动，来推进档案保护文化的传播。

1.1.2 问题分析

虽然传统方式是档案保护文化传播的最基础、最常用的方法，但也存在一定的局限：

第一，地点受限。传统方式或以实物为主，或需要进入固定的文化传播场所，对于大众来说需要支付额外的通勤时间与费用成本才能实现。

第二，覆盖时间有限。传统传播方式主要在特定地点，除了受到地点的限制，还必然受到时间的限制。大众接受体验的时间太过固定，便利性较差，可能无法在自己的空余时间获得所心仪的资源[9]。

第三，吸引力不足。传统传播形式较为固定，对于大众来说已经习以为常。在相同的传播方式下，他们往往会选择自己更感兴趣的内容。但对于年轻人来说，他们对于日常生活中接触不多、不太了解的档案保护文化的兴趣不突出，即使花费的成本代价较低，他们同样不愿主动去接受。

第四，主体相对单一。档案保护文化的传统传播主体大多是档案保护机构自身或对档案保护不了解的媒体。前者可能会造成文化呈现形式较为枯燥、过于专业，后者可能会造成知识方面的缺陷。传播主体的单一容易导致传播方面的创新性不足。

第五，组织成本高。无论是利用大众传媒还是现实活动传播档案保护文化，主体单位或受委托第三方媒体机构进行传播时都需要花费较高的成本，这对档案保护文化的传播造成了一定的阻碍。

1.2 档案保护文化的新媒体传播方式

1.2.1 概况

随着大众传媒技术迅猛发展，档案保护文化传播出现了新方式。基于互联网的新媒体传播方式为档案文化的发展增添了活力，出现了数字档案馆、微博、短视频平台、网站、"公民档案者"等多种传播途径[10]。数字档案馆通过对档案资源进行数字化建设，既方便用户跨时空查看档案，又极大地拓宽了档案的开发利用路径；微博宣传成本较低，大众可以利用碎片化时间浏览，宣传效率较高；短视频平台的碎片化传播吸引了众多移动端用户的关注，成为档案保护文化宣传的重要手段；网站可以汇集档案保护相关资源，形成大量资源数据库；"公民档案者"可以动员公众力量自发宣传档案文化。

随着新媒体的快速发展，如今的信息传播形式更为多元，传播方式从传统媒体拓展为新媒体，提高了信息更新速率，有助于以二次传播提高传播效益[11]。新媒体为档案保护文化的传播提供了便利，极大丰富了档案保护文化的传播方式，有利于多层次展现档案保护文化，更好地助力档案保护事业的发展。

1.2.2 作用分析

档案保护文化的新媒体传播方式超越了传统方式，有效弥补了传统传播方式的局限性。

第一，超越时空限制。利用新媒体进行传播有效地解决了传统方式中时间、地点限制问题，大众可以随时随地找到符合自己兴趣爱好、能够满足自身需求的档案保护文化资源。

第二，更具吸引力。新媒体平台功能丰富且不断完善，在为传播档案保护文化提供多种选择的同时，也并非一成不变，会根据用户需求不断完善更新，提供更多方便用户使用的新功能，使得用户黏性增强。

第三，传播主体灵活。传统媒体传播方式的传播主体往往是档案机构与媒体机构，大众往往难以参与。而新媒体平台的用户众多，大众可以发挥主观能动性，自主参与档案保护文化传播，自由度高，创作灵活，更可能产生优质内容。

第四，建设运营成本低。区别于传统方式中媒体机构向档案机构收费的买卖模式，新媒体平台为档案保护机构提供几乎免费的宣传渠道，只需要注册账号并认证，就可以在平台上发布档案保护相关内容并进行持续经营管理，方便用户订阅与查看往期内容。

2 档案保护文化新媒体传播形式——互动视频

2.1 互动视频概述

Meixner 将互动视频定义为一种结合非线性视频和信息动态呈现特点的基于超媒体的视频[12]。互动视频打破了传统单一线性叙事特征，呈现网状特征。国际上互动影视实践较早，交互式电影的诞生拉开了互动影视的帷幕。自 1967 年世界上第一部交互式电影《自动电影》在加拿大蒙特利电影展上首次试映[13]以来，交互式影视就开始逐步发展，分支剧情给大众不同的情节体验，虽然仅有部分节点尝试，大众无法改变最终结局，但为后来的互动影视实践提供了多分支平行结局启发。2019 年全球性流媒体平台 Netflix 推出的《黑镜：潘达斯奈基》是首次在大荧幕上出现的互动式电影[14]，大众可以在观影中选择走向不同结局。Netflix 还推出儿童互动影视如《穿靴子的猫：童书历险记》《雷霆卡车巴迪》等，并推出《坚不可摧的金米·施密特》《你与狂野》等互动节目，不断发展每日互动节目系列，使互动视频深入日常生活[15]。

除了国际上一些互动影视的实践，国内也诞生了许多互动影视，如 2015 年爱奇艺《琅琊榜》采用互动设计，首次让大众选择结局。《他的微笑》《古董局中局之佛头起源》《明星大侦探之头号嫌疑人》《画师》《隐形守护者》等剧集中设有多分支剧情与结局[16]，通过人机交互，突破了传统的单向观看模式，大大提升了自由度，具有个性化特征，有助于大众深度体验剧情。

上述大多是公司制作的大规模互动影视。随着短视频自媒体的不断流行，2019 年 7 月 8 日，B 站面向用户推出互动视频功能，使得用户能够发挥自身才能创作并发布互动视频，用户可以在网页端和手机客户端在线观看互动。在经过开放试用后，B 站进一步降低了互动视频制作主体门槛，面向广大注册用户均免费开放互动视频功能，引起了互动视频创作热潮。

B 站目前的互动视频，按照逻辑划分可以分为时间延续型、空间延展型和情境体验型。时间延续型是随时间不断推进剧情，空间延展型是在不同的空间进行剧情的延展，情境体验型则是为用户提供情境进行沉浸式体验。结合 Bartle 将多用户虚拟空间游戏（MUD）中的玩家分为"成就者""探索者""社交者""杀戮者"四类，按照交互机来划分互动视频，主要可分为问答型、探索型和成就型[17]。问答型主要指问答测试；探索型大多涵盖剧情，吸引用户探索剧情；成就型是指用户在互动中能获得自我满足与成就感。上述划分并非绝对，各类别之间存在交叉，一些互动视频可能同属多个类型，具有多维度特征。

由于互动视频所含元素复杂，其典型特征是具有创新性、互动性和沉浸式体验[18]。互动视频实质上属于新媒体传播方式中的一种更具创新特色的传播方式，相较于传统传播方式来说具有独特的创新意义；互动视频的用户参与度极高，弹幕互动也较为频繁，对于提升用户体验感具有重要作用；沉浸式体验是互动视频最显著的特点，互动视频能使用户代入角色、深度融合情境，在体验效果上显著超越其他传播方式，提升用户体验感的同时也大大提升了文化传播效果。

2.2 基于互动视频的档案保护文化传播优势

互动视频所具备的多样特征使其在档案保护文化传播上具有独特的优势。

第一，强调用户参与。互动视频使传统用户转变为交互用户，高层次的互动性改变传统的单向观看模式，实现了用户交互式体验。尤其就档案保护互动视频而言，不同于传统视频观看他人动手，用户是体验自己动手，获得了实践的真实感。

第二，增强用户兴趣。互动视频作为一种具有创新性的形式，与专业性较强的档案保护内容相结合后会极大提升用户对档案保护的兴趣，增强认同感，产生情感共鸣，有助于用户在特定情境下沉浸式体验档案保护的魅力，提升档案保护文化传播效益。

第三，减轻用户认知负担。互动视频可以将复杂的内容分割成小片段，有助于减轻用户额外的认知负担，创造一个具有吸引力的学习环境，使用户愿意主动了解、学习档案保护文化[19]。

第四，提高用户专注度。互动视频沉浸式体验的特征使用户在观看视频时的专注度有明显的增强。参与互动能够缩短用户的精神游离期，使其更加投入，提高用户记忆的信息保留能力，强化认知成果，这对用户提高自身档案素养及推进档案保护文化的传播具有积极意义。

第五，突出传播灵活性。互动视频可分割的信息结构可以较容易地进行连续调整，传播主体能够及时纠正出现的错误或不断调整局部内容以适应整体目标[20]，有助于二次整合资源。在传播过程中用户也可以有选择地观看自己感兴趣的片段，具有较强的灵活性。

2.3 基于互动视频的档案保护文化传播实践

2.3.1 B站档案主题互动视频现状调查

在B站上分别以"档案""档案保护"为关键词搜索相关互动视频，检索结果类型大多是游戏探索型、问答测试型及情境体验型，涉及的主题多侧重游戏、历史等领域。其中，与档案事业相关且较典型的互动视频有："档案有声，我们在行动"主要结合时事对疫情期间的档案文化进行传播，通过问答激发用户对疫情档案文化的兴趣，但只有一条主线，支线内容缺乏，用户选择有限，缺乏情境式体验；"军运档案信息传播交互视频"主要传播武汉军运会档案知识，通过问答互动加深用户对武汉军运会档案的了解，但视频内容主要是军运会的文化，涉及档案内容较少且趣味性较低；"四川省档案学校互动式宣传视频"是空间延展型的场景体验互动视频，主要介绍学校的环境，与部分网站的实景浏览功能具有相似性。目前未查找到与档案保护相关的互动视频。

可见，B站现有以档案为主题的互动视频在数量和质量方面都还有很大的提升空间，尤其是档案保护领域。如何将以档案保护为主题的互动视频结合历史、游戏、实践等因素，更好地提升用户的实际体验感，是新时代档案保护文化传播中需要重点考虑的问题。

2.3.2 以档案保护为主题的互动视频设计

（1）以档案保护为主题的互动视频内容设计

为了更好地落实档案保护文化传播，笔者在学习档案保护相关知识后，在B站上创作并发布了"档案保护技术体验馆"互动视频（图1）。区别于传统的档案保护文化宣传方式，该视频通过场景搭建、情境体验、问答设计等使用户可以沉浸式体验剧情，为大众了解档案保护文化知识并体验档案保护技术提供了虚拟场所，有助于更有效地传播档案保护文化。

图1 "档案保护技术体验馆"互动视频实践

该互动视频在内容上聚焦体验造纸技术（图2）、参观档案建筑（图3）和拜访文物保护名人（图4）三大方面。造纸技术板块为用户提供青藏高原的藏纸、安徽泾县宣纸、贵州丹寨纸和云南东巴纸四种造纸体验，并使用户体验其千年传承与发展演变：藏纸手工艺传承从个体到群体研发保护，泾县宣纸面对客户不同需求产生的定制服务，贵州丹寨纸适当借助机器提高生产效率，云南东巴纸通过增加纸张加工工序来提高纸张书写性能等。该视频通过构建特定地域的造纸情境，让用户分步选择造纸材料及造纸方法来决定是否造纸成功，并依据选材为造纸成功用户提供造纸类型，使用户更具真实造纸体验感。档案建筑板块主要提供北京皇史宬、宁波天一阁和嘉业藏书楼三处建筑的参观活动。通过观看视频介绍、完成与该建筑相关的测试题并计算得分来创造自我成就感。文物保护名人板块剧情体验感较强，通过剧情吸引用户拜访文物保护名人：李玉虎教授、樊锦诗先生和单霁翔院长。通过该互动视频，用户在了解档案保护领域相关知识的同时也能感受到极强的趣味性，既满足了用户探索未知的需求，又实现了档案保护文化的深度传播。

图 2　体验造纸技术板块选择

图 3　参观档案建筑板块答题

图 4　拜访文物保护名人板块选择

（2）以档案保护为主题的互动视频制作流程设计

设计（图5）整体上属于树状分布式叙事结构[21]，但又与之存在一定差别：该视频的每种达成结果并非意味着结局，而是可以在此返回不同的母层级，有助于用户不断回溯寻找正确答案，也可以满足用户跳转不同节点的个性化需求，更具灵活性。三大板块在交互动机上都属于探索型与成就型相结合。在具体节点选择上既可按照空间延展进行选择，也可按时间延续、情境体验进行选择，另外，还通过问答和奖励的形式创造自我成就感。造纸技术板块和档案建筑板块主要以空间延展为主，通过为用户提供不同地域特色纸张的造纸情境、不同地域特色档案建筑的探索之旅，从而创造沉浸式体验的场景。其中造纸技术板块将时间延续与空间延展相结合，在横向、纵向上清晰展现各类造纸技术的不断传承与发展过程。拜访文物保护名人主要是情境体验，设计参观文物保护大师剧情，用户代入角色后决定每个节点的选择，由此影响剧情的走向，有助于用户深度体验剧情，充分理解并内化档案保护文化。

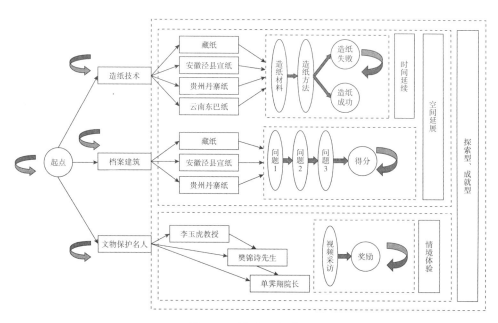

图5　互动视频逻辑模型

该互动视频的逻辑模型图展示了用户从起点进入后，可以有三大方向进行选择。造纸技术板块为用户提供不同地域的多个时间点，主要针对造纸材料和方法设计知识问答使用户沉浸式体验造纸技术。参观档案建筑板块通过问答测试增强用户参观档案建筑的成就获得感。造纸过程中不同地域造纸方法及档案建筑知识具有专业性，因此前两个板块都涉及问答的正误判断：造纸失败需要回到母层级重新选择，造纸成功可以自由跳转其他节点；答对问题进入下一题，答错后返回母层级重新回答正确后进入下一题，最后给出得分后可跳转其他节点。拜访文物保护名人板块主要属于情境体验，用户选择不同的节点路径可以感受不同的文物保护名人风采，在成功拜访后可以跳转初始选择。由此可见，整个互动视频具有逻辑的连续性，根据用户意愿可以重复不断跳转多个节点，没有终止。

2.3.3 用户对互动视频的体验反馈

为了解用户对该互动视频的体验情况，进一步研究该互动视频传播档案保护文化的效果，采用发放网络问卷的方式对观看过该视频的用户进行观感调查。共计回收有效问卷 64 份。

（1）用户特征分析

观看该互动视频的用户整体上男女比例较为均衡，年龄集中在 19～25 岁，受教育程度多为本科学历。可见该互动视频的用户多为大学生，推测或是因为互动视频的创新形式对年轻人更具吸引力，或是由于大学生更有机会深入接触档案保护相关内容并产生浓厚兴趣。

（2）用户体验分析

在观看体验上，58%的用户认为该互动视频很有意思；39%的用户认为可以接受；3%的用户认为有点枯燥。在内容呈现上，57%的用户认为该视频中自由选择剧情走向的互动更为有趣。在传播效果上，81%的用户表示愿意花费时间体验该视频中不同分支的剧情；81%的用户认为可以通过该互动视频了解所呈现的档案保护知识，并有进一步加深了解档案保护的意愿；87%的用户表示比较愿意或非常愿意将该视频推荐给朋友。在评价建议上，93%的用户认为该互动视频的各种互动设计趣味性强、观看体验较好、剧情较为流畅。50%以上的用户认为该互动视频具有科普性较强、参与感和代入感强、故事内容丰富、选择较丰富等优点。由此可见，该互动视频具有较强的趣味性，能达到较好的科普效果，并对档案保护文化的传播起到了极大的正向推动作用。

同时，用户也为该互动视频的进一步完善提出了建议。少部分用户认为该视频时长过长、重复画面需精简、剧情需进一步改进、连贯性有待提升等。可见虽然互动视频在档案保护文化传播中具有新意，对用户吸引力较强，但在进一步传播档案保护文化的过程中仍需以内容为王，着重关注视频内容质量的提升。

综上所述，该互动视频对档案保护文化的传播起到了较好的效果，可以通过具有创新意义的方式吸引用户对档案保护的关注，以生动有趣的方式传播档案保护文化，推动档案保护事业的发展。

3 结语

　　档案保护文化的传播要随着时代发展不断创新。传统的档案保护文化传播方式影响力日渐薄弱，出现了一些不适宜时代发展的局限性。互动视频作为一种极具创新性的方式，为档案保护文化的传播提供了新方法，能够使用户沉浸式体验与档案保护相关的知识与实践，大大提高档案保护文化的传播效益。然而，目前互动视频在档案保护文化传播方面的应用研究与实践还较为缺乏，需要更多的档案保护学者更加重视互动视频对推进档案保护事业发展的重要价值，在档案保护实践中可以利用互动视频来进一步扩大档案保护文化的传播范围，进一步提高档案保护文化的传播效果。

参考文献

[1]董丹华.基于DNA模型的中国档案保护技术文化基因提取与分析[J].档案学通讯,2021(6):85-93.

[2]聂勇浩,郑俭.社会共建视角的重大突发事件数字档案资源建设[J].档案学研究,2021(1):96-103.

[3]陈絮.新媒体时代下红色档案文化影响力提升策略[J].黑龙江档案,2021(4):10-12.

[4]国家广播电视总局.互联网互动视频数据格式规范[EB/OL].(2020-10-15)[2021-11-01].http://www.gov.cn/zhengce/zhengceku/2020-10/15/content_5551511.htm.

[5]葛皓珺.互动视频的初步尝试及未来前景探究——以哔哩哔哩弹幕网为例[J].新媒体研究,2019,5(15):59-60.

[6]肖萌.5G时代互动视频发展新路径探究——以B站为例[J].视听,2020(12):125-127.

[7]李剑,季丹.交互电影艺术性刍议[J].电影评介,2018(8):54-57.

[8]王贞.新形势下档案宣传工作的拓展[J].档案学研究,2011(1):27-30.

[9]李梦玲.融媒体视角下传统文化传播方式创新[J].传媒论坛,2020,3(10):19-22.

[10]李映天,吴薇.美国国家档案馆:用社交媒体打造档案文化传播的新平台[J].兰台世界,2013(13):107.

[11]孙千惠.新媒体时代强化文化传播的路径探析[J].新闻研究导刊,2021,

12(20):233-235.

[12]Britta Meixner.Hypervideos and Interactive MultimediaPresentations[J].ACM Computing Surveys,2017(1):9.

[13]张晗.融媒体时代下互动电影的叙事研究——以《黑镜:潘达斯奈基》为例[J].电影文学,2019(16):65-68.

[14]李丹,孙琳.互动影视会成为下一个"爆款"吗?[J].影视制作,2019,25(6):16-27.

[15]Ben Munson.Netflix schedules interactive daily trivia show for April[EB/OL].(2022-03-05)[2022-07-20].https://www.fiercevideo.com/video/netflix-schedules-interactive-daily-trivia-show-april.

[16]徐立虹.国内外互动影视内容的生产实践与未来展望[J].电影新作,2020(2):55-61.

[17]赵瑜.叙事与沉浸:Bilibili"互动短视频"的交互类型与用户体验[J].西南民族大学学报(人文社会科学版),2021,42(2):129-134.

[18]杜积西,赵笠鑫.互动视频发展中存在的问题及应对策略[J].传媒,2020(12):45-47.

[19]Afify, M. K.Effect of Interactive Video Length Within e-learning Environments on Cognitive Load, Cognitive Achievement and Retention of Learning[J].Turkish Online Journal of Distance Education, 2020,21(4):68-89.

[20]Petan, A. S., Petan, L., Vasiu, R. Interactive video in knowledge management: Implications for organizational leadership[J]. Procedia-Social and Behavioral Sciences,2014(124):478-485.

[21]李若男,孙远哲.互动影视数字叙事系统研究[J].出版科学,2021,29(4):94-103.

三螺旋构式：关于档案文化结构的再思考

郭朗睿　谢诗艺

苏州大学社会学院

摘　要： 确认档案文化要素之间的关联互动形式进而把握档案文化结构对档案文化研究意义重大。将生物化学领域的"三螺旋"模型与认知语言学中的"构式"概念引入档案文化当中，可以对档案文化结构作出更系统更细节的阐释。三条螺旋对应着档案文化中思想、行为、器物三类要素，三者各因其本质特征具有相对独立性，又在结构里密切关联。档案文化三螺旋在横向上具有辐散、辐合、循环、交互的联系，纵向上显现出连续、扭曲的形态。从档案文化三螺旋构式的视角出发，可对档案文化作出更好的解构，进而对具体档案文化现象作出深入剖析。

关键词： 档案文化；文化结构；文化要素；三螺旋；三螺旋构式

文化是整体的系统，档案文化也不例外。作为整体的文化是多模态耦合而成的产物，究其本质，是"文化要素"在"文化结构"下的有机结合。对特定的文化系统而言，其中种种文化要素被其文化主体建构、维护、遵行与承载，在运作上相互关联且有脉络可循，因共同信念而形成体系[1]。因此，对文化要素及其关系进行探索，从而对文化结构作出阐释，是文化研究的必然。

学界对档案文化结构的探索始于1990年，马定保引入文化结构层次理论，将档案文化划分为器物层、制度层和观念层[2]。其后，任汉中和任越在此基础上进行了进一步拓展，任汉中认为档案文化应是一个"多环形文化结构"，档案意识层、档案活动层和档案文化现象层三层应由内而外、相互渗透[3]。任越则进一步区分了各层次对于整体的作用，认为档案器物文化是档案文化之外在，制度文化是档案文化之维系，观念文化是档案文化之根本[4]。三十余年来，关于档案文化结构，现有研究取得了一定成果，完成了宏观理论构建，搭起了较为科学的理论框架，但仍客观存在着进度迟缓、理论单一的问题，对于结构中各组成要素及其关联形式、相互作用等细节问题，仍存研究空白。文化结构决定着文化表达。纵观当下，档案文化实践发展得如火如荼，如此，厘清纷繁表象之机理、解决理论支撑之乏力更是势在必行、时不我待。

1 三螺旋模型：从生物化学到知识经济

三螺旋模型的概念起源于生物化学领域中物质的三螺旋结构，用于描述单体聚合成链状后，以三条链相互环绕的方式结合而成的高分子聚合物。1950年，G. Yasuzumi 从人的白细胞核中分离出染色质丝（chromatin threads），并通过电子显微镜观察到其具有三螺旋结构[5]。对具有三螺旋分子结构的物质而言，维持其三螺旋结构的主要是分子内和分子间的氢键[6]（hydrogen bonding），即元素微粒之间存在的一种作用力。以多糖为例，大量的羟基和氨基使得其结构上极易形成氢键网络，使三螺旋间呈现强烈缔合趋势[7]。除此之外，螺旋链的整体形状也决定了其稳定性。相对刚性直链结构而言，环状三螺旋的连接组合方式更加自由，可通过熵增方式弥补刚性链弯曲导致的能量损失，因此直链结构并非能量最稳定的构象[8]，具有三螺旋结构的分子往往呈现出弯曲的形态。概言之，结构内外部的共同作用决定了三螺旋的结构形态（图1），且呈现出稳定性。

图1 三螺旋结构

在自然科学中，三螺旋结构是物质分子的一种直观形态。而在1997年，纽卡斯尔大学商学院的亨利·埃茨科威兹（Henry Etzkowitz）首次将三螺旋模型（triple helix model）引入社会科学领域，用于描述知识经济时代创新创业战略活动中大学、产业、政府三者之间的关系[9]：大学通过学术科研为知识经济提供技术，形成技术链；产业在生产场所将创新概念具象化为现实产品，形成生产链；政府通过政策的引导与约束维护契约关系，形成行政链。三者在系统中各自具有独特效用，又与另外两者交叉、结合，从而实现双边和多边的灵活互动交流，形成动力源源不断的可持续发展更新的创新流[10]。

国内社会科学领域在三螺旋模型的研究方面比较有代表性的学者是周春彦，其在2008年与埃茨科威兹合作发表了《三螺旋创新模式的理论探讨》，提出三螺旋场和三螺旋循环的概念，对三螺旋的静态与动态特征作出了阐释：静态特征引入物理学概念提出了"内核外场模型"；动态特征提出了每股螺旋自身完善的"纵向进化"和各螺旋间要素流动的"横向循环"[11]。

从在生物化学领域中用以描述分子结构，到被引入经济管理中阐述"政产学"创新模式，历经多年的发展，三螺旋模型的概念从自然科学领域发展到社会科学领域，并在研究中得到不断深化而日趋成熟。国内外学者发表了数以万计的相关专著与学术论文，论述深入且应用广泛，尤其在"创新和知识政策""创业型大学""商业创新战略""创新、知识和区域发展中的利益相关者"等方面成果丰硕[12]。然而，基于三螺旋模型下各条螺旋彼此独立而又关联密切的突出性质，笔者认为，其应用的可能远大于上述范围。

2 档案文化构式与三螺旋模型的耦合

2.1 引入"构式"与"模型"的必要性

文化表达如同语言的表达，语言是将内容按一定结构有机组织起来的产物，文化则是文化要素在文化结构下有序聚合与互动的结果。关于这种有机组织，语言学家 Adele E. Goldberg 提出了构式的概念，其将构式（construction）定义为形式（form）和含义（meaning）的组配[13]，即语句的意义并不能只由包含的语素判定，结构同样对其具有影响。在文化中同样存在着这样的情况，文化系统的整体并非单纯由文化要素简单叠加而成，要素间互动关联而形成的结构同样在文化的呈现上发挥重要作用（表1）。对于一个系统而言，仅仅掌握其组成成分不足以确认其整体表达的意义，结构在其中发挥着不可忽视的作用。将"构式"概念迁移到档案文化的研究中，正是为了强调要素在结构里的互动和作用，从而解决现有研究在细节探索上的薄弱，进而加深对档案文化结构的理解与认知。

表 1　语言与文化构式组配对应关系（构式＝形式＋含义）

构式	形式	含义
语言	结构	语素
文化	文化结构	文化要素

建构模型，其实质是在模型与原型间建立起一种同构（isomorphism），即从

原型到模型的映像关系，这种关系不仅是两者所含元素的对应，更包括元素间的逻辑关联与作用形式[14]。在认知科学的视角下，模型化的信息加工能够促进对结构形式的理解[15]。因为人类在学习过程中会自然地通过隐喻产生相应心智模型以便理解新概念[16]，所以在科学有效的研究中，以更易理解的理论模型作为辅助，有利于更加清晰地对目标系统进行阐释[17]。基于三螺旋模型，将其与文化构式做映射，可以更直观、更清晰地对档案文化要素和档案文化结构作出阐释：在此模型中，档案文化结构的多模态特征可被更好地展现，研究者可以直观地展开对档案文化之"外"与"内"、"点"与"段"的观察，有助于以完整性为导向，全面、立体地了解档案文化的具体结构。

2.2　映射关系阐述

三十余年来，尽管在划分结果与各部分结构的属性上，诸位学者意见不尽相同，但总体都未脱离文化结构理论中的"三分法"，并且，对于三个层次/部分间存在关联并构成整体这一结论，几乎达成共识。这一研究现状为档案文化与三螺旋模型间建立映像关系奠定了良好基础。2017 年，在综合前人研究的基础上，谢诗艺在其博士论文中将档案文化界定为人类在实践中"层累"生成的，一种以档案的原始记录属性为基原的稳定的生活方式。这种生活方式围绕其文化内核通过各种符号体现，这些符号可以划分为思想层、行为层和器物层[18]，基于上述理论基础，本文构建了档案文化构式与三螺旋模型的映像关系。

档案文化的思想、行为、器物三个层次中每个层次所包含的文化要素均可构成一个集合，每类要素集合的历史演化脉络形成各自的链条。三股链条彼此交叉缠绕、相互关联促进，呈现出三螺旋的构式。在该构式中，每条螺旋均具有一定的独立性，所包含的要素有自身的产生及发展模式，围绕其本质特征占据相应的核心场域。而与此同时，三条螺旋紧密结合，双边和三边均能灵活沟通发生联动效应，各类要素得以在其中发生形式多样的相互作用，显现出复合的文化现象。

从模型外部视角观察，档案文化的三条螺旋是从原始记录属性的基原出发，围绕文化内核前进延展的。不同社会背景下，也就是说在社会发展历程当中，档案文化也会随之演进。每个具体的历史节点下，文化内核确定了档案文化的整体发展方向，三螺旋也就向着对应的方向前进。对于模型整体而言，其每个"点"代表相应历史节点下的档案文化表达形式，而每一"段"则代表相应历史时期内的档案文化发展形势。如图 2 所示[19]，在档案文化三螺旋的发展过程中，螺旋上的点 A、B 对应 t_A、t_B 两个时间点，而以两者为始末的连续片段 $\overset{\frown}{AB}$ 则对应 $t_{\overset{\frown}{AB}}$ 这一时间段。

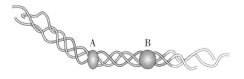

图 2　三螺旋结构"点"与"段"

而从模型内部视角观察，档案文化要素三螺旋中存在着类似于"氢键"的作用力使之彼此关联。这种关联效应既存在于两两之间，也存在于三者当中。每项要素集合内部均以自身本质为核心，向外形成一定的作用场域，而不同层次要素的重叠部分，就代表要素在此发生关联与互动，这些关联为文化要素的聚集提供了耦合力，保证了档案文化结构的整体性与稳定性。即三项要素集合并不孤立，而是相互穿插、彼此结合，具有逻辑上的交汇。选取模型中某一点取其横向剖面图（图3），其中实线部分代表三条螺旋的核心要素，虚线部分代表其作用场域的范围，由此可以观察到该点所对应历史节点下思想、行为、器物三者的存在与关联。

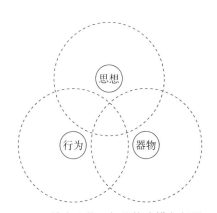

图 3　档案文化三螺旋构式横向剖面

三条螺旋各自有其独立性，其所代表的文化要素自身便可以沿着历史的轴向进行自我延伸。但为了长久地稳定自身的结构并保持发展的动力，则需要与另外两者相配合，彼此支撑、不断前进，三螺旋的形成是三类档案文化要素彼此选择的结果。另外，档案文化不会孤立地存在，而是置身于一定的社会环境当中，受特定条件所影响。因此，整个档案文化结构在形态的生成上必然与外部因素无法脱离干系。除三条螺旋之间的作用之外，外界社会对三螺旋整体同样会产生影响，促使其像大分子聚合过程一样日趋形成稳定的构象。

3 档案文化三螺旋构式的运行机制

上文从外部与内部视角对档案文化的三螺旋构式进行了宏观描述和微观剖析，完成了对档案文化结构是什么的基本回答，但这个结构是如何发挥作用的，其文化要素是如何关联的，还需从其运行机制进行回答。档案文化三螺旋构式的运行机制包含横向联系与纵向进化两部分。横向联系反映了三类要素之间相互影响的作用形式，纵向进化则呈现出三类要素沿历史发展的时间轴向前延展的过程。

3.1 横向联系

3.1.1 辐散

辐散是各类要素集合以自身特征为核心，散布式影响其他要素的作用形式。思想、行为、器物均具有显著的核心特征，能够发挥独有的功能并对另两者造成影响。思想的辐散效应体现在从意识层面对其他要素进行控制，思想能够对器物进行构思与设计，并可以驱动行为同时作出约束与规范；行为的辐散效应体现在执行层面的操纵效果，行为可以反映思想、操作器物，其表达情况决定了档案文化现象呈现的效果；器物的辐散效应体现在物质层面的供给与限制，器物既为档案事业提供了物质条件基础，也通过自身性质对操作方式提出了要求，需要思想和行为与之相适应（图 4）。

图 4 档案文化要素辐散作用

3.1.2 辐合

辐合是各类要素将其他要素产生的作用进行集成，吸取外部因素发展自身的作用形式。通过实践与观察，以物质基础和系统运作情况为依据，思想可以利用行为和器物呈现的状态激发灵感，从而对自身作出修正、优化及补充；行为则受驱动而执行，思想积淀的制度模式与器物的性质特征为行为的具体方式提供了路径；器物则在档案文化现象中被研发、生产、使用、修复或淘汰，从而不断地趋于先进（图 5）。

图 5　档案文化要素辐合作用

3.1.3　循环

循环是三类要素作为闭环，实现内容周期传递的作用形式。以思想作为起点进行观察，顺时针与逆时针的循环均在档案文化现象中普遍存在。如图 6 所示，顺时针路径为"思想—器物—行为"，思想的内容通过发明设计而"具现化"为物质层面的实体器物形态，并以此来对行为模式作出要求与规定，最终行为将思想内容进行表达；逆时针路径为"思想—行为—器物"，思想驱动行为的产生，从而对器物进行生产或使用等操作，使得器物成为思想内容的物质体现。无论是顺时针还是逆时针，行为或器物都是思想内容的具体呈现，思想可以从中得到反馈，从而进行内容的更新，并将循环继续进行下去。

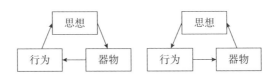

图 6　档案文化要素循环作用

3.1.4　交互

交互是要素间两两配对、双向互动的作用形式。三螺旋构式中双边沟通灵活，任意两类要素均可以发生彼此之间的联动。思想控制行为，行为表达思想；行为影响器物，器物限定行为；器物激发思想，思想构想器物（图 7）。在从两者交互的视角进行观察时，可以将其作用看作独立于第三者之外的文化现象。即螺旋内的第三者并非作用模式内的必要条件，档案文化要素间可以灵活发生互动。

3.2　纵向进化

在历史发展的过程中，档案文化的三螺旋沿着时间轴向前延展，随着社会环境的层累式变化，三螺旋整体的纵向进化呈现为连续而扭曲的形态。

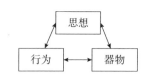

图 7　档案文化要素交互作用

3.2.1　连续

历史的进程是连续的，是在已有基础上"层累"发展而来的[20]，档案文化也是在这种进程中"层累"生成的生活方式，并通过各种文化要素表现出来。尽管这种"层累"会导致表征的变化，但其内核是恒久不变的。就像生物化学中三螺旋结构物质的生成过程一样，游离的单体与链条上的基团形成化学键，三螺旋链得以进一步延长。在档案文化的三螺旋构式当中，文化要素随历史的推进在已有结构基础上得到发展，各类要素在文化内核的滋养下，层累地随时间推移而生长，最终形成一条连续不间断的发展轨迹。

3.2.2　扭曲

虽然档案文化内核不会在历史发展中改变，但是在不同的历史阶段中，随着社会环境的层累变化，时代对文化内核表征的需求并不相同。同时，思想、行为、器物三者无论在各自的内部要素构成还是作用场域范围和强度方面，在不同时期都不尽相同，这就导致螺旋间出现受力不平衡的现象，此时螺旋便会整体向某个方向移动。因此，档案文化三螺旋并非朝单一固定的方向笔直前进，而是顺应时代变化而发生偏转弯折，在长期演进后延展为扭曲的形态。

4　基于三螺旋构式的档案现象实例剖析

"现象"是相对稳定的文化表达，反映着文化要素间的依存条件与作用关系。档案文化结构对档案文化现象的表现具有决定性的影响，而这些文化现象也恰恰证实了其文化结构的存在与特征。档案文化的三螺旋构式为档案现象提供了更系统、更清晰的阐释方案，既做到了对微观结构的剖析，又尝试了对宏观进程的考察；不仅能在静态上解释档案文化现象组成要素的作用关系，又能在动态上对档案文化发展进程进行剖析。下文便以"制度形成"与"技术发展"为例，从静态与动态两个角度对该理论的应用进行示例。

4.1　"制度"之形成

笔者在构建三螺旋模型时选择了档案文化层次划分方式中"思想、行为、器物"[21]的三分法，而并未采用马定保最初划分的"器物、制度、观念"[22]，但这并不意味着将"制度"从档案文化结构中排除。

广义上的制度除了指法律、规范，亦泛指社会中一定条件下形成的各类规则、礼俗、运作模式。而如此定义下的"制度"，恰是群体思想的产物。同时，行为则受制度所促使和制约。由此可见，制度应为从思想到行为的桥梁与路径，是三螺旋构式中思想要素与行为要素作用范围的重叠部分，即思想与行为发生关联的条件。具体的模式如图 8 所示。

图 8 "思想—制度—行为"作用路径

固然，制度并不是从思想到行为的唯一路径，思想可以直接驱动行为或者通过其他条件改变行为。常金仓在《论现象史学》中论述了文化要素分析法的使用，唯有将现象的构成要素进行分解，并分析其相互之间的依存条件，方能确认要素间的结构关系从而归纳出规律。根据这一思想，文化研究的重心应该是"现象"而非"事件"，其区别在于，前者是社会成员"行为中显示出来的共相"，后者则是独特活动过程[23]。这就意味着，具有普适性意义的文化现象必然具有一定的规律性，而形成广义上的制度。至于脱离制度而关联的思想与行为，便是"事件"范畴中的特殊个例。档案文化中·"制度"之形成，是档案文化要素作用场域重叠下能量的表达。

4.2 "技术"之发展

纵览历史的发展过程，不难看出人类的工业发展水平与科技的先进程度深刻影响着人类的生活方式。这种影响波及社会的方方面面，档案文化自然也不例外。技术发展对档案文化的演进具有双重影响：既为文化革新提供了条件，也对其发展方向提出了要求。以数字时代的档案转型为例，一方面，信息技术为档案赋予了转型条件，快速迭代的信息技术为档案数字化管理提供了技术支持；另一方面，数字时代下的档案也不得不进行转型，与信息技术发展相伴随的是信息量的爆炸式激增。如果采用传统的方式处理档案，必然无法应对冗杂错乱的海量文件。由是观之，数字时代的档案文化与过去呈现出了迥然相异的面貌，以一种全新的生活方式通过各样历经"进化"的文化符号表达出来。

基于三螺旋构式理论来看，上述"条件"与"不得不"其实便是档案文化结构规律的展现。档案文化是社会文化的一部分，社会文化的变化形成外力对档案文化螺旋结构产生影响,使之产生偏转,随后,结构内部的文化要素为保持结构稳定,激发相互作用和影响,最终,随着时代的进步和发展,档案文化在螺旋中上升,实现了价值的保全与提高。

具体说来,技术进步最直观的体现在于生产生活工具的更新,档案器物往往最先受到技术发展的影响。从朴素原始的结绳记事,到金文石刻、纸本案卷,再到各类磁介质、光介质等新型载体的产生,直至电子文件登上历史舞台,器物随时代进步而不断升级,三螺旋结构也在这种外力的影响下不断偏转,形成扭曲。结构稳定性的要求促进了文化要素的相互作用,器物类文化元素发挥辐散效应,牵引着思想与行为要素协同发展,形成良性循环。最终,三者形成发展合力,促使档案文化结构在维持稳定的同时延续发展,实现整体进化。

5　结语

文化是具有特定结构的系统,通过要素的结构化组配发挥功能、产生价值。唯有厘清要素在系统中的逻辑关联与组配方式,对文化结构作出整体性的认识,才能把握其系统运作原理,从而有效地扩充文化价值空间。本文提出的档案文化的三螺旋构式阐明了档案文化系统的具体结构形态,刻画了档案文化要素相互作用的细节,为档案文化发展、档案文化建设提供了有效的理论依据。然而,文化,从来都没有唯一解,五光十色才是文化的魅力所在,关于档案文化结构的阐释尚有无限可能,档案文化研究更有无限可能。

参考文献

[1]萧嬫瑾.台湾山中精灵的脚印——排湾与鲁凯族原住民的生活文化[D].杭州:中国美术学院,2015:5.

[2][22]马定保.档案与文化试析[J].档案,1990(4):27-30.

[3]任汉中.档案文化:一个十分纠结的论题——浅述档案文化研究的几个问题[J].档案管理,2012(2):10-13.

[4]任越.文化哲学视阈下档案文化层次问题研究[J].档案学通讯,2016(1):8-12.

[5]YASUZUMI G. The micro-structure of chromatin threads in the metabolic stage of the nucleus[J]. Chromosoma, 1950,4(2):222-238.

[6]OKOBIRA T, MIYOSHI K, UEZU K, et al. Molecular Dynamics Studies of Side Chain Effect on the β-1,3-d-Glucan Triple Helix in Aqueous Solution[J]. Mac-

romolecules，2008.

[7] WALTHER B. Structure Formation by Polysaccharides in Concentrated Solution[J]. Biomacromolecules，2001，2(2):342.

[8]刘青业,许小娟.三螺旋多糖的链结构与功能研究进展[J].功能高分子学报,2016,29(2):134-152.

[9]埃茨科威兹.三螺旋:大学·产业·政府三元一体的创新战略[M].北京:东方出版社,2005.

[10]ETZKOWITZ H, LEYDESDORFF L. The dynamics of innovation：from National Systems and "Mode 2" to a Triple Helix of university-industry-government relations[J]. Research policy，2000，29(2):109-123.

[11]周春彦,埃茨科威兹.三螺旋创新模式的理论探讨[J].东北大学学报(社会科学版),2008(4):300-304.

[12]GALVAO A, MASCARENHAS C, MARQUES C, et al. Triple helix and its evolution：a systematic literature review[J]. Journal of Science and Technology Policy Management，2019，10(3):812-833.

[13]GOLDBERG A E. Constructions：A construction grammar approach to argument structure[M]. Chicago:University of Chicago Press，1995.

[14]CARNAP R. Introduction to Symbolic Logic and its Applications[M]. New York：Dover Publications，1958:75-77.

[15][美]J.F.斯密司.认知科学时代的逻辑和语言[J].章士嵘,译.哲学研究,1987(9):64-67.

[16]韩正彪,韩正芝.文献数据库用户心智模型演进驱动因素结构测量研究[J].图书情报工作,2017,61(15):111-119.

[17]BLACK M. Models and Metaphors：Studies in Language and Philosophy[M]. New York：Cornell Univ Pr，1962:226-231.

[18][21]谢诗艺.本体与空间:中国档案文化阐释[D].北京:中国人民大学,2017:54-56.

[19]MOUW J K, OU G, WEAVER V M. Extracellular matrix assembly：a multiscale deconstruction[J]. Nature reviews Molecular cell biology，2014，15(12):771-785.

[20]顾颉刚.与钱玄同先生论古史书[J].读书杂志,1923(9).

[23]常金仓.论现象史学[J].宝鸡文理学院学报(社会科学版),2001(3):60-67.

论档案的记忆架构与身份认同在档案文化建设中如何弥合文化鸿沟

葛文洁

广东外语外贸大学档案馆

摘　要：档案作为社会记忆的重要载体，是人类历史文化遗产的重要组成部分，并因其原始凭证价值对社会群体的记忆架构和身份认同有着天然的重要作用。档案文化建设不是档案和文化的简单累加，而是档案在漫长历史进程中对文化的记忆和塑造过程。本文探讨了在档案文化建设中档案如何通过固化文化记忆、叙事优化记忆、建立社群档案、加强多感官档案记忆融合及档案身份认同等多种文化建设方式，参与社会文化活动并对文化鸿沟的弥合发挥重要作用。

关键词：档案记忆；身份认同；文化鸿沟

0　引言

鸿沟是中国古代运河名，是楚汉相争时两军对峙的临时分界，常用来比喻界线分明。文化鸿沟是跨文化交流中出现的一种现象，中国有句古语"非我族类，其心必异"，说的就是文化、习惯、价值观念等的差异所导致的记忆和认同上的偏差而引起的沟通障碍。文化作为人类社会的独特现象，是智慧群体内在精神的继承、创造和发展，面临着记忆架构和身份认同的双重问题。档案文化建设通过档案记忆架构和身份认同对弥合文化鸿沟起到了关键性作用。

1992 年，联合国教科文组织发起了世界记忆工程，重点关注各种介质的珍贵文献及口述历史记录。借此契机，20 世纪末档案学兴起了档案记忆观的新观点，"记忆"这一概念也逐渐被档案学界重视。21 世纪以来，档案与记忆的架构开始成为国内外档案学界热门讨论的话题。记忆作为人类集体的宝贵财富，是人类社会发展的源动力，通过记忆人们才能够不断地审视历史和现实的逻辑联系，正视自己的身份和存在价值。然而人们之所以热衷于谈论记忆，是因为记忆已经不存在[1]。档案作为社会记忆的重要载体，是人类历史文化遗产的重要组成部分，能够帮助人类延续记忆、记录文明，人类社群正是通过基于集体记忆的选择性过程来确定身份并认识自己形成身份认同，故在档案文化建设中，档案的身份认同研究逐渐兴起，档案记忆观逐渐成为档案与身份认同研究的重要理论基础[2]。当代社会处于新兴文化业态高速发展、身份多样性和多元化更加突出的新时期，档案学科如何通过记忆架构与身份认同进行档案文化建设，使少数群体、专业身份、新兴价值观和各种新形式的合作都能利用档案数据和信息找到自己在社会中的位置从而促进文化鸿沟的弥合，是当前档案专业亟待解决的问题。

关于档案记忆和身份认同，国内外都有不少相关的研究，曾任国际档案理事会主席、法国国家档案局局长的布莱邦在 1950 年第一届国际档案大会上称，档案是一个国家的"记忆"，档案馆保存的是一个国家最宝贵的东西[3]。加拿大档案学家泰勒首次提出了档案与集体记忆的关系[4]。加拿大档案学家特里·库克总结了包括档案记忆在内的四个范式，并指出从普通公民的角度来看，档案不仅涉及政府的职责和保护公民的个人利益，还要更多地为他们提供根源感、身份感、地方感和集体记忆[5]。丁华东从"载体关系""客化关系""建构关系""控制关系"四方面系统总结了档案与社会记忆的关系[6]。冯惠玲对当代身份认同中的档案价值进行了详细的阐述[7]，加小双和徐拥军从背景、内容与影响等方面对档案记忆、档案与身份认同进行了详细的阐述[8]。一些学者也从较新的后现代主义视角对最新的身份认同问题提出了全新的理论解析，闫静等研究了在酷儿理论视角下档案与性别身份认同的冲突与和解[9]，周子晴等解构了多感官体验视域下档案记忆资源的开发[10]。但从整体上看，针对档案文化建设中的档案记忆和档案身份认同对文化鸿沟弥合作用的文献和研究较少，基本无法搜索到相关文献。

1 档案记忆架构和身份认同如何弥合文化鸿沟

1.1 档案固化文化记忆弥合文化鸿沟

档案对记忆的固化是不间断的社会记忆档案化与档案记忆社会化双重运行和交互转变的结果，只有通过持续的档案文化建设才能完成。但在早期的社会记忆中，只有特权阶层才有运用文字叙事的权力。作为一种行为意愿，历史书写从马基雅维利的时代开始便一直受到政权的左右，甚或可以说，政治规训着历史书写。[11]尤瓦尔·赫拉利在他的著作《人类简史》中写道："在现代晚期之前，总人口有九成以上都是农民……他们生产出来的多余粮食养活了一小撮的精英分子……但历史书写的几乎全是这些人的故事。于是，历史只告诉了我们极少数的人在做些什么，而其他绝大多数人的生活就是不停挑水耕田。"[12]此时的个人叙事如乡俗稗志和民间传说等被视为"野史"，更多的是口口相传的模式，没有机会进入被固化的社会记忆中，在传播的广度和时间长度上都受到了一定程度的限制。与此同时，民间团体和组织也较少有机会进入主流的社会化记忆运行当中，未能通过档案的记忆固化而得到流传和认同，这些都造成了文化鸿沟的出现。

华莱士·马丁认为："一个事实或事件之所以如此而非彼，只是因为其处于某种'描述之下'，而任何现象都可以用各种不同的方式来描述，并因而进入不同的解释性假设之内。一个有关什么统一了一段特定历史的初步假定就决定着这段历史将包括什么。"[13]由此可见，历史记录由于其描述者的叙事观念不同并非完全客观，档案的历史原发性使得档案和历史叙事观有了重叠，档案对记忆的固化从一定程度上来说也是历史面貌的再现和反映，档案通过对文化记忆的固化和塑造，能够弥补因历史叙事的缺失和不足造成的文化鸿沟。近年来基于"互联网+"的新社交媒体的兴起和社会传播语境的多元化使新媒体时代的叙事方式有了飞跃式的发展，传播的广度和力度也在逐渐加强。作为承载历史叙事的载体，档案开始成为"边缘人群"的重要话语表达工具并逐渐将档案记忆的主题从社会中心扩大覆盖至边缘地区，少数群体、新专业身份和各种新兴价值观都能够利用固化的档案记忆找到自己的话语权和存在感，逐渐弥合文化鸿沟。

1.2 档案叙事优化记忆弥合文化鸿沟

叙事亦称"讲故事"，是人类复述实践经验、表达内心情感、重现历史事件的方式[14]。档案的原始记录性，使其承载了不同地域、不同时期、不同主题的档案记忆，且不同档案记忆间的联系构成了档案叙事要素与空间的延展。叙事如果能凭借档案提供的原始事实来还原历史场景，其呈现的结果将比口头传说、民间逸事、神话故事等更加客观和真实，由此可见档案叙事是档案文化建设过程中不可或缺的一部分。在当今多种媒介融合、多元主体参与的新型话语实践中，档案可利用多种媒体渠道吸引用户参与叙事，并将档案记忆进行多维度、交互式、立体化的呈现与表达，促进档案叙事广度与深度上的优化。优化叙事记忆可提升档案记忆的吸引力，构建多元媒介可提升档案记忆的传播力和影响力。档案作为叙事的载体，在掌握档案历史背景的前提下，进行档案叙事手法的优化和更新，可以进一步展示文化的多元主体性，使不同群体能够了解和接受彼此的文化内涵，进一步弥合文化鸿沟。

由洛桑联邦理工学院打造的威尼斯时光机档案数字化项目基于数量庞大的馆藏档案，通过数字化、数据分析、建模等工作流程重现威尼斯的时代变迁。数字化后的档案信息还可与历史画作、现代照片相互参照,通过将地图和商业贸易文书相结合,历史学家将能够重建历史上几乎任何一个时间点上城市的细节。从叙事表达的角度来看,时光机在时间和空间的维度上让公众体验千年以来威尼斯的生活情景,仿佛可以置身古老的威尼斯目睹港口船舶贸易、见证运河修建过程、观看城市居民日常水上出行等[15]。笔者所在的广州市城市规划展览馆通过对档案史料的梳理,将千年以来的丝绸之路和岭南文化进行数字化和立体化呈现,打造城市记忆,生动地展示了广州城市建设发展的脉络和足迹。从珠江岸线的迁移,能知悉广州城郭渐扩、人口渐稠;从屋宇形制的变化,能看到南来北往、东西交融的时光痕迹;从星罗棋布的交通网络,能见证城市格局、未来发展。成功地通过档案文化建设加强对城市的总体规划和历史发展叙事,能让城市外来群体更好地融入,让城市原住民更加珍视对城市的深厚感情。广州农民工博物馆通过还原档案制作实物原貌展厅、智慧讲解导览、手绘卡通地图等生动的方式对农民工的历史及工作、生活的方方面面进行了全面的回顾,成功地通过档案文化建设加强了对农民工群体的档案叙事,对了解农民工群体、弥合群体间的文化鸿沟起到了良好的示范作用。越来越多的国家记忆、城市记忆、群体记忆通过对档案叙事的优化升级进一步全方位、立体化地展示和留存文化记忆,进一步在档案文化建设中弥合文化鸿沟。

1.3 社群档案记忆的建立弥合文化鸿沟

社群特指因为某些特征、行为和价值观念而聚集在一起,从而与其他群体相区别的方式,英国学者安德鲁·弗林将社群档案定义为"具有共同身份特征的特定社群成员所形成的、记录社群历史的文件集合"[16]。社群建档运动大约于20世纪60年代兴起于欧美国家,并逐渐成为新兴的档案学热点话题,此后以集体为中心的档案文献建设项目方兴未艾。在社群档案出现后,档案叙事的价值取向逐渐由多数群体转向少数群体,开始关注以往不被重视的社会成员的利益诉求。将视野扩展至"遗忘边缘",是文艺复兴以来人文主义精神在档案领域的重要体现,有助于实现自由平等与兼容并包的档案价值,反对各种形式的歧视与社会不公[17]。社群档案通过以社群为基础的文献编纂和口述档案等新兴的叙事方式形成档案记忆,给新身份群体、新兴价值观等不符合传统文化认同范畴的族群提供话语权和社会存在感,帮助他们记录历史、留存记忆。文化鸿沟不仅仅指身份和社会关系上的差异,也可能是兴趣、理念、行为上的差异,社群档案的建立使不同群体可以了解甚至参与其他群体生活的方方面面,逐渐弥合不同文化间固有的鸿沟,在档案文化建设中发挥着全新的能量价值。

在社群档案项目中,土著数字历史项目、美国黑人反种族歧视项目等都为少数族群的发声提供了依据，其中美国的同性恋史社群研究项目较为成功。纽约的"她史"档案项目，就是纽约当地的女同性恋活动家们以同性恋社群为中心建立的历史档案项目，该项目收集并保存了女同性恋群体日常生活及活动的档案，鼓励这一群体记录自己的经历，"将耻辱变成记忆"。同性恋史网站"Out History. org"数字化处理并对外开放了美国同性恋群体的文献材料，同时还参与了在线百科全书、博物馆和文献档案的建设。档案口述史项目也逐渐兴起，成为主流文献匮乏状态下的重要补充。例如，"布法罗城女性口述史项目"通过采访布法罗市数十名工人阶层女同性恋群体，形成了《皮革靴、金拖鞋：女同性恋社群的历史》一书[18]。诸如此类的社群档案项目，在保存社群群体文献的同时，推动了档案文化建设，通过针对群体的多维度阐释和广泛传播，为公众提供了途径和方式去理解不同的社群群体，为寻找史料、开创新研究提供了社会动力，为少数群体从非主流档案的方向增加了文化参与和合作的可能，从而逐渐弥合文化鸿沟。

1.4　多感官档案记忆的融合弥合文化鸿沟

记忆既是一种社会现象，也是人类的一种生理—心理现象，而感官作为人类生理不可或缺的重要组成部分，与记忆之间存在"暧昧不明"的勾连关系[19]。康斯坦茨·克拉森曾说："当我们检视不同文化里与感觉相关的意义时，会发现感觉成为潜在的象征集聚地。感觉的意义和价值形成了社会认可的'感觉模式'，社会成员以此来理解世界或将感官知觉和概念转译成特定的世界观。感官模式提供了供人们遵循或反抗的基本知觉范式。"[20]由此可见，带有群体主观性的叙事过程往往通过感官的表征和隐喻来表现对特定对象的偏好或厌恶，甚至会形成刻板印象，成为族群排外和歧视的重要依据。而文化所包罗的不仅仅是历史文化，还有饮食文化、音乐文化、庆典文化等，不同群体的感官差异性能形成了不同族群的文化边界，基于语言、传唱、美食和服饰这些日常之物的感官认知和统一往往能成为族群标志，通过多感官的档案记忆沉淀，在长期潜移默化的档案叙事影响下逐渐形成文化鸿沟。在档案文化建设过程中，重视多感官档案记忆对叙事的影响正在成为全新的研究方向。

不同的群体间通过观察、互动等移情性参与，激发出彼此的亲切感和互通感，有助于加强彼此的认同。传统的单向度感官体验已无法满足受众的个性化心理需求，档案记忆再生产形态正在发生从视觉单维感知到视听二维体验，再到增强现实感知的虚拟现实等视觉、听觉、触觉多维互动的转变，多感官体验视域下的档案记忆叙事更生动鲜活，档案记忆消费更深刻彻底[21]。重视非物质文化遗产档案，重视感官志的研究，重视多感官档案记忆的融合，通过多感官交互的综合感知体验，将档案叙事逐渐沉淀，从视觉、味觉、听觉等多方面发掘档案记忆，能够弥合文化差异带来的文化鸿沟。我国高度重视并积极参与联合国教科文组织的非遗保护工作，近年来陆续与英国、澳大利亚等数十个国家进行非遗档案挖掘和保护利用合作，积极开展非遗领域的档案文化建设，社科院、中国民俗学会等专业机构或非政府组织也积极与多个国家和地区的研究机构合作，开展非遗档案保护及相关问题研究。非遗档案通过突破传统的文化档案束缚，进一步将舞蹈、民俗、医药、饮食等多感官的档案记忆融合，在维系文化认同、弥合文化鸿沟和加强社会凝聚力方面发挥了重要作用。

1.5 档案的身份认同建设弥合文化鸿沟

"身份认同与档案"是第十七届国际档案大会的议题之一，其指出档案不仅以身份证件等明显的方式帮助组织和个人提供身份凭证，还借助其蕴藏的档案信息提供某个时刻或整个时期的个人身份、群体故事及集体记忆，帮助社会与其遗产建立联系，帮助人们保护自身的权利[22]。加拿大档案学者特里·库克将证据、记忆、认同和社区作为档案认知的四个范式，并认为当前正处于以认同为基本特征的第三范式中，"档案从支撑学术精英的文化遗产转变为服务于认同和正义的社会资源"，档案工作者"作为自觉的中介人帮助社会通过档案记忆资源形成多元认同"[23]。在档案文化建设中，作为对主体自身的一种认知和描述，文化认同问题一直是身份认同的核心问题，自人类进入文明社会开始形成档案以来，无论是刻在金石甲骨上还是书写于绢帛纸张上，档案作为人们过往活动的证明一直伴随着群体和个体的生存发展，代代相传的档案作为历史的记录和文明的积淀，一直以其真实性和可靠性提供着凭证作用，并通过参与建构与强化集体记忆来参与档案文化建设过程并产生积极的影响。

当代社会中无论职业和阶层，公民都会面临档案支持和身份认同的问题，档案通过对社会生活的综合记载，从身份感、归属感、纸质、电子等多个维度为公民提供符合法律规范的档案身份认同和帮助，并且通过越来越多的对边缘群体的关注和社会档案覆盖体系的建立，给予边缘群体充分的档案支持，以确保所有公民利用档案的权力。斯蒂芬妮克认为档案在历史和现实之间建立起了桥梁，增加用户接触档案的机会，可以从不同维度激发群体身份认同，如地方认同、区域认同与国家认同等[24]。新兴的农民工档案、高校贫困学生档案、少数民族学生档案、殖民主义档案和女性主义数字档案等无不喻示着档案记忆的主体开始逐渐从社会中心扩大覆盖至边缘地区，并将进一步帮助多种群体建立身份认同并在档案文化建设中弥合文化鸿沟。

2　结语

当代社会比以往任何时期都更具有多样性，各种不同的社区、文化、语言、机构及技术在共同的空间中相互作用，构成了我们复杂的社会。作为社会记忆的重要载体，档案是人类历史文化遗产的重要组成部分，并因其原始凭证价值对社会群体的记忆架构和身份认同有着天然的重要作用。当代社会中，档案工作者不应被动等待，而应主动地跨越影响使命发挥的内部鸿沟，积极解决新的对象、格式和技术带来的挑战，通过固化文化记忆、叙事优化记忆、建立社群档案、加强多感官档案记忆融合，以及档案身份认同等多种档案文化建设方式主动参与社会文化活动，成为塑造记忆的积极主动的力量，并对文化鸿沟的弥合发挥重要作用。

参考文献

[1]皮埃尔·诺拉,黄艳红.记忆之场[M].南京:南京大学出版社,2015:3.

[2][8]加小双,徐拥军.档案与身份认同:背景、内容与影响[J].档案学研究,2019(5):16-21.

[3]转引自:潘连根.论档案的记忆属性——基于社会记忆理论的分析研究[J].浙江档案,2011(8).

[4]Taylor. H.The Collective Memory:Archives and Libraries As Heritage[J]. Archivaria.1982,15:118-130.

[5][23][加]特里·库克.1808年荷兰手册出版以来档案理论与实践的相互影响[R].第十三届国际档案大会文件报告集.北京:中国档案出版社,1997.

[6]丁华东.档案记忆观的兴起及其理论影响[J].档案管理,2009(1):16-20.

[7][19][21]冯惠玲.当代身份认同中的档案价值[J].中国人民大学学报,2015,29(1):96-103.

[9]闫静,刘洋洋.酷儿理论视角下档案与性别身份认同的冲突与和解[J].档案学研究,2021(6):21-27.

[10]周子晴,丁华东.多感官体验与档案记忆资源开发[J].档案管理,2021(6):34-39.

[11]尤瓦尔·赫拉利.人类简史:从动物到上帝[M].林俊宏,译.北京:中信出版社,2017:98.

[12]华莱士·马丁.当代叙事学[M].伍晓明,译.北京:北京大学出版社,

2005:64.

[13]王贞子.数字媒体叙事研究[M].北京:中国传媒大学出版社,2012:39.

[14]龙家庆.叙事表达在档案宣传中的运用与优化策略[J].浙江档案,2020(1):30-32.

[15]Wakimoto D K, Bruce C, Partridge H. Archivist as activist: lessons from three queer community archives in California[J]. Archival Science, 2013,13(4):293-316.

[16]Andrew Flinn, Mary Stevens, Elizabeth Shepherd. Whose memories, whose archives? Independent community archives, autonomy and the mainstream[J]. Archival Science, 2009(9):71-86.

[17]李孟秋.论档案叙事的发展演变:基于社群档案的分析[J].浙江档案,2021(6):23-26.

[18]曹鸿.社会政治与历史书写的互动——美国同性恋史研究的发展与思考[J].世界历史,2017(6):76-88.

[20]C. Classen. Foundations for an Anthropology of the Senses[J].International Social Science Journal,Vol.49,Issue153,1997.

[22]杜梅.2012年国际档案大会:新环境新变化[J].中国档案,2011(4):85.

[24]Stepniak W. Identity:Can archives and archivists contribute to fostering and preserving local,regional,and national identities? [J].Comma,2013(1):103-110.

万物有灵
——以印章档案为例探讨实物档案内向的文化精神

谷依峰

云南大学历史与档案学院

摘　要：档案是文化记忆的载体，实物档案更是文化记忆的一种立体呈现，如何通过实物档案挖掘档案内在的文化精神是一个实践问题，更是一个理论问题。本文首先对印章档案进行文化角度的剖析，揭示其参考凭证价值与历史价值。其次将档案子文化与中国大文化沟通联系，分析其中所联结的深层文化精神。最后延伸思路至实物档案，论述档案本身的信息、工具价值固然重要，但内及灵性、自觉式探索或许会为档案的多重书写、认识提供可能。

关键词：印章档案；实物档案；文化现象；文化精神

"天下无一物无礼乐。且置两只椅子，才不正便是无序，无序便乖，乖便不和。"物可载道，实物档案以其实物原始性与档案记录性的双重特质载录着社会法律、习俗、宗教等现象，成为见证历史文化发展的重要凭证。但同时实物档案也内嵌于社会之中，承载着人类的文化意图，具有文化的内容与精神。

1　文化记忆的凝结体——实物档案

文化在社会生活的实践中形成，是社会成员通过学习从社会上获得的传统和生活方式[1]。文化一词的意义会根据所处的语境、探究的问题不同而不同，依环境、需求、能力而定。科教卫生、政策法规、意识形态都属于文化的范畴，更细化来说，这种涉及经验事实的文化可以被统称为文化现象[2]。文化现象的广泛性和多样性使我们在谈到文化时常常会自觉混沌，但不同的现象之间似乎又有着若隐若现的联结，使不同文化在潜意识中合理化，这种联结便是文化的根源——文化精神。文化精神作为文化现象符号的凝练表达，潜移默化中成为生活于其中的人们"用而不自知"的背景知识，是一种文化生态布局中的底色。

扬·阿斯曼认为文化记忆是"人类记忆的外在维度"，文化记忆不仅包括"被记住的过去"，还包括"记忆的历史"。"被记住的过去"是"对过去的证实"[3]，即对过去发生的包罗万象的文化现象的记忆。而"记忆的历史"确证了记忆的连续性[4]，是"记忆文化"，记忆功能造就了文化的连续性，而文化的连续性根本在于文化精神的一脉相承。

作为文化记忆的物质载体，档案具有深厚的文化基础。与文字、图像等二维形态作为记载符号的档案不同，实物档案是文化记忆一种立体的呈现，它不限于其表面的符号书写，其形制、材料、使用规则在成为档案之前的种种都是其自身的文化记忆，并且由于其经过较少意识形态、道德原则等人类主观意识的干预和加工，更重于呈现原真的历史语境。因此实物档案既是文化记忆的自形体，也是文化记忆的记录体，凝结着关于自身与外在社会活动的文化记忆。

印章档案是实物档案中极具代表性的一类。据考古发现，印章源于殷商时期，起初是作为货物交接的一种手段。秦汉时期国家统一，与印相关的典章制度也形成体系，名称、质料、纽制、绶色都有等级之分[5]。唐宋以后，以实用为主的印章艺术性逐渐彰显，印学开始形成。元末王冕"始用花乳石治印"，印材范围的拓展带来了明清印学的昌盛。新中国成立以来，印章成为大众喜闻乐见的艺术形式，也作为文化意义象征与其他领域广泛融合。印章伴随着中华文明的兴衰，深刻参与着社会经济、政治、文化的变革，以档案学视角来看已进入档案阶段的印章，其从侧面记录着从古至今中华文化的发展与变迁，见证着古老国家的沧海桑田，凝结了历史文化的珍贵记忆。

2 印章档案的文化记忆

2.1 商业交易的示信凭证

早期印章凭借其独特的符刻铭记功能成为奴隶主之间交换奴隶、商品的凭信手段。其复杂的制铸工艺相较于签字画押更难被模仿也更易辨奸去伪，并且使用便捷，因而自其诞生起就作为图记、封存广泛参与社会经济活动，成为社会记忆留存的重要媒介。

钱币作为一般等价物支撑着市场运作，自然也少不了证信防伪的凭据。早在战国时期楚国的金币上就钤有玺印，宋代之后纸币广泛使用，印章仍然是纸币设计中的重要元素。自宋至今尽管纸币的制作材料、工艺、图饰都发生了天翻地覆的变化，但印章始终占有方寸之地。将印鉴印刷于币纸之上，既起到了"检奸萌"的作用又彰显着政府的公信力[6]。印章的标记、封存、信证等经济功能现如今仍然随处可见,有印章参与的经济活动似乎已经成为常态与传统,印章在履行其职能的同时也记录着中国社会经济的发展与变迁。进入档案阶段后,我们可以从中管窥不同时代商户名称、商品特点、交易方式等诸多文化现象,了解不同时代的经济文化。

2.2 国家制度的权力媒介

印章在社会经济的土壤中萌生,但它几乎同时就开始和政治制度、仪礼秩序叠合[7]。《左传》有记:"季武子取卞,使公冶问,玺书追而与之……"虽然西周时期的印章尚无实物佐证,但从记载来看那时印章已经作为权力的象征,在统治者处理军国政事时发挥着凭证作用。早期的印玺人人通用、尊卑共之,秦统一六国后,规定"玺"为天子专用,官员只能用"印",等级的划分随着君主专制、中央集权的加强愈加森严。自此,印章与制度文化紧密结合、互为表里,印章成为制度文化中的一个符号,印章的纽制、材料、绶色等都彰显着权力秩序。

权力是无形的,但印章作为一种有形的媒介使权力具像化且得以实施。人们对于等级制度的遵信从与印章相关的文化记忆中也可窥见一二。关于权力的确认,传国玉玺的传说流传至今,引人入胜;王莽因得玉玺而篡政成功,自称"新帝";南朝陈叔宝抱玺窜逃,宣告了陈国灭亡。关于权力的实施,《文献通考·王礼考》有载:"无玺书,则九重之号令不能达之于四海;无印章,则有司之文移不能行之于所属";印章上的文字、图式、样制,都反映了一个时代的政治秩序、文化、经济的状态;少数民族政权立鼎中原后刻制印章都会采用多种文字,以显示其民族政权的合法性。当下,公用与商用印章规制、材质的统一和简化,也反映了人民地位平等,社会民主和谐的时代现状。

印章作为"制度之器"参与国家运转的同时也在记录着制度的发展变迁,从实物过渡至档案阶段,印章或许已经失去了昔日的威权,不再明晰着社会地位与权力,但正因它"辉煌的过往"才给予后人无限的遐想与回忆,所有关于印章的文化记忆,也是一个政权国家的历史记忆。

2.3 文化艺术的观念审美

如果说印章作为一种示信凭证、权力媒介都是其社会功能的横向拓展延伸,那么由印章生发出的道德观念和艺术审美则是一种纵向的升华与抽象,印章实现了由作于物、作于人再到作于心的转向。首先在等级秩序下生发的贵重化心理趋向诱发对于印章视觉美感的嬗变。在社会功能延伸方面,作为权力与审美的结合,佩戴印饰、材质既代表着权力又象征着身份,《淮南子·说林训》记:"龟纽之玺，贵者以为佩。"再者是与中国趋吉求祥意识相融合的观念审美，如吉语印与肖形印中"鱼"象征着"连年有余"，"鹤"象征着"鹤年松寿"……在抒情言志方面印章展现了文人墨客心中的意趣之美，通过印来抒情言志一方面依靠印面文学和印边款识文学，如吴让之刻"丹青不知老将至"借杜诗言志，既表达了老年的状态，又暗含执着于艺术的信念。

印章档案中的艺术性，是文化记忆，更是民族文化塑造的结果。作为实物档案，它的存在所代表的不仅仅是器物本身，更是器物所产生、被看待和被使用的整个语境[8]。它不仅仅是印面上的印文、印款甚至刀法的记录，更是不同时空下人类意识与思维认知的刻写。我们甚至可以通过其外在的表面与某个过往的生命、思想突然相遇，将遥远的逝者与近在咫尺的现在交织，这一刻的感受虽然朦胧，但确是档案的魅力[9]。

3　印章档案的内涵文化精神

3.1　以"信德"为核心的文化精神

儒家是中华文化中体系完成最早、对后世影响最大的学派。儒学是一种以道德为中心的学说，始终贯穿于儒家学派的是一种"重德"精神[10]。"仁、义、礼、智、信"是儒家所推崇的五种"常德"，这五德参与构建了传统中国庞大的思想体系，支配着人们的道德生活。

印，执政所持信也。印章的"信"不仅是效率的产物，也是政治合法性的重要前提[11]。作为一种权力媒介，印章成为维护社会秩序、保证国家机器正常运转的重要一环，其意义已不再只是道德上的判断而是一种发自心理的信任，因为信任所以信从。怀特曾把文化系统分为三个层次：底层是技术的层次，上层是哲学的层次，社会学层次居中。从印章的"信"文化系统来看，其与人的思想、意识文化的融合甚至超越其"信"原质文化，可称之为上层，已经超越了具体的对象，成为一种信念[12]。

文化浸染了用意义制造或使用器物的外表[13]，印章的意象表现与观念审美是施予者对其注入的情感、表意、审美等元素，印章自此成了一种带有隐喻、换喻或其他转喻意思的文化符号，这些意义并非处于符号本身而是处于社会行动者的心灵[14]，因此究其根本仍是对自身身份、性格志趣、审美观念的表达，这其中既包含了"信"的证明含义，也囊括了自身内在的信念与信仰。将印章档案中所凝结的文化现象进行层层剖析后我们可以发现，印章文化体系是以"信德"为核心的文化精神的辐射扩展，印章虽然形式多变，但通过印章档案的记忆我们仍可窥见其中隐喻的"信"的精神美德。

3.2 功利主义与实用的文化精神

重德的文化精神贯穿于印章的发展，是印章内向文化精神中的主体部分。作为中华文化的结晶——印章也必然拥有中华文化多重性、杂糅性的明显特质。印章作为一种实用之器，与文化进行了广泛的融合，衍生出更丰富的实用功效。

印章的印纽设计以狮、龙、凤、饕餮、螭虎、麒麟等古兽为主，螭虎为文人所喜爱，因传说其文采好，文人将其作为印纽期待其可以带来泉涌般的文思[15]；汉代印文流行将图形与姓名文字相结合的样式，既表达了对神灵的崇拜，又祈求神灵为其襄灾辟邪。此外印章的雕刻还讲求与其本身的质料和谐统一，需要充分发挥原材料的色泽、质地、形态、纹理，选择适当的题材、造型和技法，昭示着顺应天理的朴素愿望，体现了"天人合一"的传统价值信仰。

信仰是价值观的核心体现，是心灵精神的产物，其对象可以是宗教、物、传说或是其他观念，它支配着人的精神活动、思维模式、生活方式，等等。"天命观"是中国影响范围较大的一种价值观念，"天"在中华传统文化中一直是一个比较神秘且复杂的概念，它似乎可以解释所有自然运行的规律，《周易·系辞下》记伏羲氏根据自然万物开创八卦，可见，在中国早期世界观中，天地万物与人本就可相互感应、情感相通，由"天人感应"而产生的对祥瑞的迷信对中国社会发展产生了重大影响，直到今天仍然存在。

与西方单一的宗教信仰传统不同，中国民间一向具有多神信仰的传统，因此在印章雕刻中的图纹样式种类繁多、寓意丰富，襄灾辟邪、祈福求功等无所不包，早在汉代私印中就有宗教印，著名的"黄神越章"就是道家所佩用于辟邪祸，故又称辟邪印。这反映出中华文化的功利、务实的文化精神，具体表现为不论是儒释道，还是鬼神上帝，都可以信仰，有事就信、无事不信的文化习性[16]。

3.3 自我与超越之自由的文化精神

无论是礼制文化中的重德精神还是夹杂着功利与实用主义的文化精神，其都是围绕着实物本身的功能特点进行发掘论述，这个阶段也有美的体现，以物比德、缘物寄情、移情于物，但审美大多仍然为文化秩序服务，成为道德教化的工具，这也吻合实物自身的需求—功能—审美—人文的发展规律。印章作为一种信证之物，其独特的图案封泥就足以满足日常所需，从封泥到印红、印章制度的不断完善、印章种类功用的不断丰富，既充分发挥了其本质功能又使人赏心悦目，精神上得到了满足，物质与精神上的双重作用在印章上得到了统一，在止于至善追求的不断引领下人的自觉意识继续作用于印章，印章文化也由需求满足向意识形态上启发，融情于物，表意着世界观与宇宙观，体现着生命内在之情趣[17]。

印章在隋唐时开始钤于书画之上起到构图装饰的功效，这也随之开启对印章美感的追求。歌德曾说："艺术是传达舌头无法道出的东西的一种手段。"虽然艺术之道具有超越意义的存在，但世界上也没有"虚宣孤致之道"，因此也就有"道在器中""道不离器"的说法[18]。从印文来看，印语强调作者、作品、观赏者三者之间的情感联结，能够使主体根据语境发挥想象、结合自身经历，读取文字背后的意义，从而获得审美感受；刀刻笔法上，讲求线条气韵生动，能够给人视觉感官上的刺激，讲求"技进于道"，触动人类情感根源；此外，印章讲求整体的美感，视觉、触觉、内心三维一体，通过心灵想象的感应，追求浑然一体，返归的艺术体验，使人、技、道得到统一，形成物我合一消融的境界。

语言之于自我与超越自我的艺术之道时显得有些苍白，但器物相较于语言少了一些中间主观意识的变动，原始性、记录性优势更为明显。因此，"器"作为一种文化的符号与载体使蕴藏于其中的文化精神和信息能够得到多层次、多角度、多方位的展现与表达。

4　实物档案内向的文化与被赋予的文化精神

4.1　实用为基的文化特性

实物档案首先是实物，其第一要义在于利用价值，即可以被人利用，为人类社会创造价值，这也是实物的文化发源。印章最初作为交换凭证的信用工具，"信"始终是其核心的意义与价值。人类最初为了各种需求创造了各式各样的实物来供利用，根据实物的价值赋予其灵魂，如椅子需要完成支撑我们的使命，汽车需要完成承载我们到达目的地的使命，众多工具在社会上的分列和排布促使社会秩序的正常运转，在一代又一代的改进和传承中，实物不断适用人的生活、适应人的审美、符合人的规范，累积式的进步造就了实物文化，也成就了人类文明的发展。因此，实物的实用性是其文化延展的风向标，奠定了实物文化最初的文化基础。

4.2　形饰为辅的文化加持

形饰即形制和装饰，实物的实用价值在创造之初就取得了基本满足，但随着人类社会的发展社会意识形态和阶级的产生，以及人对于审美的追求，导致了人对实物形制与装饰的设计与追求。如果说实用为实物的骨骼那么形饰便是其血肉，传递着社会生活中的观念、制度、伦理。列维·施特劳斯曾说："每种人工制品，甚至是最实用的物品都是一种不仅对于制造者，而且对于使用者都可理解的文化符号。"[19] 我们通过印章档案的规制与印语可以看出古代阶级的森严、分明；印章上各种祥瑞吉凶可以显示出我国古代功利主义的吉祥文化思想体系；透物见人，文人的图形章、闲章、吉语章等更直接反映了个人思想志趣与人生追求。通过形制与装饰的文化加持，实物更能体现出人的思想与意趣，人将实物作为内在思想的外在表现与引申，赋予了实物除其本身功效之外更多的文化内涵，使实物档案成为人类思想文化、制度体系的一种客观记录与佐证。

4.3　意为引申的文化情怀

"一首诗的生命不是作者一个人能够维持住的，也要读者的帮忙才行。读者的想象和情感是生生不息的，一首诗的生命也就是生生不息的。"[20] 实物的意义非自始而有的，它一半在物，一半在人，在于人如何去创造、利用、欣赏。随着文明程度的提高和人们精神世界的丰富，人们对于实物逐渐由"美"上升到了"情""意"，"由物生情""托物言志""以物比德"之类，是更高的人文思想提炼。

5　思考——文化档案与档案文化

实物档案首先为实用之物，凭其实用性而产生和存在。在人的自觉地追求艺术审美与人文精神的作用下实物被赋予了诸多文化表现与精神内涵。在进入档案阶段后，实物上被赋予的文化成为一种记忆，即对过去的记录。与此同时，作为实物档案，由于其本身的信息记录性、文化性，也衍生出了以档案为中心的文化——档案文化。档案文化即从文化的角度去研究档案，档案观念、工作方式、物化成果等都属于档案文化的范畴，它既包括档案载体本身，也包含档案内涵的信息所衍化出的档案文化特征[21]。本文所论及的档案文化是一种狭义的档案文化即档案实体文化，首先对印章档案的内容信息、形制、材料等方面从文化的角度进行剖析，揭示了其基本的参考凭证价值与历史价值，再从印章档案展现的文化现象出发，将档案小文化与中国大文化沟通联系，分析档案文化中所联结深层文化精神。档案文化与文化档案相连，拓宽了档案文化的文化空间，是一种文化自觉的表现。在文章开头笔者已经谈到，文化范围之广泛常常使我们谈起来会自觉混沌，但以印章档案作为切入点，在其使用与发展的过程中，我们仿佛从一个切面看到了中华文化的表象与内髓精神所在。

档案是在一定的文化背景下产生的，即是文化的产物，那么这种文化就一定有确切的形态和具体的表述[22]，甚至形成一种规范性的原则，在此基础上形成的档案可以看作是对文化的记录，形成文化的档案。由此来看，印章档案首先是一种文化的档案，其本身及其所衍生出的文化特征则可以视作一种子文化——档案文化，档案文化和文化档案就如同树的主干与枝权一样，我们可以通过枝权了解树的大致生存状态，可以通过主干的年轮纵观树的年代历史。需注意的是，枝权与主干是一种依存关系，档案与文化亦是如此。将档案作为研究对象时，需要了解其背后的文化布局，将其还原于具体的社会情境和意义世界中，才能得到其真正的价值含义。

透过印章档案看文化精神的意义在何？这个问题是研究者向着客观世界的直接面对。我们不应把档案仅视作一种记录产物，更为重要的是将其视为一个过程。如果仅将档案看作信息的载体，档案也仅仅是记录、保存、传播、发展文化的一种工具，档案文化也始终是一种亚文化的存在。然而事实上档案文化并不是档案与文化两词的简单相加[23]，而是文化融入档案、档案成为文化的相生相成的互构关系。档案文化其实是文化的一个纵切面，由档案、档案法度、档案观念，都可管窥一个民族文化发展的特征与脉络。我们不能仅仅把档案视为一种载体、资政工具、参考凭证，应该视档案为一种文化，根据其特性剖析文化现象，联结深层文化精神，真正地将档案融入文化，助力我们找到文化之魂、文化之脉络。作为文化的档案通过对自身积极的搜寻与探索既是文化自觉的体现，也丰富了档案本身的意义与价值，赓续其本身的生命力与活力，以便参与、组织今后的行为和行动。因此，作为档案，客观的描记固然重要，然则一种内及灵性、自觉式的过程探索或许会为档案的多重书写、认识、作用提供可能。

参考文献

[1][英]泰勒.原始文化[M].杭州:浙江人民出版社,1998.

[2][10]劳思光.中国文化要义新编[M].香港:中文大学出版社,1998:3-4,12-13.

[3][4]赵静蓉.文化记忆与身份认同[M].北京:生活·读书·新知三联书店,2016:267-287.

[5]王志敏,闪淑化.中国印章与篆刻[M].北京:商务印书馆,1997:10-11.

[6]徐玲.论中国古代纸币的设计[D].苏州:苏州大学,2009.

[7]金学智.印章文化的系统构成[J].文艺研究,1993(1):124-149.

[8][澳]霍华德·墨菲,[美]摩根·帕金斯.艺术人类学学科史以及当代实践的反思[J].蔡玉琴,译.民族艺术,2013(2):67-68.

[9] [法] 阿莱特·法尔热.档案之魅[M].申华明,译.北京:商务印书馆,2020:5-6.

[11] 高瑞泉.重建"信德":从"信"的观念史出发的考察[J].学术月刊,2017,49(7):5-17.

[12] [美] 莱斯利·A.怀特.文化科学——人和文明的研究[M].曹锦清,等,译.杭州:浙江人民出版社,1988.

[13] 方李莉.写艺术——艺术民族志的研究与书写[M].北京:文化艺术出版社,2018:16-17.

[14] [美] M.E.斯皮罗.文化与人性[M].徐俊,译.北京:社会科学文献出版社,1999:33-34.

[15] 倪盼.从汉代印纽雕到当代印纽艺术[J].文史杂志,2012(2):58-60.

[16] [17] 何佳.中国古代的造物人文观[D].苏州:苏州大学,2013.

[18] 朱光潜.谈美[M].桂林:广西师范大学出版社,2004:1-3,17-18.

[19] [英] 罗伯特·莱顿.艺术人类学[M].靳大成,等,译.北京:文化艺术出版社,1992:114-115.

[20] 朱光潜.谈美[M].桂林:广西师范大学出版社,2004:1-3.

[21] 谢诗艺.本体与空间:中国档案文化阐释[J].档案学通讯,2017(6):63-65.

[22] 胡鸿杰.档案与文化[J].档案学通讯,2004(5):12-14.

[23] 马仁杰,谢诗艺.档案文化的理论解读和建设探索[J].档案学研究,2013(2):9-12.

及民到亲民：我国国际档案日宣传活动的实践经验与完善建议

卜昊昊[1]   洪秋双[2]

1. 中国人民大学信息资源管理学院   2. 中国长江三峡集团有限公司

摘　要：国际档案日宣传活动是我国档案部门开展档案服务与传播档案文化的重要途径。本文基于活动策划流程视角，从活动主题、活动主体、活动受众、活动内容与形式、活动推广五个维度对我国 2013 年以来国际档案日宣传活动的开展情况进行调查分析，从中总结我国国际档案日宣传活动的既有实践经验并探析可优化之处，在此基础上提出加大人文关怀的倾注力度、加强与其他公共文化服务机构的互动合作、实现宣传活动的分众化与差异化、承续特色馆藏开发及网络新技术应用等完善建议。

关键词：国际档案日；档案宣传；档案文化；档案利用

0　引言

我国国家档案局于 2013 年起将每年的 6 月 9 日确立为档案部门的宣传日，意在通过开展各类档案宣传活动提高社会公众档案意识及促进档案事业发展[1]。时至今日，我国国际档案日宣传活动已连续举办 10 届，这期间我国各地档案部门积累了哪些丰富的实践经验，今后又该如何提升活动质量与宣传成效，值得业界回顾与思考。为梳理我国国际档案日宣传活动的研究现状，笔者在中国知网 CNKI 期刊数据库以"国际档案日"为篇名进行精确检索，得出当前相关研究主要围绕国际档案日内涵解读[2]、主题确立[3]、宣传活动现状调查及发展策略[4-8]等方面展开，其中部分研究虽已从全国范围对我国国际档案日宣传活动现状进行分析，但其研究视角和深度仍存在可拓展之处。因此，本文基于活动策划流程视角，利用网络调查法、文献调研法（见表 1）从活动主题、活动主体、活动受众、活动内容与形式、活动推广五个维度总结我国国际档案日宣传活动的实践经验，并在此基础上提出相应完善的建议，以期为强化档案宣传，促进档案事业发展提供参考。

表1　检索方法

检索方法	检索平台	检索方式	检索结果
网络调查法	国家档案局官网	以"国际档案日"为关键词进行检索	各地综合档案馆（局）国际档案日宣传活动新闻稿件
	中国档案网站	以"国际档案日"为关键词进行检索	各地综合档案馆（局）国际档案日宣传活动新闻稿件
文献调研法	中国知网	以"国际档案日"为篇名进行检索	各地综合档案馆（局）国际档案日宣传活动介绍或综述类文章

1　我国国际档案日宣传活动的实践经验

1.1　活动主题：以提升档案意识为主线，逐步嵌入时代背景

活动主题不仅可为国际档案日宣传活动的开展奠定基调，也能映射出当下档案宣传工作的重心与要点。纵观自2013年起我国国际档案日宣传活动主题的变迁（见表2），发现其呈现出"总主线贯穿，分阶段侧重"的特点，即以提升全社会的档案意识为主线，各阶段活动主题的侧重点各有不同。

表2　我国2013—2021年国际档案日宣传活动主题

主线	时间	活动主题	阶段
一条主线：提升全社会档案意识	2013年	档案在你身边	基础阶段：重在档案科普
	2014年	走进档案	
	2015年	档案——与你相伴	
	2016年	档案与民生	深化阶段：嵌入时代背景
	2017年	档案——我们共同的记忆	
	2018年	档案见证改革开放	
	2019年	新中国的记忆	
	2020年	档案见证小康路，聚焦扶贫决胜期	
	2021年	档案话百年	
	2022年	喜迎二十大·档案颂辉煌	

第一阶段为基础阶段（2013—2015 年），国际档案日宣传活动主题分别为"档案在你身边""走进档案""档案——与你相伴"，均强调档案与民众之间的紧密联系，重点在于通过普及档案知识与介绍档案工作使民众认识并关注档案和档案工作，了解其重要性和长远价值。

第二阶段为深化阶段（2016—2022 年），"民生""记忆""改革开放""新中国""小康路，扶贫决胜期""话百年""二十大"这些富有历史意义和体现社会发展的字眼成为该阶段国际档案日宣传活动主题的关键词，其在强调发挥档案社会记忆功能来增强社会公众档案意识的同时，更显现出档案部门坚守新时代主流意识形态，积极将档案宣传工作嵌入时代背景并服务于国家治理与大局发展需要。

1.2　活动主体：以档案部门为主导，形成多方联动合作网络

当前，国际档案日宣传活动的开展主体日趋多元，已形成以档案部门为主导，多方联动的合作网络。具体表现为三种模式：一是基于档案系统内部，即本地区或跨地区的档案部门协同开展宣传活动，通过凝聚行业内部力量促进档案宣传提质增效。如 2019 年陕西省西安市档案馆联合雁塔区档案馆和莲湖区档案馆共同开展档案宣传咨询活动[9]；2020 年浙江省嘉善县档案馆与上海市青浦区档案馆、江苏省吴江区档案馆建立"三地"档案合作机制，通过项目研究深度挖掘太浦河历史文化[10]。二是档案部门与非档案系统的公共文化服务机构如博物馆、图书馆、文化馆等进行合作，促进跨馆际交流，实现不同馆藏资源的互补与共享。如 2017 年广西壮族自治区档案局与民族博物馆联合举办"昨日重现—百年老物件展"[11]。三是档案部门与其他机构或组织如政府机关、企事业单位、新闻媒体、学校、社会组织等开展合作，通过跨界合作充分发挥各自优势，利用不同向度的资源，创新活动内容与形式。如 2018 年辽宁省档案局与北京师范大学沈阳附属学校共同签署"学生成长档案建档合作协议"，为 400 余名学生建立起规范的个人成长档案[12]；2018 年四川省成都市档案局联合市纪委、市电视台制作家风家训专题节目，重现成都的红色记忆[13]。

1.3　活动受众：以主动服务为理念，参与范围不断扩宽

国际档案日宣传活动的开展为转变民众对档案馆"封闭""严肃"等既有印象和促进档案人员理论与实践的学习交流提供了契机。

一方面，各地档案部门积极转变服务观念，履行服务职能，主动通过"引进来"和"走出去"两种方式拓宽国际档案日宣传活动的受众覆盖面，以提高民众对档案工作的知晓率、认同感和参与度。"引进来"多以实体档案馆为宣传阵地，强调其作为档案安全保管基地和爱国主义教育基地的作用。如 2018 年西藏

自治区档案局推出学生体验档案修复工作的活动[14]；2019年陕西省西安市档案馆邀请西北大学等学生群体及中铁北京工程局集团有限公司等公司员工到馆参观西安历史珍品展览，接受爱国主义教育[15]。"走出去"即档案工作人员走出馆门、深入社会，通过"进机关""进企业""进校园""进社区"等方式宣传档案文化，扩大档案工作的影响力。如2014年上海市档案馆集中公布一批上海解放史料，并将有关上海解放的档案展览送进校园社区[16]；2017年重庆市档案局馆联合江北区档案局馆走进社区，向社区居民宣传婚姻档案跨馆查询服务等惠民便民政策及档案法律法规[17]；2020年北京市平谷区档案馆联合区退役军人事务局走访区内健在的八位"抗战老兵"，开展口述档案征集工作[18]。另一方面，档案部门重视专业人才培养，主动加强档案队伍建设，利用国际档案日面向档案人员开展培训、讲座等，以提升档案人员专业素养和业务能力，进而提高档案工作水平。如2019年北京市档案局、档案馆举办学术讲座和座谈交流，邀请国外档案专家作专题学术讲座，并邀请天津市、河北省档案同行共同举办业务沙龙[19]。

1.4 活动内容与形式：以参与互动为重点，内容类型丰富多元

近些年来，随着民众精神文化需求的多元化发展及互联网信息技术的普及应用，档案部门在原有档案展览、档案讲座等传统活动形式的基础上，于国际档案日期间推出诸多具有互动性、参与性与创新性的特色活动，以增强社会档案意识，推动档案文化的传承与发展，活动内容类型日趋丰富多元。在内容上，除服务于国家宣传主题要求外，部分地区的档案部门还立足本土特色文化，借助此契机开发地方档案，推出具有鲜明地域色彩的档案宣传活动。如2021年新疆维吾尔自治区档案馆举办新疆丝绸之路档案文献展，将丝路精神弘扬于民[20]。在类型上，大致可分为档案展览、档案讲座、档案竞赛、档案工作、档案创新五大类目，每一大类活动包含的具体子活动如图1所示。2020年，受新冠肺炎疫情影响，档案部门转变工作思路，通过媒介赋能，将以往以线下为开展主阵地的国际档案日宣传活动扩展至线上开展，从而打破时空限制，提高了活动宣传的时效性与广泛度。如北京、陕西、天津、福建等七省区市档案馆推出国际档案日联动直播活动，各馆分别向观众展现和介绍最具有代表性的珍贵档案[21]。

1.5 活动推广：以线下线上为渠道，增强跨媒宣传效应

国际档案日宣传活动的有效推广对提升社会公众的参与度与增强活动开展的实效性具有重要影响。从当前实践来看，档案部门已形成较为完善的宣传活动推广模式，即线上线下"双线"并行，通过构建跨媒体宣传矩阵，进一步提高宣传实效。

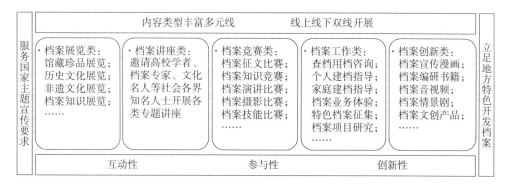

图 1　国际档案日宣传活动开展形式与内容

在线下，档案部门利用海报、展板、横幅、LED 滚动屏、宣传栏、档案文创产品等多种方式对国际档案日宣传活动进行推广，营造浓厚节日氛围。如 2018 年广西南宁市档案局利用 500 块宣传展板、1100 多条宣传横幅，9000 条 LED 宣传标语宣传国际档案日活动[22]。2021 年广东省广州市国家档案馆将档案宣传与防疫宣传相结合，推出档案文化创意口罩，让档案文化更接地气[23]。在线上，档案部门一方面充分发挥自身全媒体集群优势，以档案网站、应用程序、自媒体（如微信、微博、抖音、快手、今日头条、百度"百家号"等）为宣传主阵地对国际档案日宣传活动进行介绍。如 2020 年福建省漳州市档案馆通过构建档案全媒体矩阵实现国际档案日宣传活动全网浏览量突破 5000 万人次[24]。另一方面，档案部门借助权威及主流新闻媒体的宣传优势，报道国际档案日宣传活动开展情况，进一步扩大宣传活动的影响力。如 2018 年江苏省档案局主动邀请新华社、中新社、人民网、凤凰卫视等 30 家主流媒体，对国际档案日宣传周的重点活动进行采访报道[25]。

2　我国国际档案日宣传活动的完善建议

由近年来我国档案部门举办的国际档案日宣传活动可以看出，其活动主题日益深化，活动主体日趋多元，活动受众愈加广泛，活动内容与形式越发丰富，活动推广更加普及。笔者在肯定当前已有成绩的同时，结合实际，为日后我国国际档案日宣传活动提出完善建议。

2.1　加大人文关怀的倾注力度，延展主题内涵

纵观我国近年来国际档案日宣传活动主题的变迁发展，可见其呈现出明显的

阶段化特征，即从关注档案与档案工作本身逐渐转向关注国家现实与时代话题，这显示出档案部门正积极嵌入国家治理之中，通过发挥档案的社会记忆功能来服务国家工作大局。如今，档案事业正从"国家模式"向"社会模式"转变[26]，档案部门应以社会需求为导向，以公共利益的最大化为目标[27]，使档案工作能够更加惠及广大人民群众。因此，档案部门可在当前关注国家发展大局基础上加大对人文关怀的倾注力度，寻求档案文化与社会公众之间的关联和沟通[28]，进一步延展国际档案日宣传活动主题内涵，使活动主题导向更加贴近社会公众。如国际档案理事会近年来设置的"档案、和谐、友谊""档案、公民权利、跨文化交流"等主题，具有浓厚的人本色彩。又可参考如博物馆界的"博物馆与土著人""博物馆与朋友""博物馆与青少年"等国际博物馆日主题，将视角置于不同的社会群体，凸显出博物馆包容与开放的人文关怀。

2.2　加强与其他公共文化服务机构的互动合作，扩大活动影响

当前，我国国际档案日宣传活动的开展主体广泛并形成多元合作模式。但深入分析发现，相比其他类型的机构和组织，档案部门与图书馆、博物馆、文化馆等公共文化服务机构的合作程度相对较低。档案部门应借助国际档案日这一契机，主动与这些公共文化服务机构寻求合作，扩大宣传活动的影响力。其一，巧借时机，相互借势。如每年6月的第二个星期六为我国文化和自然遗产日，与国际档案日相近。档案部门可借此与博物馆、文化馆等公共文化服务机构合作，增强档案宣传活动的覆盖面与影响力。其二，馆藏整合，资源共享。档案部门肩负传承和弘扬优秀传统文化的重要职责，基于此，其可加强与博物馆、文化馆等相关机构的协作，通过借展、联展等方式整合共享相同主题的资源，助力档案文化传播。其三，走出档案馆，扩宽场地。国际档案日宣传活动的阵地不应局限于档案馆内，可走进博物馆、图书馆等文化机构，借助其在公共文化服务方面天然优势，扩大宣传活动范围。

2.3　实现宣传活动的分众化与差异化，拓宽受众范围

国际档案日期间，档案部门通过"引进来"和"走出去"等方式向社会公众宣传档案工作、普及档案知识。但细析宣传活动的面向受众，发现档案部门对弱势群体的关注较为有限。因此，档案部门可借鉴分众传播理念，在细化受众的同时加强对弱势群体的关注，基于不同社会群体的认知程度和生理特点开展活动，以提高国际档案日宣传活动的针对性和实效性。具体可从两方面做起：一方面，受主客观因素限制，农民工、残疾人等弱势群体难以及时获取和有效利用档案。基于此，档案部门可在前期开展广泛调研的基础上，以其现实需求为导向，

提供个性化、专业化档案服务，通过档案工作促进社会公平与正义的实现。另一方面，档案部门可为弱势群体提供建档立档服务，存留弱势群体记忆，促进弱势群体自我价值的肯定及社会归属感的提升。

2.4 承续特色馆藏开发及网络新技术应用，创新活动内容与形式

国际档案日为档案部门激活档案资源，传播档案文化当提供了平台。除配合国际档案日主题宣传要求外，档案部门也应加大深入开发和挖掘本土档案资源的力度，在充分考虑馆藏的内容特色和受众的地域特征基础上，通过叙事表达方式，串联起当地的重要人物、地域建筑、传统习俗等贴近民众生活的文化符号，开展彰显地方特色的宣传活动，减少地区不同而活动内容却高度趋同的"同质化"现象。此外，受新冠肺炎疫情影响，2020年国际档案日期间，档案部门将宣传阵地由线下扩展至线上，充分利用网络传播速度快、影响范围广的特点，使社会公众足不出户便可了解档案知识，体验档案文化。因此，建议档案部门不仅是在特殊时期，更应在社会常态化运行中主动开拓国际档案日宣传活动的开展思路，在传统线下形式的基础上推出贴近社会公众需求的主题突出、特色鲜明的线上活动，打造立体化的档案宣传格局。同时，随着5G时代的到来，VR、AR等虚拟现实技术和增强现实技术的运用带给用户多感式、沉浸式、互动式的丰富体验。当前，已有档案部门将这些新技术运用到国际档案日宣传活动中，如2019年上海浦东新区档案馆（局）将全息投影、VR互动体验等技术运用到档案史料展中，营造物人有机对话的时空通道[29]，但总体来看，该技术运用广度有限，普及力度仍需加大，档案部门应充分把握时代机遇，通过与新兴技术企业合作，利用新技术为档案资源开发利用赋能，创新档案宣传活动形式，丰富感官体验，拉近档案与民众的距离。

参考文献

［1］［2］黄霄羽.解读国际档案日［J］.中国档案,2013(6):18.

［3］［28］刘金霞."国际档案日"宣传活动主题思考［J］.中国档案,2016(5):44-45.

［4］张北建,冯文博.高校国际档案日宣传活动探析［J］.黑龙江档案,2019(4):29.

［5］杨文健.国际档案日活动及其启示——以2015年上海市为例［J］.兰台世界,2016(3):30-32.

［6］于富业.利用国际档案日促进世界遗产保护的对策研究［J］.兰台世界,

2014(26):90-91.

[7]唐晓琳,郭倩,同焕玲.我国国际档案日活动现状调查及优化建议[J].浙江档案,2019(11):62-63.

[8]石郦冰,赵跃.档案文化与认同的进阶——近年来中国"国际档案日"的所见与所思[J].山西档案,2020(6):36-43.

[9]中国档案资讯网.西安市档案馆举办"6·9"国际档案日暨第六届档案馆日系列活动[EB/OL].(2019-06-17)[2022-03-31].http://www.zgdazxw.com.cn/news/2019-06/17/content_284305.htm.

[10]中国档案资讯网."三地"档案馆联动开展2020国际档案日[EB/OL].(2020-06-18)[2022-03-31].http://www.zgdazxw.com.cn/news/2020-06/18/content_306781.htm.

[11]中国档案.广西部署国际档案日系列宣传活动[EB/OL].(2017-05-24)[2022-03-31].http://www.chinaarchives.cn/2017/0524/116081.shtml.

[12][13][14]中华人民共和国国家档案局.档案部门国际档案日特色宣传活动(一)[EB/OL].(2018-06-29)[2022-03-31].http://www.saac.gov.cn/daj/c100214/201806/ecb84f664d79414c80e505166f8fa783.shtml.

[15]中国档案.西安市档案馆举办纪念国际档案日宣传活动[EB/OL].(2019-06-10)[2022-03-31].http://www.chinaarchives.cn/2019/0610/123865.shtml.

[16]中华人民共和国国家档案局."上海先行·档案记录"宣传系列活动正式启动[EB/OL].(2014-05-22)[2022-03-21].http://www.saac.gov.cn/news/2014-05/22/content_48003.htm.

[17]中华人民共和国国家档案局.重庆档案进社区助居民找记忆[EB/OL].(2017-06-20)[2022-03-21].http://www.saac.gov.cn/daj/c100250/201706/b8acd97b0b95416e986ba766061d3c02.shtml.

[18]中国档案.北京市平谷区档案馆启动"抗战老兵"口述征集工作[EB/OL].(2020-06-09)[2022-03-21].http://www.chinaarchives.cn/2020/0609/127654.shtml.

[19]中国档案.北京市档案局、档案馆举办国际档案日系列宣传活动[EB/OL].(2019-06-13)[2022-03-31].http://www.chinaarchives.cn/news/china/2019/0613/123907.shtml

[20][23]周拯民.档案话百年开局谱新篇——2021年"国际档案日"系列宣传活动综述[J].中国档案,2021(6):38-39.

[21]中国档案.北京市开展国际档案日系列宣传活动[EB/OL].(2020-06-08)[2022-03-31].http://www.chinaarchives.cn/news/china/2020/0608/127641.

shtml.

[22]中国档案.南宁市总结国际档案日宣传活动工作情况[EB/OL].(2018-07-19)[2022-03-31].http://www.chinaarchives.cn/2018/0719/121043.shtml.

[24]中华人民共和国国家档案局.档案全媒体矩阵全网浏览量突破5000万福建漳州市委书记邵玉龙批示肯定市档案馆宣传工作[EB/OL].(2020-07-14)[2022-03-31].http://www.saac.gov.cn/daj/c100214/202007/03228e3d4ce84635a19f28f96f4f5eaf.shtml.

[25]中华人民共和国国家档案局.部分省、市档案部门"国际档案日"特色宣传活动[EB/OL].(2018-06-29)[2022-03-31].http://www.saac.gov.cn/daj/c100346/201806/ae3fe625e8814f2ab26c1e9d2031142e.shtml.

[26]徐拥军,李孟秋.再论档案事业从"国家模式"走向"社会模式"[J].档案管理,2020(3):5-9.

[27]马智鑫,刘东红.试论档案服务社会化的内涵、主体和范围界定[J].云南档案,2009(6):44-46.

[29]中国档案资讯网."峥嵘七十年 浦东绘传奇"纪念上海浦东解放70周年档案史料展亮相[EB/OL].(2019-09-11)[2022-03-31].http://www.zgdazxw.com.cn/news/2019-09-11/content_289402.htm.

文化大数据背景下红色人物档案资源开发中的知识图谱应用研究

韩瑞雪

郑州航空工业管理学院

摘　要：领域知识图谱构建是实现红色人物档案资源深度关联，提升知识资源建设与服务效能的重要方法。红色人物档案领域知识图谱构建应完善实施条件，明确实施原则。在构建流程上，红色人物档案领域知识图谱构建包括数据获取、本体构建、知识抽取、知识融合、知识更新与存储应用。

关键词：知识图谱；本体；红色档案；档案资源建设；档案服务

1 研究背景

加强文化大数据体系建设，打通文化和科技融合的"最后一公里"，是新时代我国文化建设的重要战略，也是满足人民日益增长的美好生活需要的一项重要工作[1]。红色档案作为重要的信息资源和独特的文化宝库，蕴含中国共产党在革命、建设和改革中形成的光荣传统、优良作风和宝贵经验。加快全面数字转型和智能升级，积极探索知识管理、人工智能等技术在档案信息组织和利用中的应用是"十四五"时期档案事业发展的重要任务[2]。知识图谱是以结构化形式描述客观世界中的概念、实体及其关系，以更好地管理、组织和理解海量信息的技术方法[3]。相比传统案卷级、文件级的档案信息组织和利用，知识图谱能将档案资源转化为计算机可理解的语义信息，实现强关联、细粒度的知识表达与可视化呈现，有力支撑档案智慧服务。

当前，知识图谱前沿技术和领域实践快速发展，网络本体描述语言（Ontology Web Language，OWL）、资源描述框架（Resource Description Framework，RDF）、图数据库（Graph Database）等应用基础不断丰富，《信息与文献　文化遗产信息交换的参考本体》（GB/T 37965—2019）、《新闻出版　知识服务　知识资源建设与服务工作指南》（GB/T 38382—2019）等相关标准陆续发布，科技档案、口述档案和文化遗产档案等领域的知识图谱研究逐渐增多。在名人档案领域，推进知识共享与交流，实现数据化转型已成为实践发展的重要取向，实现档案资源的有效管理和知识挖掘[4]、加强名人档案数据知识化处理[5]等研究持续进行，然而具有基础支撑作用的知识图谱应用性研究仍较为缺乏，档案资源未能有效整合[6]、开发形式较为单一[7]及资源内涵挖掘不充分[8]等普遍问题亟待解决。红色人物档案领域知识图谱是以红色人物档案管理细分领域为对象而构建的行业知识图谱，既可面向特定群体领域，综合红色人物档案管理机构所藏资源进行定制，也可针对某个红色人物档案的管理活动而实施。本文围绕知识图谱在红色人物档案资源开发中的通用应用路径，探讨了红色人物档案领域知识图谱构建准备与实施方法，以期为相关研究提供借鉴。

2 研究现状与理论基础

2.1 红色档案资源开发有关研究

近年来红色档案资源的开发利用引起了广泛重视，许多学者对该领域进行了深入研究。宏观上，相关研究从全局视角出发，对红色档案资源开发的现状、意义、必要性及开发路径进行了探索。如薛芳[9]从开发理念、服务方向、开发模式及红色产品等方面分析如何在红色档案资源开发中体现其人民性，为档案资源开发利用提供了新思路。微观上，相关研究从局部视角出发，选择某一领域或某一群体，结合特定环境探寻其利用和服务方式。如王向女等[10]以长三角地区红色档案资源为例，从大众参与、跨界融合、多方传播和协同共建四个层面提出"互联网+"背景下红色档案资源开发和利用的新方向。现有研究为厘清红色档案资源开发思路提供了理论基础，有助于开阔思路。

2.2 知识图谱研究现状和理论基础

2.2.1 知识图谱研究现状

知识图谱自 2012 年由谷歌提出并成功应用于搜索引擎后，逐渐受到国内外学者和实践界的广泛关注，其中，知识图谱构建通用方法及领域应用是核心议题。在通用方法上，徐增林等[11]分析了知识获取、知识表示、知识融合、知识推理等知识图谱关键技术及其在智能搜索、深度问答等应用策略；任飞亮等[12]分析了以文本为数据源进行本体构建研究的国内外研究现状，梳理了有关技术内容与发展方向；袁满等[13]强调了语义标准化在知识图谱应用的重要意义，并融汇了国内外相关领域的标准词汇表，构建了标准体系模型。

在领域知识图谱应用上，陈涛等[14]将知识图谱应用于数字人文研究，构建了中国历代人物传记资料库的关联数据平台；郭雪薇[15]立足档案数据特点和著录标准，分析档案知识图谱本体构建和知识抽取等流程和方法；雷洁等[16]从科研档案特点出发，在对科研档案管理模式进行知识描述的基础上，分析了知识图谱构建的具体方法和应用场景；赵雪芹等[17]分析了非遗档案资源知识图谱构建的适应性和框架流程；刘靖昌等[18]认为知识图谱构建将有效挖掘档案知识，提升城市轨道交通企业档案利用服务水平。已有研究彰显了知识图谱在档案信息组织中的方法优势，探索了应用方法，为红色人物档案领域知识图谱研究提供了重要参考。

2.2.2 知识图谱理论基础

知识图谱本质上是抽取来源数据中的概念、实体和关系，形成结构化的语义知识网络。在实现逻辑上，知识图谱可分为模式层和数据层。模式层侧重知识建模，通过运用本体方法对来源数据进行逻辑化、体系化的处理，提炼知识结构，描述概念体系，并借助本体对公理、规则等约束条件，规范数据层的事实表达。数据层由一系列事实组成，按照模式层的知识本体，对来源数据进行实体、关系和属性识别，对发现的知识进行融合、更新，最后以 RDF 数据模型、图数据库等形式存储和应用。在构建过程上，知识图谱有自顶向下和自底向上两种构建方式。自顶向下是指预先定义好本体和数据模式，再将实体加入知识库。该方法需利用现有的结构化知识库作为基础，如美国软件公司 Metaweb 开发的大型知识库 Freebase 即以维基百科作为主要来源。自底向上是从开放数据中提取实体、属性和关系，加入数据层，并通过归纳组织，抽象为概念，最后形成模式层，如谷歌创建的 Knowledge Vault 知识库，利用算法自动采集网络信息，再通过机器学习将数据转化为知识。随着知识抽取与加工技术的不断成熟，自底向上或两者结合的方法应用趋于广泛，红色人物档案领域知识图谱构建可根据目标任务及外部知识库条件，在人工干预的基础上，综合两类方式实施。

3 红色人物档案领域知识图谱应用准备

3.1 完善知识资源建设

3.1.1 知识资源建设的基本条件

开展红色人物档案知识资源建设需明确建设的基本条件，在组织保障和标准规范的有力支撑下，制定红色人物档案知识资源建设战略规划，建立红色人物档案知识资源建设资金保障体系，形成红色人物档案知识资源的版权管理机制和实施团队，构建满足红色人物档案知识资源建设的软硬件设施，构筑规模化和专业化的内容资源基础，研发和应用知识关联、知识计算等相关技术，开发红色人物档案的知识服务产品，完善红色人物档案资源开发的运营体系，实现红色档案资源的合理配置和使用，提升其资源价值和知识服务水平。红色人物档案知识资源建设基本条件见如图 1 所示。

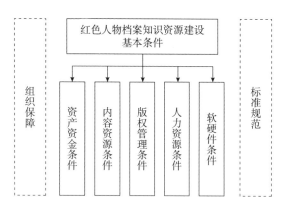

图 1　红色人物档案知识资源建设的基本条件

3.1.2　知识资源建设的基本流程

第一，知识资源准备。以资源数字化加工、资源交换、资源购买、用户生产内容提取、知识体系建设、知识重组等方式，获得所需的内容资源，并通过知识化加工得到知识资源。

第二，知识资源组织。知识资源组织是指对知识资源进行分类并生成词汇表。主要有以下三种：①基于知识分类或学科的知识资源组织，根据学科体系，构建知识元并对其进行规范化描述；编制主题分类词表，在此基础上构建知识体系，围绕知识体系对知识资源进行组织。②基于行业或场景应用的知识资源组织，围绕特定行业或特定场景的实际需求，对知识资源进行组织。③基于特定用户的知识资源组织，根据应用场景需求，对相关知识资源进行重组、聚合和关联。

第三，知识关联。在遵循目的性原则、多样性原则及规范性原则等前提下，按照相关度、关联方法和领域范围等维度确定知识关联类型的划分标准（如学科关联、档案外部特征关联、同概念关联等）进而构建、表达并发布知识关联。

第四，知识计算。针对知识资源建设过程中的知识获取、知识关联、知识学习开展实例计算、属性计算、关系计算，使大数据环境下产生的海量碎片化的数据进行自动、实时的结构化、体系化组织，对知识进行深度语义关联。

第五，形成知识图谱。构建基于特定领域的用于展示学科知识核心结构，发现历史、前沿领域及整体知识架构的知识领域映射图。

3.2　明确实施原则

第一，项目建设原则。知识图谱构建对红色人物档案管理机构而言是一项新的信息化工程，为保证其顺利实施，减少重复投入，应首先确定项目建设原则。一是需求导向、应用牵引。知识图谱构建多以服务场景为聚焦，以资源禀赋为基准，以平台建设为载体，故在规划阶段应聚焦红色人物档案资源的特色优势和发展瓶颈，挖掘应用场景，明确技术需求，同时从档案机构技术能力和现有数字档案馆平台条件出发，适配应用需求。二是资源整合、集成管控。知识图谱构建是数据、信息和知识的有效整合与集成创新，故在实施过程中，既应做好多源异构档案资源的规范化整合，消弭机构内外部"信息孤岛"，还应注意红色人物档案管理与趋势性知识管理的差异及协同策略，明确以"卷/件"和以"知识"为单元的组织利用在效率提升、合规审计、互操作权限上的优势与风险，建立科学的集成管理模式。三是循序渐进、人机协同。知识图谱构建涉及知识元数据、标准规范、技术、需求和专家知识等要素，这些要素的综合性很强，且各自成熟度、相互匹配度也具有易变性，这就要求在实施过程中，既要秉承循序渐进原则，加强成熟度评价，根据先易后难、由点及面、由粗到细的思路分步建设，又要在机器自动处理、知识计算和人工概念分类、标准设置、样本标注、反馈控制等方面，加强数据驱动和人为干预的协同，提升知识图谱构建质量。

第二，本体构建原则。形成领域本体是档案领域知识图谱构建的中心工作，根据学界对本体构建原则的一般认识[19]，红色人物档案领域知识本体构建应遵循以下原则：一是明确性原则，即在构建知识本体时，应尽可能使用领域专业术语，对所获取档案数据中的概念及概念关系给出明确定义和描述。二是完整性原则，即提升本体构建过程中红色人物档案资源对象来源、数量和种类的丰度，提升知识关联关系的多样性。三是一致性原则，指在领域知识本体构建过程中要保证其定义与本体推理结果的一致。四是可扩展性原则，即向领域知识本体中添加通用或专用术语时，可适当丰富和扩展，不需要修改其已有的内容。五是最小编码偏好原则，即本体的概念体系应建立在知识层面，不过于依赖符号层面的处理。六是最小本体承诺原则，即本体构建过程中尽可能减少约束声明，允许各方相对自由地根据需要专门化和实例化本体，方便未来跨领域、跨专业共享。七是可管理性原则，即对构建的本体应建立知识产权、使用权限等必要的管理机制。

4 红色人物档案领域知识图谱应用实施

4.1 红色人物档案领域数据获取

数据获取指立足红色人物档案资源条件，通过数据源管理和采集方法应用，获取红色人物档案领域知识图谱应用的有效数据。

在数据源管理上，综合各类业务系统、外部知识库等数据是档案知识图谱研究的基本认识[20][21]。红色人物档案领域知识图谱构建包括数字档案馆系统数据，爱国主义教育基地、中国共产党精神谱系、中国第二历史档案馆等外部平台数据，知识样本较多的维基百科、百度百科等外部知识库、网络动态数据，以及红色资源保护条例、实景信息、口述史料、研究资料等数据源。获取数据前，应围绕目标，做好数据源调查研究、摸清资源特色内容、利用情况、开放程度和使用权限，掌握资源结构化、半结构化、非结构化等数据特点及存储媒介、数据格式等。并且，以 PDCA 循环思路，边获取边检查边调整，将握数据源的数据特征和时空分布不断调整来源范围，提升数据获取质量。

在数据获取过程中，应根据不同数据源，针对性地选择数据采集方法。一是通过 API 接口、中间数据库等方式获取数字档案馆系统数据及外部相关平台数据；二是通过 Python 爬虫等技术工具采集外部知识库、网络动态数据；三是通过三维扫描、多媒体采集等方式获取红色人物的故居实景信息、口述史料、声像档案。此外，数据采集时还应注重数据预设的知识结构、处理规则等的获取，保证数据的真实性、一致性、可靠性、可用性和可追溯性。

4.2 红色人物档案领域本体构建

领域本体是以基本词汇表对领域现象的形式化表达，是知识图谱模式层构建的主要对象。红色人物的"红色"本质体现在何处，应根据实施原则，结合红色人物档案领域特点，确定本体构建思路和方法。

究其"红色"本质，其实和红色人物的学习、生活和工作经历密不可分，尤其是在条件极其困苦的情况下仍坚持迎难而上、艰苦奋斗。考虑到不同红色人物所涉及的领域方向和重要经历较为复杂，因此，为充分揭示红色人物的优秀品质和红色文化，在本体构建思路上，应按照循序渐进、人机协同的原则，运用"骨架法""七步法"等方法，对本体来源和范围进行分析处理，揭示、定义红色人物档案领域实体、实体属性及相互关系，优化知识结构，建立侧重档案凭证价值描述的档案本体，及偏向档案情报价值描述的学科本体，并在知识融合阶段形成完整的红色人物档案领域本体。

在档案本体设计上，应以红色人物档案有关术语和资源描述规范为基础，梳理知识要素，建立核心概念模型和编码集合，形成红色人物档案本体模型。以《信息与文献　文件管理过程　文件元数据　第1部分：原则》（GB/T 26163.1—2010）、《照片类电子档案元数据方案》（DA/T 54—2014）、《录音录像类电子档案元数据方案》（DA/T 63—2017）、《文书类电子文件元数据方案》（DA/T 46—2009）和《新闻出版知识服务知识资源通用类型》（GB/T 38380—2019）为依据，形成包含事实本体、数值本体、概念本体、原理本体和技能本体的5类本体，拥有参与、组成、建立、管理、承担和体现等实体关系及相关元数据项的红色人物档案本体模型。借鉴《信息与文献　文化遗产信息　交换的参考本体》（GB/T 37965—2019）和《智能城市 领域知识模型 核心概念模型》（GB/T 36332—2018），通过网络数据检索和关键词分析，结合自顶向下和自底向上两种方式，建立事实型知识、数值型知识、概念型知识、原理型知识、技能型知识等领域实体概念，明确实体属性和关系，并借助 Protégé 编辑器形成该领域科本体模型。红色人物档案领域本体的实体概念示例（部分）如图2所示。

图2　实体概念示例

4.3 红色人物档案领域知识抽取

知识抽取指根据领域本体，抽取数据源的实体、关系和属性，并将其存储于红色人物档案领域知识库。

实体抽取强调综合人工提取和命名实体识别技术，识别数据源特定实体。如抽取"焦裕禄"的人物名称、主要成就等。关系抽取是识别两个或多个实体之间的语义关系，如"人物—参与—某个事件"，针对自然语言的歧义性和模糊性，关系抽取通常先由人工预先设置一定的实体关系类型作为训练集，再使用监督、半监督等机器学习方法提升召回率。属性抽取指采集特定实体的属性信息，如人物的性别、政治面貌等，可采用基于规则或启发式算法等属性抽取方法实现[22]。

红色人物档案数据包括结构化、半结构化和非结构化三种，针对存储在关系数据库中的结构化数据，可采用键值来获取对应的信息[23]，也可使用 D2R 工具将结构化数据映像到 RDF 数据模型[24]。针对 XML、百科类网站等数据源中的半结构化数据，使用 XSPARQL、Datalift 等工具[25]，将半结构化数据转化为 RDF。针对红色人物档案中大量存在的照片、声像等非结构化数据，可应用文字识别、图像特征提取、音视频词汇提取等识别技术，进行格式转换、机器识读、人工校正及人机协同标引，将其转化为结构化数据，再实施知识抽取。此外，还应关注隐性知识抽取，如以结构化知识模板记录对红色人物亲属的访谈，并提炼 RDF 三元组元素。

4.4 红色人物档案领域知识融合

知识融合是建立异构本体或异构实例的有机联系，实现知识表达统一化的过程，是解决红色人物档案领域知识图谱概念歧义、知识冗余和解释错误等问题的有效途径。

知识融合有本体对齐、实体对齐、属性融合等不同表述，可归为模式层的本体匹配和数据层的实例匹配两类。本体匹配是本体间的融合，如处理获取的网络数据和实际档案的记载不相符而导致的本体不同；消除档案本体与学科本体中对相似关系实体的不同设计等。本体匹配常使用集成和映射方法解决，前者是将多个本体合并为一个本体，后者是建立本体间的映射规则。根据红色人物档案领域本体构建思路，本体匹配是两类方法的结合，即将从不同数据源、兴趣点而来的各类档案本体、学科本体充分集成，并建立映射关系，形成一个更趋完整的红色人物档案领域本体模型。实例匹配包括实例链接和消歧等任务，如规范"主要成就、所获荣誉、精神品质"对多个实例的链接，消歧同一个地理坐标对两个不同历史事件的标识。实例匹配主要通过基于相似度计算、基于规则或学习的匹配方法及人工抽检实现。

4.5　红色人物档案领域知识更新与存储

知识更新是应对红色人物档案领域数据源、知识内容不断变化而实施的管理方法，涉及模式层和数据层更新。

模式层更新指红色人物档案本体更新，通过删减、增加或重新定义有关概念及概念关系实现。如根据征集、鉴定、整理得到红色人物档案或材料及时对人物相关概念进行填充。数据层更新指调整红色人物档案领域本体所存储的实体、关系和属性值。如根据机构改革结果，更新某个红色人物档案管理机构的隶属关系。在知识更新中，应使用准确率、精确率、召回率等指标对已构建的知识图谱进行评价，调整更新策略。

知识更新可由机器实时监控、识别，再以人工审核的方式完成，也可以借助知识众包模式，将机器不擅长而人擅长的任务交由用户完成，以提高本体构建、知识获取和精化的效率。最后进行存储和应用，红色人物档案领域知识图谱的可选存储手段包括面向 RDF 的三元组数据库，及 Neo4j、JanusGraph 等图数据库。在应用上，根据不同任务目标的构建成果，知识图谱可被用于红色人物档案知识服务中的智能搜索、个性化推荐和知识问答等，也可借助多媒体技术，根据特定群体需求，提供红色人物在线教育服务。

5　结语

红色人物档案记录了英模人物的感人事迹和光荣历程，是保护传承红色文化、发扬民族精神的重要载体。做好红色人物档案资源建设与知识服务具有重要的现实价值和历史意义。本文以实现知识资源深度关联为目标，基于知识图谱构建框架和档案领域应用基础，分析了红色人物档案领域知识图谱构建的通用方法。未来研究还应持续加强红色档案领域知识图谱构建标准规范及细分专门领域探索，并围绕相关应用场景实施开发和验证。

参考文献

[1] 中华人民共和国中央人民政府网.科技部等六部门印发《关于促进文化和科技深度融合的指导意见》的通知[EB/OL].(2019-08-27)[2022-3-15].http://www.gov.cn/xinwen/2019-08/27/content_5424912.htm.

［2］本刊讯.中办国办印发《"十四五"全国档案事业发展规划》［J］.中国档案,
2021(6):18-21.

［3］中国中文信息学会语言与知识计算专委会.知识图谱发展报告(2018)［R/
OL］.(2018-08-16)［2022-3-15］.https://doc.mbalib.com/view/a0c612c207b
2a05020de45c5fde9a147.html.

［4］黄永勤,黄丽萍.名人档案知识地图设计研究［J］.浙江档案,2015(7):6-9.

［5］［21］孙鸣蕾,房小可,陈忻.数字人文视角下名人档案知识图谱构建研
究——以作家档案为例［J］.山西档案,2020(6):79-88.

［6］［8］熊伊凡,陈艳红.基于图情档协作的红色档案资源开发利用研究——以
雷锋档案为例［J］.图书馆,2021(9):92-96,102.

［7］聂华念.爱国主义视角下红色档案的开发路径［J］.档案管理,2021(6):
11-12.

［9］薛芳.新时代红色档案资源开发服务的新路径——基于以人民为中心的视
角［J］.档案管理,2022(2):62-63.

［10］王向女,姚婧."互联网+"时代长三角地区红色档案资源开发与利用的新
方向［J］.档案与建设,2020(8):4-8.

［11］徐增林,盛泳潘,贺丽荣,等.知识图谱技术综述［J］.电子科技大学学报,
2016(4):589-606.

［12］任飞亮,沈继坤,孙宾宾,等.从文本中构建领域本体技术综述［J］.计算机
学报,2019(3):654-676.

［13］袁满,褚冰,陈萍.知识图谱构建中的语义标准问题研究［J］.情报理论与
实践,2020(3):131-137.

［14］陈涛,刘炜,单蓉蓉,等.知识图谱在数字人文中的应用研究［J］.中国图书
馆学报,2019(6):34-49.

［15］［23］郭雪薇.档案知识图谱构建技术研究［D］.北京:中国电子科技集团
公司电子科学研究院,2019:11-27.

［16］雷洁,李思经,赵瑞雪,等.面向科研档案管理的知识图谱构建与应用研究
［J］.数字图书馆论坛,2020(5):8-15.

［17］赵雪芹,路鑫雯,李天娥,等.领域知识图谱在非遗档案资源知识组织中的
应用探索［J］.档案学通讯,2021(3):55-62.

［18］刘靖昌,李杨.知识图谱技术在城市轨道交通企业档案数字化的初探［J］.
城市轨道交通,2021(7):44.

［19］GRUBER T. Towards principles for the design of ontologies used for knowledge
sharing［J］. International Journal of Human-Computer Studies,1995(5):907-928.

[20]王电化,钱涛,钱立新,等.面向档案的知识图谱构建方法研究[J].湖北科技学院学报,2020(1):128.

[22][25]刘峤,李杨,段宏,等.知识图谱构建技术综述[J].计算机研究与发展,2016(3):588-591.

[24]Chang Q,Xu S,Zhou Y,et al.Linked Data Platform D2R[J].Communications in Computer & Information Science,2013,406:11-22.

档案馆红色文化建设途径的研究

王力明　吕荣波

湖北省襄阳市襄州区档案馆

摘　要：档案馆应发挥红色资源优势，加大开发利用的力度，挖掘档案中的红色文化，从多角度开发利用，服务红色文化建设。通过决策、管理、技术、人员、宣传层面的途径，对档案红色资源进行开发利用，要整体把握，做好规划，选择最佳的路径，使之充分参与红色文化建设。

关键词：档案；红色文化；建设；途径；研究

0 引言

新形势下，档案馆应发挥红色资源优势，加大开发利用的力度，挖掘档案中的红色文化，从多角度开发利用，服务红色文化建设。要通过档案中红色文化的辐射参与红色文化建设，传递正能量，体现出红色文化潜能和教育功能。为在党史教育、主题党日教育、爱国主义教育、红色旅游等方面发挥档案在红色文化建设中的作用，档案红色资源的开发利用应该做好整体把握与规划，选择最佳的路径，使之真正、充分地参与其中。

1 红色文化的概念

中共一大播下了中国革命的火种，开启了中国共产党的跨世纪航程[1]。红色文化的起点是中国共产党早期创建和中共一大的召开，红色文化代表着中国共产党和共产党人坚定理想、百折不挠、立党为公、忠诚为民的奋斗精神和奉献精神。

1.1 红色文化概念

红色文化是指中国共产党领导下中国人民在新民主主义革命时期、社会主义建设时期和改革开放以来创造的优秀文化。新民主主义革命时期的文化是红色文化的主流；社会主义初级阶段先进文化是红色文化的传承、丰富与发展。红色文化是本土化与创新化，是兼收并蓄和与时俱进的统一，具有印证历史、传承文明、开发利用和政治教育等多重价值[2]。因此，红色文化是中国共产党领导中国人民在革命、建设、改革进程中创造的以中国化马克思主义为核心的先进文化[3]。它是在实现民族独立和人民解放过程中凝聚形成的，是运用马克思主义同中国的具体实际相结合而产生的一种理想信念和精神品质，是实现中华民族伟大复兴的精神力量。红色文化在形式与内容上有着特定的物质载体与丰富的精神内涵，是在革命战争年代，由中国共产党人、先进分子和人民群众共同创造并极具中国特色的先进文化，蕴含着丰富的革命精神和厚重的历史文化[4]，是中国人民在长期的革命实践中不断地选择、融化、重组、整合中外优秀文化思想的基础上所形成的特定文化精神和文化形态[5]。

1.2 红色文化特点

红色文化呈现出五大特点：一是革命性，它是红色文化之根。革命是红色的本质，体现出中国共产党的革命精神。革命精神是中国共产党在领导人民开展革命斗争和建设中所体现出来的追求真理、勇于开拓、乐观向上、坚韧不拔、自力更生、艰苦奋斗、不怕牺牲、勇于斗争和勇于胜利的革命思想风貌[6]。二是先进性，它是红色文化之源。历史证明，中国共产党始终代表中国先进文化的前进方向，引领先进文化发展，因此红色文化具有先进的文化特性。三是民族性，它是红色文化之脉。红色文化是以马克思主义为指导并植根于中华民族优秀传统文化之中的一种民族新文化[7]，它是中华优秀文化，具有民族特征。四是人民性，它是红色文化历久弥新之法宝。人民性是红色文化的本质属性，体现了马克思主义人民群众观，体现了"一切为了人民"的文化价值，蕴含着以人民为中心的文化价值的追求。五是时代性。红色文化具有与时俱进之生命力，各个时期产生了具有代表性的革命精神，如红船精神、井冈山精神、长征精神、延安精神、西柏坡精神、大别山精神、雷锋精神、大庆精神、北大荒精神、"两弹一星"精神等，革命精神、红色基因一脉相承。

1.3 档案的红色文化

我国档案馆数量众多，其馆藏有海量红色档案资源。与红色文化相对应的反映革命的理想、信仰、思想、道德规范、价值观念体系的档案，将其按时间分类，可划分为中华人民共和国成立前与中华人民共和国成立后的档案：一是中华人民共和国成立前革命历史档案，是指 1921 年 7 月至 1949 年 10 月 1 日这个时间段所形成的档案。这部分档案是档案馆红色文化的重要组成部分，其内容主要有中国共产党领导的机关、组织和个人在各种对敌斗争和政治活动中所形成的、具有保存价值的各种文字、图表、声像、实物及其他各种形式和载体的历史记录。二是中华人民共和国成立后各全宗档案，主要是蕴含红色文化的重要会议、重大事件、重要人物、重要运动及革命遗址等档案，反映中国共产党各个时期取得的成就、重大政治运动等。将其按内容分类，可划分为文书档案和专业档案：一是文书档案，主要内容是各种会议、通知、通告、指示等文件。二是专业档案，如土地改革档案、烈士档案、劳模档案、抗洪抢险档案、抗疫档案、工业档案、创建文明城市档案等，以及涉及反映社会主义核心价值观内容的档案。将其按收藏种类分，可分为档案和档案文献。其中，档案文献主要是指由中国共产党机关和根据地所出版发行的各种文献资料，包括党的领袖著作，各根据地的书籍、报刊、口号标语、党组织各时期的决议，老一辈革命家的回忆录、口述档案、口述历史、人物年谱等各种文字史料及影像资料。

2 档案资源在红色文化建设中的背景

档案部门要努力让档案中的红色文化"活"起来，"响"起来，"热"起来，"火"起来。这些档案记载、见证了中国共产党诞生、成长、奋斗、发展、壮大的辉煌历程。为了让这些红色记忆从档案馆藏中释放出正能量，彰显红色文化，传承红色基因，应系统研究，做好规划，精准开发利用。

2.1 档案资源是红色文化建设前提

开展红色文化建设是坚定文化自信，建设文化强国的重要措施之一，对于弘扬革命精神，开展爱国主义教育，培育社会主义核心价值观，实现中华民族伟大复兴的中国梦，具有重要的现实意义和深远的战略意义。

习近平总书记在浙江工作时曾指出："……档案工作是一项非常重要的工作，经验得以总结，规律得以认识，历史得以延续，各项事业得以发展，都离不开档案。"中国共产党领导中国人民进行革命和建设的历史，很多都以档案形式载入史册。我国的大部分档案馆是 20 世纪 50 年代成立的，许多档案馆收藏有革命历史档案、革命遗址普查档案、党史档案、方志档案、地名档案、烈士档案、劳模档案、名人档案等，包含报刊、文件汇编、书信、字画、印章、票证、地图、图书及具有地方特色的各种载体。这些档案资源是档案馆红色文化开发建设的前提，如中共中央档案馆收藏的《新青年》《觉悟》《新潮》《湘江评论》《通信集》等档案文献；1919年9月，李大钊的《我的马克思主义观》；1921年7月23日中共一大在上海召开，形成的《中国共产党纲领》和《关于当前实际工作的决议》（俄文版）；《毛泽东同志报告》（1929年2月28日）；1930年，李卓然翻译的《步兵战斗条例》；《通令》（1935年1月8日红军进入遵义城发布）；1935年10月，陈云的《在共产国际执行委员会书记处会议上关于红军长征和遵义会议情况的报告》和《遵义政治局扩大会议传达提纲》等；地方档案馆收藏的革命斗争和革命领导人内容的档案等。对这些档案的利用，比如仿真复制品展示，是以馆藏档案为基础的。所以，要挖掘好、利用好档案，传承好、建设好红色基因。

2.2　档案资源是红色文化建设条件

2000年以来，许多地方开展了红色旅游研究，同时开展红色文化的建设，以促进红色旅游开发，发展红色旅游经济；在红色旅游方面，同时开展爱国主义教育和党史教育、中国革命史教育。各地开展主题党日活动，广大党员到党史教育基地、爱国主义教育基地参观学习，接受教育，为开发利用档案资源、服务红色文化建设创造了条件。重要历史事件、重要党史人物活动纪念地、重要革命遗址、革命领导人故居和旧居建设及展览陈列，都离不开档案。如中共中央军委在上海（1925—1933年）史料陈列展、云岭新四军军部旧址纪念馆、瑶岗渡江战役总前委旧址纪念馆、淮海战役总前委旧址纪念馆、红军北上先遣队纪念馆、刘邓大军千里跃进大别山前方指挥部旧址纪念馆、皖南烈士陵园、襄阳革命烈士陵园等，都利用了大量档案和档案文献，展示和重现了革命斗争的历史，对这些档案的开发利用，成为红色文化建设必不可少的条件。

2.3　档案资源是红色文化建设基础

档案资源是红色文化开发利用的基础，主要表现为三个方面：一是有门类齐全的档案。每个行政区域的档案馆有十万甚至几十万卷以上的档案数量，形成了结构合理、内容丰富、数量众多的档案馆藏体系，包含具有地方特色的红色资源。二是档案实现数字管理。对馆藏档案采取信息技术手段，实现档案全文管理和检索，可以大大增强红色档案资源开发利用的价值，提高开发能力和工作效率。三是资源利用应配备研究人员。面对红色文化建设的需求，档案馆应结合馆藏资源，有计划地组织调研、预测，快捷有效地利用档案的红色资源。与文旅部门结合，共享红色档案资源；与党史结合，促进党史编纂和党史教育；与文博和纪念馆、烈士陵园结合，扩展爱国主义教育内容；与广播电影电视部门结合，创作出主旋律的影视作品等。从而提出科学的、合法的红色资源开发利用建议，做到红色档案资源充分开发、共享服务，为红色文化建设决策服务。

3　红色文化建设的路径

开展红色文化建设，要从新视角审视创新档案中红色文化各个方面，突破传统思维的束缚，不断开拓红色文化建设新领域。要正确决策、宏观规划，制定红色文化建设的战略；立足本职，为国守史，资政育人，积极参与红色文化建设，服务红色文化建设。

3.1　决策层面，创新规划

创新理念，以在红色文化建设方面拥有一定的话语权。创新规划，将红色文化工作提升到文化建设的高度，扩展档案文化内涵，将红色文化与档案文化有机结合，促进档案的红色文化资源体系建设和红色文化利用体系建设，高质量建设红色文化、丰富红色文化、发展红色文化。将红色文化建设的成果融入文化建设的各个方面，发挥资政人功能，发挥红色旅游功能，发挥红色文化交流功能，发挥党史研究功能，不断创新红色文化建设的视角，促进档案开发利用新观念。

3.2　管理层面，履行职能

档案馆是收集、保管、利用文库的中心。2020 年修订的《中华人民共和国档案法》（以下简称《档案法》）规定："档案馆应当根据自身条件……开展有关问题研究，提供支持和便利。"档案中蕴含的红色记忆，是红色文化研究的第一手资料，具有强大的参与红色文化建设活动的能力。档案馆应主动将具有本地特色的档案融入红色文化建设活动中，制定服务于红色文化建设的规章制度，丰富红色文化内涵，打造红色文化品牌，推出红色文化精品；将档案中的红色文化融入人民群众的意识之中，增强红色历史厚重感，营造红色人文氛围；组织挖掘最具地方特色的红色文化，转化一系列红色文化产品，增强地方特色红色文化的影响力；从管理层面发挥红色文化作用，服务于红色文化的建设。

3.3　技术层面，开发资源

红色档案不仅具有文化价值，还具有红色文化价值。档案馆应站在红色文化的高度，将红色文化建设纳入档案工作范围，从党史研究的视角审视档案中革命斗争的各种记录；准确把握，及时收集，做好红色文化的知识储备；创新档案中红色文化的编研工作，形成一批高质量的红色文化编研成果，使档案中的红色文化走出馆藏，服务人民群众，服务社会各个方面，充分体现档案中红色文化的价值；发挥红色文化教育功能，通过传统的宣传途径和新兴的传媒技术等，弘扬红色文化，突出档案特色，再现红色记忆；增强人民群众的认同感和凝聚力，共同营造红色文化建设。

3.4 人员层面，提高素质

发掘和利用红色文化的价值功能，不仅有利于社会主义核心价值体系的实践，还对打造具有中国特色的红色文化具有重要的促进作用。开展档案中红色文化建设离不开一支高素质的档案干部队伍。档案干部是推动红色文化建设的主力军。档案馆应当配备研究人员，加强对档案的研究整理，有计划地组织编辑出版档案材料；提高档案干部的政治修养、思想道德素质、专业素质、人文素质等，让档案工作者既具备档案专业知识，又掌握红色文化专业知识；培养档案干部对档案中红色文化的感知能力和综合评估分析能力、熟悉中国革命历史、党史的能力、一定的历史考证和文字写作能力；有针对性地开展各种层次的培训学习，努力造就一批档案行业的知名学者和档案专家，提升服务红色文化高质量大发展的能力；运用多学科和多视角的系统工程，扩大视野面，将理论与实践相结合，为红色文化建设提供人才智力支持；创新开发利用，提高编研质量，主动提供红色文化产品，打造红色文化品牌。

3.5 宣传层面，传承红色文化

档案以丰富的红色文化内涵参与文化建设，这是红色文化建设的内在要求，也是档案工作的需要。《档案法》规定："国家鼓励档案馆开发利用馆藏档案，通过开展专题展览、公益讲座、媒体宣传等活动，进行爱国主义、集体主义、中国特色社会主义教育，传承发展中华优秀传统文化，继承革命文化，发展社会主义先进文化，增强文化自信，弘扬社会主义核心价值观。"充分发挥档案文化价值，大力营造红色文化的氛围，是参与红色文化建设的有效途径。档案馆应依靠爱国主义教育基地、党史教育基地、红色旅游景区、革命纪念馆、革命博物馆、烈士陵园等举办各种红色文化展览、红色档案文献展览，继承革命文化，宣传爱国主义；通过报刊、广播、电视等传统新闻传媒和网络新兴媒体，服务于红色文化建设，挖掘档案中的红色文化、革命史料、珍贵档案、特藏档案等，扩大红色文化传播的覆盖面；通过专题讲座、报告会、公益活动、"广场夜话"等形式[8]，把红色文化融入文化建设活动之中，让人民群众随时随地感受到红色文化的熏陶和心灵的启迪；向城市规划、城乡地理、旅游开发、党史人物研究等活动提供红色文化的编研成果，参与文化交流活动，不断拓展档案红色文化的发展空间，加大人民群众对红色文化建设的关注度；以多种渠道、不同层次深入挖掘档案中的红色文化所蕴含的思想观念、革命精神、理想信仰，结合社会主义核心价值观的要求，突出价值导向，将各种创新开发方法融入红色文化建设中；将红色文化宣传引进机关、学校、社区、企业；推出研究成果，普及红色文化精品；通过全方位宣传，让红色文化展现其永久魅力和时代风采，促进红色旅游的发展，推动红色文化教育工作等。

参考文献

[1]习近平.习近平谈治国理政(第三卷)[M].北京:外文出版社,2020:497.

[2]冯丽娟,秦尧.新时代红色文化传承的必要性与路径探究[J].边疆经济与文化,2019(5):59.

[3]刘润为.红色文化与中国梦[N].人民日报,2013-11-14(7).

[4]陈俊杰,王苗,李丞杰,等.浅析延安红色文化传播[J].产业文化,2018(14):4.

[5]杨宏伟,周艳芝,牛彦飞.西柏坡红色文化在打造河北文化强省中的优势和作用[J].党史博采(理论版),2014(5):44.

[6]王洁.红色旅游文化与少数民族地区红色旅游[J].贵州民族学院学报(哲学社会科学版),2008(4):97.

[7]马静,刘玉标.刍论红色文化的基本特征[J].理论导刊.2012(10):83.

[8]王力明,雷蕾.档案文化融入文化建设的途径探究[J].湖北档案,2014(6):31.

红色档案文化资源建构：溯源、理论与实践

胡卫国

江苏省档案馆

摘　要：红色档案是承载红色基因，凝聚红色精神，建构红色文化的重要载体。红色档案文化资源的建构源于红色文化，兴起于新民主主义革命时期，通过百年的传播盛行、传承复兴和文化建构，蕴含着独特的红色基因和胜利密码；红色档案文化资源的建构体现了档案资源开发的丰富多彩、全面和红色文化传播的与时俱进；红色档案文化资源的建构始终与时代同步，与人民同行，促进了民族的归属认同，为推动中华民族复兴提供了永恒的精神动力支撑。

关键词：红色档案文化资源；建构；溯源理论实践

0　引言

习近平总书记在参观中共一大会址和嘉兴南湖红船时讲道："我们是为了不忘初心、坚持真理而来，我们的初心、真理就蕴含在这些档案之中。"[1]百年来，从北大红楼到上海《新青年》杂志编辑部，从上海望志路（今兴业路）106 号到嘉兴南湖红船，从井冈山到古田，从瑞金到延安，从西柏坡到北京中南海丰泽园，构成了传承红色文化基因的独特红色档案文化资源。"讲好中国故事，展现真实、立体、全面的中国，提高国家文化软实力。"[2]习近平总书记在党的十九大报告中为档案文化资源开发建构指明了根本遵循。中华民族自古以来就以灿烂夺目、底蕴深厚、意境深远和博大精深的文化而著称于世。《易经》《尚书》《诗经》，以及楚辞、汉赋、唐诗、宋词、元曲、明清小说等建构了当今世界上唯一历经五千年没有断绝的文明，为中华文化乃至世界文化建构作出了无与伦比的贡献；而源起于建党百年光辉历程而兴盛的红色档案文化蕴含着"起来，不愿做奴隶的人们，把我们的血肉，筑成我们新的长城"的冲锋号角，"试看将来的寰

球，必是赤旗的世界"[3]的远大理想，"真理的味道非常甜"[4]的共产主义信仰，开天辟地、忠诚为民的红船精神，"革命者，站着死，不跪"[5]的坚贞不屈，"头可断，肢可折，革命精神不可灭"[6]的浩然正气，"未惜头颅新故国，甘将热血沃中华"[7]的牺牲精神，"宁可少活二十年，拼命也要拿下大油田"的大庆铁人精神，"一桥飞架南北、天堑变通途"[8]的自主创新精神，"太平世界、环球同此凉热"[9]的人类命运共同体理念，"俱往矣，数风流人物，还看今朝"[10]的人民英雄思想。所有这些，赓续了民族的血脉，凝聚了民族的灵魂，缔造了一个国家屹立不倒的精神根基，汇成了红色文化的本源，成为建构红色档案资源文化、砥砺奋进开拓未来的源头活水。红色档案文化资源建构主要发挥的是红色文化基因的传承，面对的利用主体是社会的各个方面。大力建构红色档案文化，使其在新的历史条件下焕发生机，是时代担当、历史命题。

红色档案文化资源的源头——红色文化，历史悠久。中国人的红色情结与生俱来，如红军、红都和红歌《太阳最红、毛主席最亲》等，它流淌在民族的血脉里，遗传在民族基因中。从历史上看，不同领域或学科从各自认知的视域为红色文化提供给养，久久为功地丰富着红色文化的基本内涵。传统档案理论认为，档案作为人类文明发展到一定历史阶段的文化产物，是各种文字、图像及声光电等不同形式载体的历史记录。随着人类文化和科学技术的进步，新的记录形式出现。红色档案是当代中国社会历史具有鲜明政治属性的记忆载体，其总体构建与革命历史的进程密切相关。而建构理论认为，文化建构是将物质层面、社会组织制度层面和社会群体精神层面的文化有机构结起来，其中精神层面的文化是建构的核心。红色档案文化资源建构的核心，是关乎红色档案里所深含的带有深刻革命进步意义的精神文化。借助新学科媒介，系统地爬梳剔抉红色档案文化资源建构的历史，厘清其历史必然逻辑理论发展脉络，探讨总结其实践方法，是红色档案文化资源开发建构的迫切理论诉求。

1 红色档案文化资源建构的溯源

当前对红色档案文化资源的开发方兴未艾，虽仍未对红色档案文化资源的概念形成统一明确的定义，但学术界普遍存在四点共识：其一，红色档案文化资源包括红色档案、红色资源、红色文化三个基本内涵。其二，广义的红色文化是指在世界社会主义运动历史进程中群体的物质和精神力量所达到的程度、方式和成果；狭义的红色文化则是指中国共产党领导人民在实现民族的解放与自由，以及在建设社会主义现代化中国的历史实践过程中凝结而成的观念意识形式。红色文化作为一种重要资源，包括物质和非物质两个方面。其中，物质资源表现为遗物、遗址等革命历史遗存与纪念场所；非物质资源表现为红船精神、井冈山精神、长征精神、延安精神和西柏坡精神等红色革命精神。其三，红色档案、红色资源和红色文化，虽然概念形式上有区别，但在本质内涵上有着密切的联系。红色档案、红色资源的源头在红色文化；红色文化又得益于红色档案、红色资源的传承、传播和发展。

红色档案文化资源的开发，就其建构来说，是动态的，它起于对红色文化基因的传承，其逻辑核心因子在于凝结红色档案中的红色文化精神。由此彰显了逻辑清晰、伦理规范、脉络分明的红色档案文化资源的建构特征。

1.1 逻辑肇始：两种认知 行为革新

红色档案来源于档案。而档案最初产生于中国先民的实践活动。远古时代的先民起初仅能靠语言、动作、表情或手势等表达思想目的和要求，单凭大脑来传递和储存信息，这种依托人类躯体实践活动的语言存在着不能远传、容易失真、难以恒久贮存备用和传诵的缺陷。于是，另一种先进的认知方式应运而生——以记录语言的符号系统来保存、传递信息，表达思想。经过上古时期的"结绳刻契"的漫长演变，到流传至今的文字的诞生，带来了人类文化活动的飞跃发展，使得人类的思想文化得以长久的保存、记录，并逐渐地发展到存储在馆阁等社会机构中。随着印刷和信息技术的发展，特别是电子计算机的发明，文化的传播实践由刻化向高层次的纸质文化、口述录音文化、影像文化演变，直至今天向数字化发展深层变革。这两种认知的融合发展又使中华民族孕育产生了独特的红色文化。无论是群体对红色的膜拜、行为方式的创新变革，还是群体对红色认知世界的广泛拓展，都不可抗拒地卷入红色档案文化资源的建构和变革之中，培育了多领域、跨行业和深融合的红色档案文化资源的革命性文化成果。

1.2 现实肇始：两种资源 多元主题

红色资源是我们党艰辛而辉煌奋斗历程的见证，是最宝贵的精神财富。红色血脉是中国共产党政治本色的集中体现，是新时代中国共产党人的精神力量源泉。这为红色资源的建构提供了根本遵循。

首先，红色资源主要以实体建筑形式构成，如北大红楼，中共一大、古田会议、遵义会议会址，革命历史博物馆、纪念馆、党史馆、烈士陵园和人民英雄纪念碑等。其次，红色档案是由档案部门建档保存的关于革命和建设历史的文件、记录及史料文献，包括红色人物和红色革命事件等。红色档案文化资源主题的建构直到 20 世纪 80 年代，才发端于对国外红色档案的引进介绍。通过检索期刊发现，1987 年王婧元发表的《苏联〈红色档案〉介绍》[11] 是中国最早关于红色档案文化的研究，虽然研究的对象是国外红色档案，但毕竟也是红色档案文化资源建构的滥觞；2001 年陆幸生发表的《上海绝密红色档案——中共党史文库的故事》[12] 开启了中国本土红色档案文化资源的建构，由此逐步掀起了对中国红色档案文化资源开发的建构浪潮。检索期刊发现，2011 年适逢建党 90 周年，核心期刊关于红色档案的有关论文达到前所未有的 16 篇；2021 年党的百年华诞，掀起了研究红色档案文化资源的高潮，尤其是关于应用新媒体技术建构红色档案文化资源传播的研究达到空前的高度。红色档案资源的主题呈现多元化的特征，按人物分，有红色人物，包括红色英烈，如杨靖宇、董存瑞、支前模范大辫子姑娘颜红英等；红色特工，如《永不消逝的电波》人物原型——红色特工李白；红色资本家——庄世平、荣毅仁等。按建筑分，有红色建筑，如红色丰碑、红色会址等；按功能分，有些不带"红色"的也是红色档案资源，如周恩来读书处、茅山新四军抗日根据地纪念馆等。

2 红色档案文化资源开发的建构理论

本文的"建"，指根据红色档案母体，有序开发、形成与时代共振的红色文化精神谱系等；"构"，是以各类红色档案资源种类为主体，构成红色文化的精神源泉，成为动力核心，形成红色文化母体，为红色档案文化提供参考规则。红色档案文化资源的建构理论逻辑需要探索红色档案文化资源的建构实质，在认清红色档案文化资源价值精神取向的建构理路的前提下，梳理其建构的理念，进而探讨其核心精神内涵的内在逻辑必然性。

2.1 理论之源：源于红色档案文化资源建构的意蕴

红色代表革命，是马克思最喜欢的颜色，也是 1864 年共产国际成立时的标志颜色[13]。《国际歌》中唱道："快把那炉火烧得通红，趁热打铁才能成功!"党组建的第一支军队叫红军，吃的是"红米饭"，开辟的第一个革命根据地在瑞金叫红都。红色文化说到底是革命文化，是中国革命历史文化中的红色寓意与马列主义中国化的社会革命历史和建设实践的有机融合，是中国百年革命和建设实践在不断选择、优化和整合中外革命文化精华的基础上所建构的特定文化形态。

红色档案文化资源作为建构的客体，是红色文化、社会主义文化和红色精神的物质载体，是党的理想信仰库、精神谱系库和力量源泉库，是红色精神的"基因库"、资政育人的"营养库"和舆论争战的"弹药库"，蕴含着"镌刻的红色基因"，直接见证了百年大党的开天辟地、新中国诞生的改天换地、改革开放的翻天覆地和新时代的惊天动地，真实地记录了党为人民谋幸福、为民族谋复兴的奋斗历程。所有这些，在红色文化建构上具有凝心聚力、赋能聚魂、汇聚磅礴威力的资源优势，对开展"四史"教育等有着事实胜于雄辩的逻辑理论。

2.2 现实之需：源于建构红色档案文化传播的担当

习近平总书记指出："用好红色资源，传承好红色基因，把红色江山世世代代传下去。"[14]开发不是机械地对档案资源进行囫囵吞枣的汇总输出，而是按照一定的思想理念和实际需要，以"榫卯"结构对档案资源文化进行系统的建构，从而创造出蕴含独特的红色文化基因的整体记忆。首先，作为开发的主体要明晰档案开发什么、如何开发，以及开发的动力旨意。从档案开发的脉络中，抽象出具有红色文化价值档案的开发建构观。其次，着眼开发红色档案文化遗产的建构观。红色档案文化遗产作为党、国家和人民的宝贵财富，真实记录了党领导人民群众的奋斗历程；随着国际意识形态领域的云谲波诡，很难独善其身，难免"忽然与万物迁化"[15]，必须面向现实、面向未来，与时代同步、与趋势同向，对红色档案文化进行系统的传承建构，使其历久弥新，具有时代感和感召力，与群体产生情感共振、思想共鸣，使红色基因渗进群体血液、浸入群体心扉。最后，着眼传播红色档案文化资源的建构观。红色档案文化资源作为一种民族文化遗产，民族的即是世界的。习近平总书记强调："要深刻认识新形势下加强和改进国际传播工作的重要性和必要性，下大气力加强国际传播能力建设，形成同我国综合国力和国际地位相匹配的国际话语权。"[16]红色档案文化资源建构是一个面向现实社会的不断优化的动态流程，要求红色档案文化资源在价值开发上不断创新以持续地沿着符合主流化、社会化和国际化的路径丰富、完善和发展，并代代延续，形成一种可以系统探究的传播记忆体系。

建构传播中国文化是时代命题，建构传播好中国文化是时代重任。英国前首相撒切尔夫人在《治国方略》里坦陈："中国出口电视机，而不是思想观念。"（China today exports televisions not ideas.）[17]意即中国只输出物质产品，但没有输出能够影响世界思想的精神文化。可见我国在建构红色档案文化资源国际化传播方面，任重而道远。

3　红色档案文化资源的开发建构实践

2021年6月9日，中办、国办印发的《"十四五"全国档案事业发展规划》明确要求："通过开发带动保护，更好发挥档案在服务国家治理、传承红色基因、建构民族记忆、文明交流互鉴等方面的独特作用。"为此，应加强运用新媒体数字化全息技术，创新开发建构方式，建构面向时代、面向未来的红色档案文化，讲好讲活红色档案故事，展示红色人物的理想追求、情怀担当，使之得以代代传承、世世弘扬，让红色基因成为群体前进的永恒精神动力。

3.1 聚焦为党护旗：建构节奏感强烈的叙事记忆

由镰刀和铁锤组成的红色党旗是党的理想信念象征和标志。党的旗帜指向就是红色档案文化资源开发的建构方向。这在逻辑上要求党不断提高政治判断力、政治领悟力、政治执行力，以高度的政治自觉引领建构党领导人民团结奋斗的红色记忆的叙事传播，把坚持为党护旗作为首要的职责贯穿于建构红色档案文化资源开发的始终。在党的百年华诞之际，中央档案馆联合中央广播电视总台新闻新媒体中心隆重推出了《红色档案——走进中央档案馆》百集微纪录片，以馆藏红色档案资源为依托，建构新媒体环境下跨界行业融合，生动再现档案珍藏的党始终秉承初心使命的故事，揭示了中国共产党之所以能、中国特色社会主义之所以好，在于马克思主义的旗帜行的逻辑密码。

3.2 聚焦为国立心：建构核心价值观显明的传播记忆

红色档案文化资源见证了社会主义革命和建设的发展史，凝聚着国家成长壮大的核心价值观，为建构红色文化精神体系提供了不可或缺的支撑。2018 年，为向新中国"两大奇迹"之一的工程、具有红色建筑文化特征记忆符号的南京长江大桥建成通车 50 周年献礼，由江苏省档案局牵头，联合江苏省政协文史委员会、中铁大桥局集团有限公司等多家单位共同组织建构南京大桥档案整体记忆数据库，使散存 50 多年的南京长江大桥档案实现整存，并举办"国家记忆·南京长江大桥档案文献展"，出版南京长江大桥口述史；同时，江苏省档案局与南京广播电视集团共同拍摄《国家记忆·南京长江大桥》5 集电视纪录片，在中央电视台"国家记忆"栏目播放。通过系统建构，较为完整地展示了红色建筑里程碑式的形象，向世界展示了自主创新核心价值的精神丰碑，让载有中国标志建筑的红色文化广为传播。该项目获全国档案资源开发利用一等奖，电视纪录片获第 29 届"中国新闻奖""国际传播奖"，为建构红色档案文化资源的传播进行了成功的探索。

3.3 聚焦为民铸魂：建构为战"疫"英雄立传的时代记忆

"惟有民魂是值得宝贵的，惟有他发扬起来，中国才有真进步。"[18]民魂是凝聚中国力量的精神纽带，是激发创新创造的精神动力。习近平总书记指出："一个国家、一个民族不能没有灵魂。"[19]文章为时而著。建构凝聚民魂的时代记忆是使命使然。2020年，面对突如其来的新冠肺炎疫情，江苏儿女踊跃驰援湖北抗疫。江苏省档案馆在全国率先开展"为英雄建档、让英雄留名"的活动，与《新华日报》《扬子晚报》等新闻媒介和医疗机构协作，并对接湖北相关部门，共同建构"江苏援鄂档案数据库云平台"，推出全国首部开放式大型全媒体档案《战疫·苏史记》，为2813名医护人员建立一人一档的数据库。不仅为未来留下了弥足珍贵的抗疫档案信息记忆，更是正本清源、守正创新，践行了人民至上、生命至上，人民是真正英雄的理念；"不假良史之辞，不托飞驰之势"[20]，让白衣英雄英名流芳，留传于后，让凝聚的民魂弘扬光大，成为推进复兴伟业的精神力量。

4 结语

红色档案文化资源建构有着深厚的多学科思想资源。在数字化全息传媒时代，传播方式发生重大变革，运用新媒体技术整合红色档案资源，是建构红色记忆的新进化常态；从初创始就受到现代哲学建构论的深刻影响，在强调红色档案文化资源建构与现代信息技术的有机结合的同时，要以传承红色基因为核心。无论是原生传统红色档案资源，还是各类全息技术数字化迁移的实践进步，都不可避免地引发红色档案文化资源的建构和演变，催化了新时代红色档案文化资源建构多领域、跨地区、跨部门和跨学科整合的档案资源开发的创新性成果。

参考文献

[1]习近平.在瞻仰中共一大会址和嘉兴南湖红船时的讲话[EB/OL].[2017-11-01].http://www.gov.cn/xinwen/2017-10/31/content_5235889.htm.

[2]习近平.讲好新时代的中国故事[N].光明日报,2017-12-20(8).

[3]李大钊.Bolshevism的胜利[M]//中国共产党历史系列辞典.北京:中共党史出版社,2019.

[4]习近平讲故事:真理的味道如此甘甜[EB/OL].[2017-11-02].http://cpc.people.com.cn/n1/2017/1102/c64094-29622443.html.

[5]范小燕.《光耀史册——中国共产党在江苏》百集微纪录片[J].档案与建设,2021(8).

[6]周文雍.绝笔诗[EB/OL].党员名句100句.人民网,中国共产党新闻,1997.

[7]赵一曼.滨江述怀[EB/OL].[2020-09-18]. https://www.sohu.com/a/

419174575_120053480.

[8]袁光,李扬.一桥飞架南北 天堑变通途——纪念南京长江大桥建成通车50周年档案资料选登[J].中国档案报,2018-12-24(4).

[9]毛泽东.念奴娇·昆仑[M]//公木.毛泽东诗词鉴赏.长春:长春出版社,1994:111.

[10]毛泽东.沁园春·雪[M]//公木.毛泽东诗词鉴赏.长春:长春出版社,1994:124.

[11]王婧元.苏联《红色档案》介绍[J].历史档案,1987(1).

[12]陆幸生.上海绝密红色档案——中共党史文库的故事[J].档案,2001(4).

[13]朱玲.[讲述]以"红"促"兴"[EB/OL].(2021-12-05)[2022-07-26].https://new.qq.com/omn/20211205/20211205A08CTY00.html.

[14]习近平.用好红色资源,传承好红色基因,把红色江山世世代代传下去[J].求是,2021-05-16.

[15][21](魏)曹丕.典论·论文[M]//陈振鹏,章培恒,主编.古文鉴赏辞典.上海:上海辞书出版社,1997:471.

[16]习近平.在中央政治局第三十次学习时的讲话[EB/OL].人民网,2021-12-30.

[17]Margaret Thatcher. Statecraft[M]. Harper Collins Publishers, 2002-04-01:179.

[18]鲁迅.华盖集续编学界三魂[M].北京:北新书局,1927:211.

[19]习近平.一个国家、一个民族不能没有灵魂[J].求是,2019-04-16.

探析红色档案、文物开发利用的创新与实践

程薇薇　张瀚巍　缪磊

南京抗日航空烈士纪念馆

摘　要：党的十八大以来，习近平总书记在不同场合多次强调："把红色基因传承好，确保红色江山永不变色。"革命纪念馆、档案馆等都是党和国家的"红色基因库"。为了把红色档案、文物开发利用好，把红色基因传承好，本文以南京地区的革命纪念馆、档案馆的展览和宣教工作为例，从高度、深度和广度三个维度对红色档案、文物的创新与实践进行探析。

关键词：红色档案；开发利用；创新；实践

0 引言

党的十八大以来，习近平总书记在不同场合多次强调：革命博物馆、纪念馆、党史馆、烈士陵园等是党和国家红色基因库。要讲好党的故事、革命的故事、根据地的故事、英雄和烈士的故事，加强革命传统教育、爱国主义教育、青少年思想道德教育，把红色基因传承好，确保红色江山永不变色。

有别于其他博物馆和文化馆，革命纪念馆、档案馆等作为党和国家的红色基因库，在对红色档案、文物的开发利用中更注重将红色档案、文物背后的革命故事及其蕴含的精神内涵挖掘出来，更注重通过各种形式和手段，让广大观众尤其是青少年了解中国共产党的革命历史，传承先辈们的革命精神，从而实现红色基因的代代传承。

在革命纪念场馆、档案馆的红色档案的开发利用中，展览和宣教无疑成为最重要的工作。无论是展览还是宣教工作都是直接面向观众的，因此最能传达出红色档案、文物的感染力和生命力，能真正融入观众的生活中，走进观众的心坎里，让观众感悟革命文物、档案背后所蕴含的红色精神，在身临其境的熏陶中产生共鸣，从而实现档案馆、革命纪念场馆展览宣教的真正目的。为了把红色档

案、文物利用好，传承好红色基因，本文以南京抗日航空烈士纪念馆（以下简称"南京抗馆"）、南京市档案馆的展览和宣教为例，从高度、深度、广度三个维度对红色档案、文物的创新与实践进行探析。

1 一个好的展览宣教，首先要有高度——站位高、立意高、技术高

站位高，即展览宣传要契合国家战略，讲好国家故事；立意高，指的是展览宣传必须紧扣时代发展主题，抓住观众的观展心理，让展览、宣教的精髓深入人心；技术高，则要求展览宣教的形式和手段紧跟科技的发展和审美的需求。为此，需要革新传统纪念馆展览的宣传形式，摒弃史料、图片堆砌展览的宣传方式，深度挖掘鲜为人知的文物、档案和史料，以吸引观众。

比如，2021 年，南京抗馆紧扣建党 100 周年主题，先后推出了《红色战鹰——郑少愚》《红色丰碑——抗战时期中国共产党在南京》（见图 1）、《红色飞鹰——笕桥航校中走出的中国共产党人》《华南抗战的光荣旗帜——东江纵队》等一系列红色主题展览。这些展览的展出，表现出以下几个方面的特点：政治站位高。展览从不同角度，展现了建党早期、抗战时期、中华人民共和国成立及现代化强国建设等不同时期，一代代中国共产党人的初心坚守和使命担当。立意高。省委党校、南京大学、市区各级档案馆的专家教授评价道："从新的视角，解读南京地区抗战的红色历史，是一次深刻的党史学习教育体验，也是红色文化资源活化利用的重要典型案例。"展陈手段与时俱进、技术高。展览采用线下实体展览和线上 VR 虚拟展览相结合的形式，满足了疫情期间观众足不出户的观展需求。

图 1 《红色丰碑——抗战时期中国共产党在南京》专题展

为纪念中国人民抗日战争暨世界反法西斯战争胜利 75 周年，纪念中华人民共和国成立 71 周年，南京抗馆联合凤凰网江苏频道、南京市社科联共同举办纪念中国人民抗日战争暨世界反法西斯战争胜利 75 周年"祖国在心中，英烈励我行"原创诗歌征集及现场诵读快闪活动。该活动站位高，契合社会主义核心价值观，从抗战到抗疫，铭记历史、缅怀先烈，体现了爱国主题；该活动立意高，从过去、现在、未来三个层次讲述革命文物的故事，激发广大市民尤其是青少年的爱国情怀，树立其报国之志；该活动技术高，以图文短视频的诗歌快闪形式，通过自媒体的微信、微博及国家省市的融媒体等广泛发布，形式新颖，传播广泛。该活动被国家文物局评为 2021 年度中华文物全媒体传播精品（新媒体）入围项目，成为江苏省唯一一家获奖项目。

2 一个好的展览宣教，要有深度，要基于丰富的文物、档案进行深入的研究

2.1 创新征集思路，为展览、宣教的开展提供丰富的红色文化资源

红色档案、文物是衡量一个革命纪念场馆馆藏、展陈和研究水平的重要指标。红色档案、文物征集是革命纪念场馆的基础工作，是革命纪念场馆赖以生存的支柱。

为深入贯彻落实习近平总书记"让历史说话、用史实发言"重要指示精神，2021 年南京市档案馆携手南京报业传媒集团，组织开展"百年华诞·百件珍档——红色百年南京印记"档案征集活动，截至 2021 年 4 月中旬，该馆共收到各单位报送（包括本馆馆藏在内）的珍贵档案 94 组，300 余件；接收市民捐赠档案资料近百件，其中捐赠的资料大多为个人保存的照片，其次是证件、证书，还有少部分视频。这些丰富的档案不仅充分见证了中国共产党的百年辉煌，更为活动的成功举办奠定了重要的基础。

2.2 深入挖掘文物、档案背后的故事，提炼文物档案所凝聚的精神内涵

红色档案、文物征集的数量和质量一定程度上影响着展览的效果和观众的兴趣，一个好的展览一定会有一些重量级的档案（文物）。对征集到的档案（文物），一定要深入研究，挖掘其背后的故事，从中提炼出革命精神。一个高质量的展览宣传，一定是有灵魂、有思想、有精神内涵的。观众透过这些具有灵魂的红色资源，才能直击心灵，才能真正被打动。

以南京抗馆为例，其 2021 年推出的《红色丰碑——抗战时期中国共产党在南京》专题展，整合市区两级六家档案馆红色档案，从上万份档案中，挖掘整理了近 200 件珍贵档案，深入挖掘研究档案背后的故事。档案《苏南区乡（镇）政府组织法》第一章（见图 2）总则中的第一条就这样写道："为实施民主政治，使人民得以监督和管理政府，充分发挥抗日力量，争取抗战胜利，建设独立、自由、幸福的新中国。"一张临时党员证（见图 3）的背后是中国共产党人"全心全意为人民服务"的宗旨。一张泛黄照片（见图 4）诉说着在抗战烽火中，一批又一批优秀的年轻女性冲破黑暗，参加革命，加入党领导的抗战队伍中，年轻的她们为了共同的理想相聚，笑容里辉映着青春的芳华。档案《怎样做乡长》（见图 5），从要求、认识、标准、道德、品德、职权六个层面，规定了怎样做乡长。档案《做一个好模范乡长的保证书》（见图 6）中这样写道："为什么做一个好模范乡长？因为要帮助人民，要保护人民，要做到大公无私、不腐化，要团结合作、努力生产，努力学习。"既有本职工作，也有作风建设和党风廉政建设的保证，是抗战时期党风廉政建设的一个典型案例。

从这一系列的档案中，我们能清楚地了解到中国共产党一以贯之的宗旨和目标，即始终将国家的利益、人民的利益放在最重要的位置，抗战时期的中国共产党人就是为了国家的独立、民族的自由、人民的幸福而战。

图 2 《苏南区乡（镇）政府组织法》第一章（南京市溧水区档案馆藏）（1945 年 3 月）

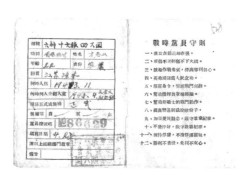

图3　方志山的临时党员证（南京市溧水区档案馆藏）

图4　溧高县部分女干部合影（南京市档案馆藏）（1944年）

图5　《怎样做乡长》（南京市江宁区档案馆藏）

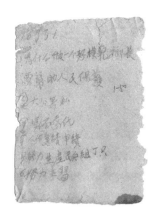

图 6 《做一个好模范乡长的保证书》(南京市江宁区档案馆藏)

2.3 优化研究队伍，破解革命纪念场馆专业人才不足的困境

目前，全国各个革命纪念场馆普遍存在研究征集人才断档、展览宣教人才断层的情况，因而加强革命纪念场馆的人才梯队建设迫在眉睫。综合来看，各个场馆应根据实际工作需要，编制人才发展和培养的规划，积极向上级部门申请适当增加展览、宣教及研究等的人才编制，通过公益性岗位配齐革命纪念场馆的专（兼）职管理人员，加强对在职红色文化人才的业务培训，鼓励和发动更多的红色文化爱好者参与党史研究，从而凝聚一批有较高专业素养的人才队伍，为革命纪念场馆的展览宣传奠定基础。

例如，南京抗馆结合自身发展需要和实际情况，针对人才建设发展，制订了三步走的计划：一是有针对性地加强现有人才的培养，通过"请进来、走出去"等形式，开展针对征集研究、展览宣教等的专业培训，增强现有人员的整体素质；二是从高校尤其是名校引进征集研究、展览宣教方面的人才，及时补充新鲜血液；三是梳理景区现有的专家和人才，关心重用、奖励提拔现有专家、人才，鼓励"以专带人""以老带新"，发挥景区人才的专业榜样和示范作用。

3 一个好的展览宣传，还需要有广度，对形式和内容及受众和同行皆须综合考虑

3.1 增加仪式感、参与感，针对不同群体开展特色化主题宣教活动

革命纪念场馆要针对不同群体，通过生动形象地展览以"人、事、物、魂"

为载体的革命精神，使红色档案、文物成为干部党员和青少年的"精神加油站"。以用户为导向，广泛征求受众的意见，充分发挥革命纪念场馆的功能与作用，挖掘红色档案、文物，解读其背后的精神内涵，强化爱国主义宣教。与各大中小学校及企事业单位联动，为大中小学校、企事业单位量身定制并实行爱国主义宣教形式。

除了展陈、宣讲等传统教育形式外，还可以进一步深化宣教服务产品，进一步活化利用文史研究成果，增强活动的仪式感、参与感和体验感，将宣教与游学、研学及工学相结合，变为活化的情感，将爱国主义变为可实践、能落地的实实在在的行动。

比如，针对不同年龄阶段的学生，为进一步培育和弘扬以爱国主义为核心的社会主义核心价值观，南京抗馆深入挖掘馆藏抗战档案资源，联合南京市部分高校将抗日航空烈士的英勇事迹策划为"六一节礼物""开学第一课""红色文化文艺汇演""红色文化讲坛"系列品牌爱国主义宣教活动，以文化讲座、情景剧表演、家书及诗歌诵读、爱国歌曲演唱等形式开展进校园、进军营、进社区活动（见图7），获得了南京市大、中、小学校的充分认可。与此同时，南京抗馆还积极开展丰富多彩的研学游活动，其中"听！文物在诉说"研学游项目，活化利用抗战文物，普及文物知识，讲述文物背后的故事，让展柜里高冷的文物与广大青少年近距离接触，让沉睡的档案（文物）活起来。

图7　南京永利钍厂的珍贵档案背后的故事改编的抗战情景剧
《爱国魂》在南京金审学院演出（2017年）

　　通过深入解读抗日空战史、人物及遗物等内容，南京抗馆专门为企事业单位的党（团）日活动在航空烈士公墓增加了"英烈在我身边"沉浸式情景教学。该馆英烈碑上镌刻的4296名中外抗日航空英烈中，有"红色飞鹰"郑少愚（见图8），还有抗日空战中，舍身撞敌机的爱国飞行员陈怀民，以及援华参战的国际主义战士库里申科。情景教学将文物、遗址、仪式、讲述相融合，提高了企事业单位党员、广大青少年及其他观众党史学习宣教的参与感，让广大党员、青少年在身临其境的党史学习和文化熏陶中产生共鸣，感悟革命精神的内涵。

图8　南京抗馆在中国地下党员"红色飞鹰郑少愚"墓碑前开展沉浸式情景教学（2022年）

　　此外，南京抗馆还在馆内针对不同社会群体，举办了"三大系列九个主题"的党史专题讲座（见图9），体现了个性化的宣教形式，其中包括针对企事业单位党员开办的党史专题讲座《红色丰碑——抗战时期中国共产党在南京》《赤胆忠心邢海帆》《从航空先驱事迹感悟建党精神》等；针对广大青少年开办的关于核心价值观主题的讲座《从"阵中无勇非孝也"到"爱国三问"》《从林恒烈士的事迹看家风传承》；爱国主义主题的《回家——中国共产党领导的两航起义》《南京保卫战中牺牲的空军将士》《胜利的荣光——从芷江洽降到南京受降》《鹰击长空义薄云天——中国红武士刘粹刚》等。

图 9　党史专题讲座（2021 年）

3.2　通过线上、线下互动，扩大展览宣教的受众面

　　无论是展览还是宣教活动，革命纪念场馆都需要紧跟时代步伐。尤其是进入后疫情时代，红色档案、文物的传播需要充分、综合运用自媒体和传统媒体，在融媒体时代灵活机动地开展展览宣教工作。除了基本陈列外，当前很多场馆的展览都已运用数字化展览，展览手段更加灵活多变，形式更加丰富，与观众的互动性也更强。尤其自 2020 年全球新冠疫情暴发后，更需要通过各种数字化的手段，才能让更多的观众参与场馆的展览和宣教活动，才能覆盖更广泛的人群，真正增加宣教的广度。在利用自媒体制作抗战档案爱国主义宣教的语音、课件、微电影、微视频的同时，革命纪念场馆也可通过拍摄纪录片、制作展览、制作宣传画、开设讲座、出版书籍等传统形式进行红色文化宣教。

　　为了改变档案重保管轻利用的现状，更好地发挥场馆的社会宣教功能，让更多的人了解抗战历史，走进革命纪念场馆，南京抗馆从 2020 年 7 月份开始，推出了线上"抗馆微课堂"，定期在钟山风景区官方微信公众号和服务号推送（见图 10），面向社会全方位、多角度地解读抗战文物，普及抗战历史，借助网络传播力量持续向外发声，传播南京抗馆的红色档案资源。截至 2021 年底，共发布微课堂 30 余期，浏览量已超 10 万人次。

图 10　微课堂讲述中共地下党员"红色飞鹰——郑少愚"的故事（2020 年 11 月 5 日）

此外，南京抗馆还举办了"讲述英雄故事、传播爱国声音"系列宣教活动 41 场次。活动以"讲述英雄故事、传播爱国声音"为主题，以"珍爱和平、开创未来"为思路，以线上线下相结合的形式，开展了微展览、讲座、家书诵读、情景剧表演、抗战文化宣教体验等活动。之后，为了适应融媒体时代的宣传需求，又增加了线上传播渠道，如通过钟山风景名胜区官方网站，推出"抗战文化讲坛"；通过南京钟山风景区微信公众号，在重要纪念日等时间节点推送抗日航空英烈事迹的图文微音频、"一分钟微课堂"，让广大市民感悟航空英雄的爱国情怀；在南京心汇心公益基金会的小步阳光支教云平台，为中西部希望小学量身打造雏鹰暑期微课堂，在青少年的心中播下爱国的种子。另外，2020 年南京抗馆与南京市社科联合作，于 7 月 7 日至 9 月 30 日，在南京新闻综合广播 106.9 "听见"栏目晚高峰，将 8 期英雄故事通过电波传播给南京市的广大听众，不仅增加了受众面，扩大了社会影响力，更使得社会主义核心价值观的宣传宣教接地气、聚人气、见实效。

2021 年，南京抗馆、南京市档案馆等举办的红色丰碑专题展，除在线下展出之外，还在线上制作了 VR 虚拟展览（见图 11），同时还有语音导览等形式，让观众足不出户就可以与展品零距离接触，感受展品背后的故事和精神内涵，让红色精神传播进千家万户。此外，为配合展览的举办，南京市档案馆与南京市党史办及南京各区档案馆联合拍摄了一系列反映中国共产党领导下的南京地区抗日民主政权的短视频和纪录片，用越来越多的新技术讲活历史故事，用活红色档案，更要创新融合手段，扩大传播效果。通过不同角度的宣传，更增加了广大观众对馆内红色档案的背后故事和精神内涵的深入了解。

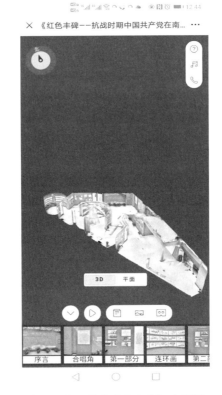

图 11 《红色丰碑——抗战时期中国共产党在南京》专题展 VR 虚拟展览（2021 年）

3.3　开展多元化合作模式，打造资源共享、优势互补的良好局面

革命纪念馆要依托本馆的红色文化资源，对接当地及周边的红色文化景区、党史办、档案馆及高校等，实现馆区、馆校、馆办、馆馆等跨地区、跨行业、跨部门的深入合作，共同构建红色文化资源体验专线，实现红色文化资源的科学合理充分利用。虽然本馆的馆藏资源有限，但是可以与不同社会组织、文化场馆以合作办展、借展等多种形式开展跨地区、跨行业、跨部门合作，举办临时展览，达到资源共享、优势互补、合作共赢的目的和效果。

近年来，尤其是2021年，南京的革命纪念场馆和档案馆从红色档案的多维利用开发，到红色文化传播方式的不断创新，积极探索，全方位、多层次、立体式打响南京红色文化品牌。比如，2021年红色丰碑专题展就是南京抗馆和南京市档案馆及南京各区档案馆共同举办的，依托南京抗馆展览宣传的优势和档案馆众多红色档案资源，还吸纳了民间收藏家珍藏的珍贵红色档案、文物，取得圆满成功。南京抗馆还成为2021年南京首个"南京红色档案展示教育室"（见图12），以"档案见证、南京百年、沧桑巨变、全面小康"为主题，以南京档案为载体，展览南京党史、新中国史、改革开放史，生动、丰富、系统地反映中国共产党在南京的伟大历程，直观形象地对党员、干部、群众开展党性宣教、革命传统宣教、爱国主义宣教。2021年4月2日，南京市档案馆联合市委网信办、雨花台烈士陵园管理局，开展"读党报、看档案、学党史"主题党日活动。活动吸引了

图12　2021年南京红色档案展示教育室在南京抗日航空烈士纪念馆挂牌（2021年）

来自金陵科技学院、南京航空航天大学图书馆等单位的部分党员代表自发报名参加，参与党员 90 余人，以别样的祭奠、同样的缅怀，表达对英烈的崇敬，推动党史学习宣教走深、走实，深入群众、深入人心。

4 结语

"欲知大道，必先为史。"历史是最好的教科书，蕴含着生生不息的思想力量、文化基因、精神动能。革命纪念场馆、档案馆等就是要将革命历史通过展览、宣教等形式，讲深、讲透、讲活，讲得深入人心。革命纪念场馆、档案馆红色档案、文物的活化利用是一项长期性、系统性的工作，不仅需要各馆集思广益、拓展思路，更需要与所在地区、周边地区的红色纪念地联动合作。力求将红色档案、文物中蕴含的思想力量、文化基因、精神动能传递到每个观众的心里，使广大人民尤其是青少年深刻了解中国共产党能够永葆先进，不断从胜利走向胜利的根本原因，只有这样，才能让每一位党员从中国共产党的伟大历史发展中、从抗战英烈的英勇事迹中汲取智慧和力量，不断砥砺初心与恒心，团结奋进，实现中华民族的伟大复兴。

追寻红色记忆，传承红色基因。在新时代，要让底蕴丰厚的红色文化与年轻观众的心贴得更紧，就必须讲好红色故事、搞好红色宣教。因此，档案馆、纪念馆要恪守社会责任，以"传承+创新"的方式，深入开发好、利用好红色档案、文物，让红色档案、文物"活起来、火起来、靓起来"。依托包括红色档案、文物在内的宝贵红色遗产资源，结合深厚的历史文化底蕴，积极探索红色文化品牌建设路径，坚持保护为本、故事为媒、创新为要，加强对红色遗产资源的挖掘、保护和活化利用，树立红色品牌，着力打造唱响红色主旋律的红色革命圣地、爱国主义宣教的红色基地。

叙事理论在大别山区红色档案资源开发中的应用

段燕鸽　朱兰兰

郑州航空工业管理学院

摘　要： 大别山区红色档案资源记录了中国共产党领导下的大别山军民浴血奋战史。叙事理论可为大别山区红色档案资源开发提供全新理论视角。本文梳理红色档案资源开发的政策背景及大别山区红色档案资源的范围和特点，并依据构建的红色档案资源叙事性开发模型，从资源整合、知识图谱构建、叙事性开发、融媒体传播四个方面分析大别山区红色档案叙事性开发策略，以期形成大别山区红色文化符号，为革命老区振兴贡献力量。

关键词： 叙事理论；大别山区；红色档案资源

0　引言

叙事理论作为文学领域的重要研究范畴，逐渐走向跨学科领域，并与建筑学、影视学、传播学等学科灵活结合。20 世纪 80 年代，人文社会科学领域也出现了叙事转向[1]。档案作为叙事载体，自身暗含叙事属性。近年来，叙事理论引起档案学者的广泛关注，比如，张斌等将空间叙事引入档案与历史构建研究[2]，谢玉雪将可视化叙事引入数字档案资源服务研究[3]，何玲等将跨媒体叙事引入档案叙事优化策略研究[4]，等等。尽管档案学者对于叙事理论已不再陌生，但关于叙事理论融入红色档案资源开发仍需进一步探讨。

大别山区红色档案资源记录了中国共产党领导大别山军民的辉煌悲壮的浴血奋战史，蕴含着坚守信念、胸怀全局、团结一心、勇当前锋的大别山精神，是党史教育的生动素材[5]。引入叙事理论构建红色档案资源开发模型，能够为大别山区红色档案资源开发提供全新视角，实现创新性开发，也可为其他区域的红色档案资源开发提供借鉴。

1 红色档案资源叙事性开发的提出

1.1 红色档案资源开发的政策背景

习近平总书记曾多次对红色资源开发提出要求，并将其提升到国家整体层面予以谋划。2021年2月，国务院发布《关于新时代支持革命老区振兴发展的意见》（国发〔2021〕3号），指出革命老区是中国人民选择中国共产党的历史见证，要以习近平新时代中国特色社会主义思想为指导，弘扬传承红色文化，将红色资源作为生动教材[6]。2021年3月，《中华人民共和国国民经济和社会发展第十四个五年规划和2035年远景目标纲要》指出，统筹推进革命老区振兴，传承弘扬红色文化，推进革命文物和红色遗址保护[7]。2021年6月，中共中央办公厅、国务院办公厅印发的《"十四五"全国档案事业发展规划》指出，要大力挖掘红色档案资源，建立"四史"教育专题档案资料库，传承红色基因[8]。

同时，档案行业积极响应国家政策，依据全国档案事业发展规划，持续推进红色档案资源的开发。如党的百年华诞之际，国家档案局以"三个一百"打造生动的党史学习课堂。2022年3月，全国档案局长馆长会议提出，要认真贯彻落实习近平总书记关于用好红色资源、赓续红色血脉的重要指示要求，利用红色档案资源全力服务党史学习教育[9]。

政策的发布为红色档案资源开发工作提供了政策性和方向性的指引，但怎样开发，如何使红色档案资源实现增值，服务党史教育，仍需引入成熟理论基础，结合具体情况展开进一步探讨。

1.2 叙事理论赋能红色档案资源开发

叙事理论起源于文学与语言学研究，最早可追溯到《诗学》，其研究一切与叙事和故事相关的因素，可划分为经典叙事理论和后经典叙事理论[10]。在数字媒体时代，后经典叙事学逐渐走向跨学科领域，与社会学、建筑学、传播学等学科形成交叉研究，使得叙事理论"内涵"不断延伸，产生了空间叙事理论、道德叙事理论、交互式叙事理论和跨媒介叙事理论等理论体系。

红色档案资源蕴含丰富的红色史实、历史细节，承载着红色历史的证据链条，已成为档案叙事的重要载体。叙事理论的引入，一方面为红色档案资源开发提供多维视角，注入新鲜理论活力，推进档案叙事的创新性发展；另一方面，可实现红色档案史料关系的分析，将史实串联起来进行完整呈现，避免了支离破碎式的解读。

1.3 红色档案资源叙事性开发模型的构建

红色档案资源叙事性开发模型，旨在引入叙事理论，将空间叙事理论、道德叙事理论、互动叙事理论、跨媒介叙事理论与档案文旅、档案文创等开发方式相结合，以此深挖红色档案资源的潜在价值，使其升华为一种"生产要素"。模型包含红色档案资源整合层、红色档案资源开发层和红色档案资源展示层。

1.3.1 红色档案资源整合层

红色档案资源整合层通过数字化收集和多途径征集的方式，整合碎片化、异构馆藏、社会遗留的红色档案资源，并在此基础上构建本体，形成知识库，为开发层提供资源支撑。首先，因红色档案资源具有多源异构、数量庞杂等特点，且并未完全达到"数字态"，故需运用 OCR、3D 重建等技术实现对档案馆、纪念馆、博物馆等单位所藏红色档案资源的数字化收集[11]，如纸质档案、音像档案、实物档案等；其次，多途径征集社会遗留的红色档案资源并实现数字化，如以线上线下相结合的方式征集红色档案编研作品和社会遗留的手稿、影像等红色档案资源，以采访的形式征集口述史料等。

这时候仅完成了红色档案资源整合的底层工作。在此基础上，选取叙事理论的时间、空间、人物、事件、事物等要素[12]，结合红色档案资源特点对其进行分解，并选用斯坦福大学提出的"七步法"本体构建流程作为本体构建方法，选择 Protégé（开源本体构建软件）作为工具[13]，构建档案知识本体，形成知识库。

1.3.2 红色档案资源开发层

红色档案资源开发层的主要任务是构建红色档案资源的可视化关联，并将叙事理论与档案文旅、档案文创等档案开发方法相结合，以达到红色档案资源的多样化和有效化开发。一是构建红色档案资源可视化知识图谱，即基于知识库，通过知识表示、知识融合、知识存储，运用 Web 前端技术实现红色档案资源的可视化展示；二是将空间叙事理论、道德叙事理论、互动叙事理论与档案开发方法相结合，即运用空间叙事理论打造红色档案文旅带，运用道德叙事理论创作档案故事，运用互动叙事理论设计红色档案文创。

1.3.3 红色档案资源展示层

红色档案资源展示层是依据跨媒介叙事理论对红色档案资源开发层的结果进行跨媒介呈现，实现融媒体传播[14]。其中所呈现的资源可划分为红色档案文旅、红色档案故事、红色档案文创三个区域，红色档案文旅展示红色档案资源文旅带及资源详情介绍等，红色档案故事展示漫画、书籍及影视等作品，红色档案文创展示游戏及衍生手办、生活用品等。同时，展示对象分为普通需求用户和专家研究人员。针对普通需求用户，提供多维检索逻辑组配，使得用户可以根据自身需求实现跨区域相关资源检索，获得检索结果的可视化关联，并实现用户交互；对于专家研究人员，依据其相关研究领域，提供专业性、针对性服务，使其参与红色档案资源开发，以促进红色档案资源的深度挖掘。

2 大别山区红色档案资源的范围和特点

2.1 大别山区红色档案资源范围

大别山区红色档案资源指的是在大别山区革命时期形成的红色档案和红色资源[15]。大别山区红色档案，是指中国共产党领导大别山区军民在革命斗争时期形成的具有保存价值的历史记录[16]，它真实记录了中国共产党领导大别山军民的艰苦奋战历程，包含烈士诗稿、书籍文献、烈士档案等纸质档案，烈士遗照等音像档案，货币票证、革命遗物遗址遗迹等实物档案及口述档案。大别山区红色资源是指体现中国共产党和大别山区军民革命精神的文化资源，包含后修建的纪念馆、陈列厅及革命精神、革命事件、革命人物、革命路线、革命歌曲等资源[17]。

2.2 大别山区红色档案资源特点

2.2.1 载体的多样性

在革命战争中形成的大别山区红色档案资源，包含纸质档案、音像档案、实物档案等，其载体具有多样性。如以纸张为载体的电报手稿、烈士诗稿、书籍文献、烈士档案等；大别山区革命时期遗留下来的，以及编录的图片、音频、视频等音像档案，如烈士遗照、《红色记忆——大别山深处》等；以实物形式为记录载体的锦旗、党证、解放战争时期张吉厚将军用过的八边形指南针、"列宁号"纪念机、烈士故居等。

2.2.2 分布的区域性

大别山区坐落于鄂豫皖三省之间，其范围遍布三省九市十区（县）。同时，大别山区红色档案资源主要由形成地区的博物馆、纪念馆、档案馆等单位对其进行保管。

大别山区的地域分布及其资源保管方式使得大别山区红色档案资源的分布具有区域性。如湖北省黄冈市作为鄂豫皖革命根据地的中心，其中黄冈市红安县作为第一将军县，分布有鄂豫皖革命烈士陵园、李先念纪念馆和董必武纪念馆等；安徽省作为著名的张家店战役所在地、三年游击战争时期鄂豫皖边区、解放战争时期皖西解放区的政治和军事指挥中心，分布有刘邓大军千里跃进大别山张家店战役纪念馆、大别山烈士陵园和大别山革命历史纪念馆等。

2.2.3 内涵的丰富性

大别山革命老区是土地革命战争时期鄂豫皖革命根据地的重要组成部分，是中国革命的重要策源地、人民军队的重要发源地和中国红军第四方面军诞生的摇篮[18]。长达28年的大别山区革命斗争史，铸就了珍贵的精神财富——大别山精神，即从中国共产党成立到中华人民共和国成立，在以大别山为中心的鄂豫皖三省交界地区，由中国共产党及其领导的军民为实现共产主义，在长期革命斗争中铸就的革命精神。大别山精神作为中国精神的重要组成部分，具有丰富的科学内涵，界定为：坚守信念、胸怀全局、团结一心、勇当前锋[19]。

大别山军民始终坚守共产主义信念，在土地革命时期组建50支主力红军队伍参与抗战；大别山军民胸怀全局观念，抗日战争期间，红军游击队改编为新四军第四支队，奔赴抗日前线；大别山军民始终团结一心，黄安战役期间，群众为红军提供战地服务并捐赠物资，国民党反动派对苏区进行大规模围剿期间，中国共产党和红军战士为保护苏区生产，组织武装保卫秋收秋种；大别山军民勇当前锋，敢为人先，"北上先锋"红二十五军全体将士作为中央红军之向导，以不足3000人的兵力孤军北上，冲破国民党军队的围追堵截，配合中央红军主力的北上行动。

3 大别山区红色档案资源叙事性开发策略

3.1 实现大别山区红色档案资源整合

大别山区红色档案资源载体多样性、分布区域性的特点，使得资源分布零散且缺乏统一的调配和利用渠道，阻碍了资源的整合和深层次开发。

依据红色档案资源叙事性开发模型的整合层，整合大别山区红色档案资源，使其达到"数字态"，并在此基础上构建本体。首先，运用OCR将大别山区档案馆、革命纪念馆、博物馆等收藏的纸质档案、照片档案进行数字化。运用3D重建技术，将大别山区革命纪念馆、博物馆、革命遗址遗迹、烈士陵园等保存的实物档案进行三维扫描。同时，线上线下征集社会遗留的大别山区红色档案资源和口述档案，并进行数字化。其次，依据"数字态"资源，结合大别山区红色档案资源特征，列出本体中的重要性术语，继而将其中的概括性核心术语作为本体的类，形成时间、空间、人物、事件、事物、资源类型六个核心类及其子类[20]。在此基础上，选择Protégé工具定义类的对象属性和数据属性，共同组成大别山区红色档案资源知识库。

3.2 构建大别山区红色档案资源知识图谱

依据红色档案资源叙事性开发模型的开发层，可通过知识表示、知识融合、知识存储构建大别山区红色档案资源知识图谱，并应用 Web 前端技术实现结果的可视化展示，为后续大别山区红色档案资源叙事性开发提供便利[21]。

知识表示是指运用三元组对大别山区红色档案资源知识进行表示，以便机器理解，如<实体，属性，属性值>；知识融合是依据本体的对象属性和数据属性，实现大别山区红色档案资源概念层和数据层的知识融合，可以判断本体之间相似性，消除实体的多样性和歧义性；知识存储依赖于海量数据存储技术来管理大规模分布式的数据，可应用 RDF 存储方式存储大别山区红色档案资源知识图谱；使用 Web 前端技术实现知识图谱可视化。

3.3 运用三大理论进行叙事性开发

3.3.1 空间叙事，打造大别山区红色档案文旅带

空间叙事，作为后经典叙事学的重要内容之一，被广泛应用于社会学、地理学、城市规划学等学科，是将主体感知体验、场所各种信息，甚至集体记忆进行时空耦合的分析框架[22]。

基于红色档案资源叙事性开发模型，以空间叙事开展遗址修复与景观建造，并在此基础上打造大别山区红色档案文旅带，实现大别山区红色档案资源的"活化"，使其升华为生产要素，同时使游客深切感受革命战争年代的先辈印迹，产生精神共鸣。具体做法包括：首先，在进行遗址修复和景观建造时，基于空间叙事还原大别山区历史特定情景，采取景观暗示的设计手法暗叙大别山区的精神文化底色，并注重把握空间展示与视觉、触觉、听觉的关联，强调意境创造与表达，使游客透过场景、物品的展示，以及专业人士的讲解等方式更为全面地感知遗址、纪念馆和人物故居等与大别山区革命之间的关联，直观了解大别山区革命史和中国共产党的奋斗史。其次，打造大别山区红色档案文旅带。基于大别山区红色档案资源可视化知识图谱，识别大别山区红色档案资源之间的关联，使用户输入关键词语即可获得旅游路线推荐与资源介绍。同时，因大别山区生态资源独特且丰富，如龙峡景区、白马尖、马鬃岭和别山湖等，可统筹同一空间资源，融合生态旅游和红色档案文旅景点，打造个性多元化文旅带。

3.3.2 道德叙事，创作大别山精神的档案故事

道德叙事，源自美德伦理学的道德探究方法论，是在以叙事方式建构行为者

道德心理的同时，在故事中赋予价值观，提升道德品质[23]。

基于红色档案资源叙事性开发模型，以道德叙事创作大别山精神的档案故事。档案故事以书籍、图集、漫画、歌曲、话剧、微纪录片等为载体，诠释"坚守信念、胸怀全局、团结一心、勇当前锋"的大别山精神，实现红色基因传承和价值塑造，使人们受到潜移默化的美德浸润与滋养，并产生超越时空的精神交流。依据红色档案资源展示层提供的档案资源，召集党史专家和档案编研专家共同策划，做好大别山区红色档案书籍汇编；依据留存的音像档案，与网络画手合作，创作大别山区军民特别能战斗系列漫画；借鉴百集微纪录片《红色档案》和《红色记忆——大别山深处》，立足于大别山区烈士遗物遗照、烈士档案、货币票证及战斗武器等红色档案资源，以蒙太奇手法，结合场所营造和场景设计拍摄大别山区系列微纪录片；借鉴话剧《生命档案》，以大别山区烈士遗留诗集、作战事迹、建党活动等作为题材，加入相关人物内心世界，通过话剧再现真实革命史[24]。

3.3.3 互动叙事，设计大别山区特色档案文创

互动叙事，是数字化媒介技术语境下的一种新兴叙事，最早出现在《故事的变身》[25]。应用到影视领域后，互动叙事被定义为在设计者创作的叙事结构基础之上，通过用户参与影响文本意义生成的互动过程[26]。

基于红色档案资源叙事性开发模型，以互动叙事明晰用户需求，设计游戏、衍生盲盒手办及生活用品等大别山区特色档案文创，并通过与用户的互动交流实现档案文创的持续化更新。具体措施包括：一是开发游戏及衍生盲盒手办。借鉴3D《重走长征路》，以大别山区革命史、战争路线和历史地貌为资源，设计多级动态难度的沉浸式战争冒险游戏[27]。用户佩戴头盔和手柄，选择虚拟角色并以娱乐化形式参与游戏，通过多维感官沉浸于大别山区革命故事情节、历史情境和地理环境中，实现与中国共产党革命足迹的互动。同时，注重游戏衍生品设计，基于用户体验游戏的后台记录数据，开发点击率且使用率高的人物、服装、武器等系列盲盒手办，使革命历史跨越时空阻隔进入青年一代的生活中。二是开发生活类档案文创。借鉴故宫博物院文创，选用大别山区红色档案资源的典型元素，融合现代国潮设计思维，以背包、手袋、水杯、文具、潮服等产品为载体，配以符合红色文化意蕴的产品名称和史实介绍，使大别山区红色档案资源以具象化的形式实现创造性转化。在设计过程中，向社会大众同步开展大别山区特色档案文创的设计创意征集活动，使文创设计持续优化。

3.4 跨媒介叙事，融媒体传播大别山区红色文化

跨媒介叙事，源于现代媒体工业化发展，指的是一个故事横跨多种媒体平台

进行展现，每一种媒体都对整个故事做出独特且有价值的贡献[28]。

基于红色档案资源叙事性开发模型，以跨媒介叙事形成高度融合互动的媒体环境，使传统媒体与新媒体优势互补，相互融合，实现大别山区红色文化的融媒体传播[29]。现今，短视频较好迎合了用户碎片化获取信息的需求，一跃成为大众获取信息的主要媒体，且用户黏性较高。可辨析不同媒体平台差异，依据平台特性及受众群体，推广大别山区红色档案资源开发成果，实现多平台的关联、印证与补充，促进开发成果的利用，也为用户呈现富有价值的大别山区革命故事世界，培育公众的档案素养和爱国情怀[30]。如抖音的受众群体主要为19~30岁的年轻人，应打造官方IP，融入娱乐化元素宣传文创产品、文旅路线，使用户在了解大别山区红色文化的同时产生购物及实地探索的欲望；微博拥有庞大的用户基数和链条式传播效应，可用以宣传关于大别山区精神的档案故事，并组织内容再创作活动，实现主导叙事与用户探索叙事的结合，拓宽故事解读层次及视角，共同形成集约式传播环境。

4 结论

大别山区军民为中国革命事业建立了彪炳史册的功勋，在革命斗争中形成了丰富的红色档案资源，但由于大别山区跨越三省，致使红色档案资源空间分布较为零散化。叙事理论的融入可将大别山区红色档案资源串联起来并予以呈现，丰富和发展中国革命历史的整体红色记忆，使大别山区红色基因渗进血液、浸入心扉，进而为民众提供价值引导。

参考文献

[1]刘子曦.故事与讲故事:叙事社会学何以可能——兼谈如何讲述中国故事[J].社会学研究,2018,33(2):164-188,245.

[2]张斌,王露露.档案参与历史记忆构建的空间叙事研究[J].档案与建设,2019(8):11-15,40.

[3]谢玉雪.数字档案资源的可视化叙事服务研究[J].档案学研究,2020(3):122-128.

[4][30]何玲,马晓玥,档案研究僧.跨媒体叙事理论观照下的档案叙事优化策略——以红色档案为例的分析[J].档案学通讯,2021(5):14-21.

[5]余洋.大别山革命斗争史与大别山精神研究[J].党史博采(下),2022(2):15-17.

［6］政府信息公开专栏.国务院关于新时代支持革命老区振兴发展的意见（国发〔2021〕3 号）［EB/OL］.（2021 - 01 - 24）［2022 - 03 - 15］. http://www. gov. cn/zhengce/content/2021-02/20/content_5587874.htm.

［7］中国政府网.中华人民共和国国民经济和社会发展第十四个五年规划和2035 年远景目标纲要［EB/OL］.（2021-03-13）［2022-03-15］.http://www.gov.cn/xinwen/2021-03/13/content_5592681.htm.

［8］中华人民共和国国家档案局.中办国办印发《"十四五"全国档案事业发展规划》［EB/OL］.（2021 - 03 - 13）［2022 - 03 - 15］. https://www. saac. gov. cn/daj/toutiao/202106/ecca2de5bce44a0eb55c890762868683.shtml.

［9］中华人民共和国国家档案局.在全国档案局长馆长会议上的报告［EB/OL］.（2022 - 03 - 14）［2022 - 03 - 16］. https://www. saac. gov. cn/daj/yaow/202203/5b5257a20b964995b22afc1d585382b1.shtml.

［10］程锡麟.叙事理论概述［J］.外语研究,2002(3):10-15.

［11］牛力,高晨翔,张宇锋,等.发现、重构与故事化:数字人文视角下档案研究的路径与方法［J］.中国图书馆学报,2021,47(1):88-107.

［12］杨燕.俄国形式主义的空间叙事理论探究［J］.俄罗斯文艺,2021(4):121-130.

［13］赵雪芹,李天娥.面向数字人文的档案领域本体构建研究——以万里茶道档案资料为例［J/OL］.情报理论与实践:1-9.［2022-03-19］.http://kns.cnki.net/kcms/detail/11.1762.G3.20220301.1034.002.html.

［14］牛力,曾静怡,刘丁君.数字记忆视角下档案创新开发利用"PDU"模型探析［J］.档案学通讯,2019(1):65-72.

［15］郭晓文.赤峰市红色档案教育资源及其开发利用［J］.赤峰学院学报(汉文哲学社会科学版),2021,42(12):40-43.

［16］孙大东,白路浩.心流理论视域下红色档案传承红色基因的向度与路径［J］.档案学通讯,2022(1):15-22.

［17］郑慧,农扬宇.红色档案:认知、交集与辨析［J］.档案管理,2021(4):19-21.

［18］朱进.试论专题图书馆文献的建设——以大别山革命历史专题图书馆为例［J］.图书馆研究,2017,47(4):52-54.

［19］景晓锋.大力弘扬和践行大别山精神［J］.决策探索(下),2021(11):20-22.

［20］［21］宋雪雁,张伟民,张祥青.基于档案文献的清代祭祀礼器知识图谱构建研究［J］.图书情报工作,2022,66(3):140-151.

[22]赵红红,唐源琦.当代"空间叙事"理论研究的演进概述——叙事学下空间的认知转变与实践[J].广西社会科学,2021(3):74-81.

[23]郭笑雨,王晓朝.论麦金太尔的道德叙事理论[J].求是学刊,2019,46(1):37-44,181.

[24]赵雪芹,王青青,蔡铨."档案+"视角下红色档案的开发与利用新路径探析[J].山西档案,2021(5):128-135.

[25]玛丽-劳尔·瑞安.故事的变身[M].张新军,译.南京:译林出版社,2014.

[26]邓若俊.屏媒时代影像互动叙事的概念范畴与潜力环节[J].电影艺术,2014(6):57-66.

[27]孙大东,赵君航.基于心流理论的档案文创产品设计策略研究[J].档案管理,2021(6):42-44.

[28]Jenkins H. Convergence culture:where old and new media collide[M]. New York:New York University Press,2006:95-96.

[29]李文冰,吴霞.融媒体环境下带货综艺共情传播策略[J].中国电视,2022(2):84-90.

面向知识服务的红色档案知识组织模型构建
——以成都市《蓉城党史》红色档案资源为例

余　律¹　张弘琴²

1. 成都索贝数码科技股份有限公司　2. 四川大学公共管理学院

摘　要：红色档案作为我国红色记忆的重要载体，其开发利用是传播和传承红色文化的重要途径。随着数字技术的发展，传统粗粒度的知识组织模式难以满足人们对红色档案知识的需求，细粒度开发、关联性组织、可视化呈现成为红色档案知识组织的新趋势。文章通过实证研究法，以成都市委党史研究室《蓉城党史》红色档案资源为实验数据源，设计了红色档案资源本体模型、红色档案资源知识图谱模型，并进行了实例可视化展示，以为红色档案资源智能知识组织提供可操作示例，推进红色档案深层知识挖掘与开发利用。

关键词：红色资源；红色档案；知识组织；数字记忆；知识服务

0　引言

红色档案资源是中国共产党带领中国人民在百年奋斗中形成的具有历史价值的珍贵记录，是我国红色文化传播和红色基因传承的重要宝库。红色档案库既是百年党史库，也是党的理论库、思想库，还是革命精神的"基因库"、资政育人的"给养库"[1]。习近平总书记反复强调"要把红色资源利用好、把红色传统发扬好、把红色基因传承好"[2]。作为档案人，就应该从档案中来，回到档案中去，以真实的档案数据为依托，以科学技术促发展，将红色档案与科技融合起来，让档案"活"起来。知识图谱作为一类揭示数据及数据之间联系的技术，既能用"网络"的形式揭示红色档案的实体关系，也能在智能快捷高效地辅助档案工作人员接收档案后的整理工作的基础上，满足利用者高效、可视化地检索利用档案。作为我国红色资源中最真实可靠的一部分，红色档案的开发利用是传播和传承红色文化必不可少的环节。

2005 年，联合国教科文组织（UNESCO）发布时代报告《迈向知识社会》，指出"人类社会正在由信息社会迈向知识社会"。信息资源将转变为知识资产。档案界面对知识社会的到来也在寻求着改变。特里·库克早在 20 世纪末提出档案后保管模式时就指出："如果我们这些信息工作者能够引导利用者从泛滥的、具体的信息过渡到知识甚至智慧，我们在新时代的工作、地位就会得到保证。"文档管理人员"停止扮演保管员的角色，而成为概念、知识的提供者"，"把着眼点从信息转移到知识上（探寻、传播、理解），从建立数据库转移到建立知识库上"。除了要为用户提供档案一般特征信息之外，还要使用户能够从历史的多维角度了解文件内容之间、文件之间、案卷之间、全宗之间的历史关系[3]。因此，要实现红色档案从信息服务向知识服务的转变，需要对红色档案进行知识层面的组织，厘清红色档案知识元的概念及其间的关系。

1　红色档案知识组织及服务研究现状

在知识社会，浅层次的信息组织和传播已无法满足和迎合人们对精神文化的需求，知识服务或将成为红色档案面向公众的重要服务形式，力求给公众带来新的文化产品和精神体验。中共中央办公厅、国务院办公厅曾印发《关于实施革命文物保护利用工程（2018—2022 年）的意见》，文件强调要适度运用现代科技手段，增强革命文物陈列展览的互动性、体验性，真正让红色文化"活起来"，充分挖掘红色文化资源内涵，提高红色文化数字资源库的利用率[4]。《"十四五"全国档案事业发展规划》提出要深入挖掘红色档案资源，建立"四史"教育专题档案资料库，传承红色基因，充分发挥档案在理想信念教育中的重要作用[5]。

在实践上，在建党百年的重要时刻，我国各级档案机构都积极挖掘馆藏红色档案资源，以线上线下展览、编研出版物、社交媒体推送等形式传播红色文化。许多地方提出建设红色文化资源数据库，如成都市档案馆红色档案资源编研专题数据库[6]、四川特色文化资源数据库[7]、延安时期文献档案数据库[8]等，一定程度上提升了红色档案的组织程度。但数据库建设多停留在存储阶段，组织程度不高，且面向内部，公众并不能直接浏览利用；面向公众的内容并不聚焦于红色档案，更多的是红色文化资源、文化旅游资源、网络资源等，并且呈现出信息碎片化、关联度较差、呈现形式单一等问题，难以达到知识服务的效果。由此可见，在实践上实现面向公众的红色档案资源知识服务还有很大的提升空间，其中，对红色档案资源进行知识组织的需求也更加迫切。

在理论上，从档案资源知识服务的动因分析[9]到档案资源知识聚合框架[10]、本体构建[11]，档案知识服务模型构建[12]，再到选取实例进行模型验证和可视化展示[13]，学者们都进行了探索，档案资源知识组织的流程大致清晰。但目前的研究主要围绕整个档案领域建立领域知识库，聚焦于红色档案这一主题的研究成果较少。

由上述可知，目前聚焦于"红色档案"这一档案细分领域的知识组织研究较为薄弱，从知识组织向知识服务衔接的研究成果还有待补充，特别是实证案例研究较少。因此，本文选取《蓉城党史》红色档案数字资源作为数据源，构建基于人工标注的专家系统框架，在此基础上分析红色档案实体关系类型，设计红色档案领域本体，构建红色档案实例层，最后进行知识服务效果的推测，以期为红色档案资源智能化知识组织和个性化服务提供可操作的步骤参考。

2 红色档案知识组织模型建构过程

档案以翔实的史料、直观的图片、鲜活的影像，勾勒出历史轮廓，标注出时间节点[14]。但是在单一的档案资源中，每一个档案就如同一座孤岛，有序的知识组织是档案进行知识服务的重要前提。从语义理解的层面，《蓉城党史》是一条时间线上发生的多个存在部分关联的事件，然而从整体的阅读体验上来看，其内容关联较为零散，读者需要进行统一的知识处理后，才能得出各大事件之间的关系。本文以《蓉城党史》为例来阐述红色档案知识组织模型的构建，基于该数据源中对成都革命史的记录进行知识序化、本体构建、模型训练的过程阐述。

2.1 专家系统总体架构

常用的专家系统一般可以分为五类，分别是基于规则、基于框架、基于案例、基于模型及基于网络的专家系统[15]。本文主要采用的是基于模型的专家系统构建，即通过模型清晰定义、设计原理概念和标准化知识库。其系统结构如图1所示。

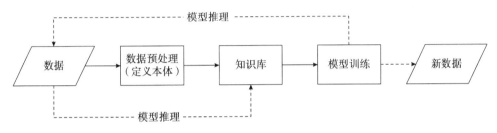

图1　基于模型的专家系统架构

2.2 基于《蓉城党史》的专家系统总体架构设计

本文主要以《蓉城党史》的非结构化文本数据为主要的标注数据来源，以百度百科的半结构化数据作为补充数据源。以档案馆管理人员的经验人工构建本体、校验规则库并审核标注内容，输出专家经验，输出概念词、本体、实体、关系三元组。

考虑到《蓉城党史》的文本资源的描述统一性，在进行本体层构建时需要提前根据不同的文本内容确定共同的知识，并根据它建立全局本体，根据本体，确定本体的属性，需要注意的是，不同的实体，是允许具有同一本体的不同属性的。在构建过程结束后，需要考虑的是对知识的应用。

本文主要探讨从《蓉城党史》中构建的知识图谱在知识可视化、知识关联查询、资源关联、资源检索推荐、知识问答、资源个性化利用路径推荐方面的应用。具体的过程如图 2 所示。

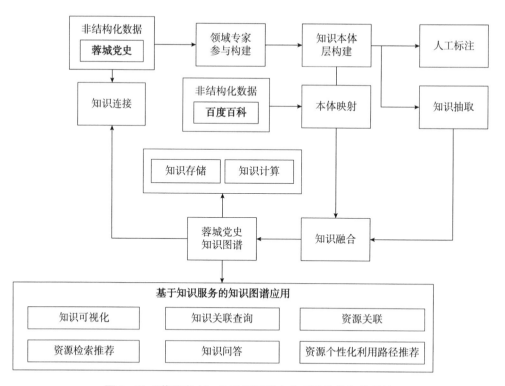

图 2 以《蓉城党史》为数据源的专家系统总体架构设计

2.3　知识序化

档案具有显著的时空特性，时空聚类知识可对档案知识产生较为显著的揭示效果[16]。《蓉城党史》是以文本的方式记录 1921 年 7 月前后成都人民的革命斗争到 1949 年 12 月迎接成都解放的红色档案资源，作为成都市档案馆按时间线、以成都市为空间范畴整理输出的我党、我军的发展史的专题，具有显著的档案时空特性，以此为数据源对知识揭示具有显著的效果。根据数据来源的一致性明确关系描述的相通性，可对非结构化数据输出资源描述框架（Resource Description Framework，RDF）即用于描述实体/资源的标准数据模型，为早期探究红色档案专业领域的 RDF Schema 建设提供较为明确的指向。有明确指向性的 Schema 对于没有编码能力的领域专家而言，在其进行领域知识库建设时是十分有必要的。

以《蓉城党史》为数据源的知识序化，其实现方式主要是通过领域专家经验输出标签体系，辅以人工标注及知识抽取的形式，对数据源做处理，具体步骤如图 3 所示。在数据量足够大的情况下，可以支持机器学习，形成可自动抽取知识的能力，并将抽取的知识形成知识库。至此，专家需要完成的事情就转为校验知识的完整度及实体消歧等工作。

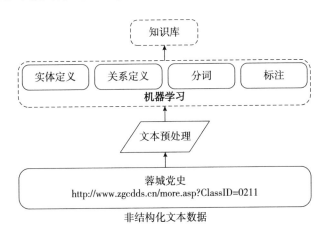

图 3　以《蓉城党史》为数据源的知识序化方式

2.4　本体层构建

本体层构建阶段通常以领域专家的自顶向下手工构建为主，计算机自动构建或复用已有本体为辅[17]。

在对《蓉城党史》知识体系进行梳理的过程中，需要注意的是这部分需要得到的内容是公共知识，而不是个人知识，梳理出来的概念词、本体、实体、关系三元组是明确的，具有共同认知性，对《蓉城党史》整体的文本数据内容是可通用理解的，如表 1 中描述的核心概念及其子类等。根据表 1 中对本体的梳理、表 2 中对关系的梳理，对数据源进行标注，结合半结构化的数据源——百度百科的内容再对《蓉城党史》进行"反哺"，并进行实力间关系可视化，使得《蓉城党史》知识图谱属性更加丰满，如图 4 所示。

表 1　红色档案本体概念层次表

核心概念	子类	属性说明
人物	人物姓名（实体）	
	人物别名（属性）	包括曾用名、小名、笔名、字号等
	人物性别（属性）	
	人物年龄（属性）	
	人物生年（属性）	采用公历时间或所属年代
	人物卒年（属性）	采用公历时间或所属年代
	人物职业（属性）	
	人物职务（属性）	
	人物民族（属性）	
	人物籍贯（属性）	
	人物政治面貌（属性）	
时间	时间点（实体）	
	时间段（实体）	
	历史时期（实体）	
空间	地点名称（实体）	
	地理位置（实体）	
	地点曾用名（属性）	
事件	事件名称（实体）	
	事件主题（属性）	
	事件结果（属性）	
核心概念	子类	属性说明

续表

核心概念	子类	属性说明
组织	组织名称（实体）	
	组织性质（属性）	
资源描述	资源名称（实体）	
	档案类型（属性）	音频档案、视频档案、文书档案、录音档案、录像档案、照片档案
	馆藏档案馆（属性）	档案馆名称
	档号（属性）	档号内容
	形成时间（属性）	采用公历时间或所属年代
	主题词（属性）	主题词内容描述
	载体形式（属性）	资源名称及资源链接

表2 红色档案本体主要关系属性表

概念	关系名称	关系说明	涉及实体	关系对称性
人物与人物之间	亲缘	配偶、子女、兄弟、姐妹……	人物姓名、人物姓名	双向对称
	地缘	同乡……		双向对称
	业缘	同窗、师生、同事、战友……		双向对称
	趣缘	朋友……		双向对称
人物与事件之间	主导	领导者	人物姓名、事件名称	单向非对称
	参与	参与者		单向非对称
	涉及	受影响者		双向对称
人物与组织之间	创办	创办者	人物姓名、组织名称	单向非对称
	参加	成员		单向非对称
事件与时间之间	发生于		事件名称、时间段（时间点、历史时期）	单向非对称
	结束于			单向非对称
事件与事件之间	导致		事件名称、事件名称	单向非对称
	相关			双向对称
概念	关系名称	关系说明	涉及实体	关系对称性

续表

概念	关系名称	关系说明	涉及实体	关系对称性
事件与空间之间	发生在		事件名称、地点位置/地点名称	单向非对称
组织与组织之间	合作		组织名称、组织名称	双向对称
	敌对			双向对称
人物与资源之间	创造		人物名称、资源名称	单向非对称
资源与人物之间	涉及		资源名称、人物名称	双向对称
资源与事件之间	记录		资源名称、事件名称	单向非对称
资源与资源之间	相关		资源名称、资源名称	双向对称
组织与时间之间	成立于、解散于		组织名称、时间点	单向非对称
组织与空间之间	成立在		组织名称、地点名称、地理位置	单向非对称

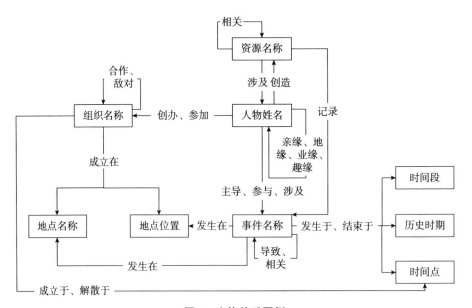

图 4　实体关系图例

2.5　实例层构建

根据既定的数据源，对《蓉城党史》项目相关数据进行实例层构建。从建设本体层的本质来讲是为了运用智能技术，从非结构化的数据源中智能地完成大规模实例层的构建。目前在自动构建实例层过程中遇到的问题有：①红色档案的相关实体、属性及关系的描述语言与通用的自然语言存在一定的差异，所以未进行专业化训练的人工智能无法从多源多模态的语料中自动提取实例知识，或者说，可以提取到的实例知识有限，无法满足知识图谱的构建需求。②目前根据《蓉城党史》映射的类、属性及关系并不完整，形成的 RDF 的可复用性待验证。基于 brat 平台的实体关系实例标注如图 5 所示。

此方法在人工标注的样本数足够的情况下，其学习推理的结果准确率更高。

本次输出的实体关系仅在《蓉城党史》进行验证，暂未在其他红色档案资源上进行测试，若是考虑对外的引用共享，还需要综合考虑本体的概念、属性及关系的统一命名规则、本体的知识体系、逻辑层次等，为知识的实体生成唯一标志符。

2.6　知识服务预测

在理想状态下，即《蓉城党史》的数据样本足够多，且均按照要求标准完成实体关系，机器学习推理效果的置信度达到要求后，在利用效果上便可实现档案与图谱的深度契合。在检索效果层面，利用者通过问答系统进行检索，系统基于用户需求对用户输入的语义进行匹配推理后为用户最大限度提供"最有用"的检索结果，如"九一八事变"是什么时候发生的检索结果为 1931 年。在对知识内容的要求层面，红色档案知识服务平台在提供 1931 年为"九一八事变"发生的时间的同时，也会给用户同步推送"九一八事变"相关的检索结果。在对解决方案的需求层面，红色档案知识服务平台对信息和知识不断查询、分析、组织，形成新的知识。图 6 是《蓉城党史》知识图谱构建与利用体系功能设计模块。

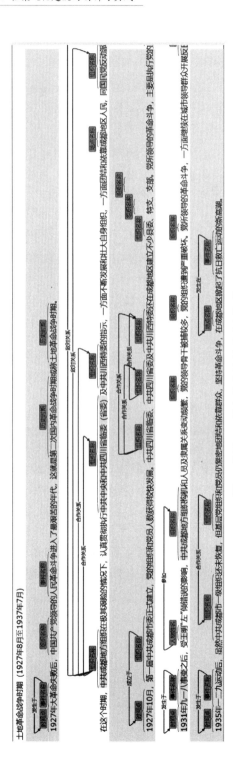

图5 基于brat平台的实体关系实例标注

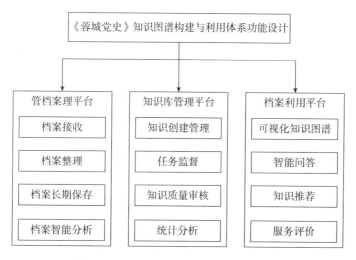

图6 《蓉城党史》知识图谱构建与利用体系功能设计图

3 结论

　　档案知识组织是将孤立的档案资源进行网络化、综合化整理的过程，在训练人工智能进行知识推理的过程中，档案管理工作者对档案的理解也在逐步地加深。一份红色档案，就是一粒红色火种；一个红色故事，就是一段红色誓言[18]。在红色档案的知识服务设计中，系统在档案的利用呈现效果上，让利用者看到的不再是一份份单独的档案，而是被管理者赋予了"始末"的"故事"，在档案的内容利用层面，化被动"灌溉"为主动吸收。然而，在知识组织的过程中，由于大部分的红色档案资源均为非结构化的数据，不论是 Schema 的建设还是机器学习的数据量级都是一个非常庞大的工程。

　　习近平总书记 2021 年 6 月 25 日中共中央政治局第三十一次集体学习时强调："要打造精品展陈，坚持政治性、思想性、艺术性相统一，用史实说话，增强表现力、传播力、影响力，生动传播红色文化。"对于档案工作者而言，红色档案的管理工作在党和国家的发展过程中是必不可少的一个环节，此次对《蓉城党史》知识组织的样本训练，其对于同类型的红色档案的普适性还需要进一步验证。

参考文献

[1]长江云.鉴往知来,向史而新!纪录片《红色密档》如何话百年初心?[EB/OL].[2022-03-19].http://news.hbtv.com.cn/p/2057125.html.

[2]习近平.论中国共产党历史[M].北京:中央文献出版社,2021:24.

[3]特里·库克,刘越男.电子文件与纸质文件观念:后保管及后现代主义社会里信息与档案管理中面临的一场革命[J].山西档案,1997(2):7-13.

[4]中共中央办公厅,国务院办公厅.关于实施革命文物保护利用工程(2018—2022年)的意见[N].人民日报,2018-07-30(1).

[5]本刊讯.中办国办印发《"十四五"全国档案事业发展规划》[J].中国档案,2021(6):18-23.

[6]中国档案报.成都市档案馆建立红色档案编研专题数据[EB/OL].(2021-12-03)[2022-02-27].https://www.saac.gov.cn/daj/xwdt/202112/a47b29da4b394d03868efe573b459f09.shtml.

[7]王茂春.特色文化资源与高新技术融合的路径探索[J].中华文化论坛,2015(6):128-133.

[8]光明网.延安时期文献档案数据库[EB/OL].(2019-12-03)[2022-3-03].https://topics.gmw.cn/2019-12/03/content_33371748.htm.

[9]陈海玉,向前,何剑锋.面向知识服务的抗战档案资源聚合与可视化展现探究[J].档案学研究,2021(2):111-118.

[10]牛力,展超凡,高晨翔,等.人物事件导向的多模态档案资源知识聚合模式研究[J].档案学通讯,2021(4):36-44.

[11]邓君,王阮.口述历史档案资源知识组织与关联分析[J].情报资料工作,2021,42(5):58-67.

[12]张斌,郝琦,魏扣.基于档案知识库的档案知识服务研究[J].档案学通讯,2016(3):51-58.

[13]郭嘉欣.基于多源异构数据挖掘的"红色记忆"知识图谱构建[J].知识管理论坛,2020,5(1):59-68.

[14]人民日报.红色档案蕴藏初心使命[EB/OL].(2021-05-24)[2022-03-19].http://dangshi.people.com.cn/n1/2021/0524/c436975-32111154.html.

[15]张煜东,吴乐南,王水花.专家系统发展综述[J].计算机工程与应用,2010,46(19):43-47.

[16]MBA智库.知识组织[EB/OL].[2022-03-19].https://wiki.mbalib.com/

wiki/知识组织.

[17]诸云强,孙凯,胡修棉,等.大规模地球科学知识图谱构建与共享应用框架研究与实践[J].地球信息科学学报,2022,24.

[18]镇江日报.用活红色档案,见证百年历程[EB/OL].(2021-06-15)[2022-03-19].http://wm.jschina.com.cn/9663/202106/t20210615_7124872.shtml.

红色档案资源与高校课程思政的融合路径与实现机制[*]

许珍花

北部湾大学档案馆

摘　要：红色档案资源是课程思政的主要内容和素材来源，课程思政又为红色档案资源传播提供了良好平台，是推动红色档案资源开发与利用的有效途径之一。本文探讨高校通过探寻红色档案资源与课程思政内容的结合点、用好地方红色档案资源品牌、做好融合的顶层设计、创新红色档案的新媒体传播途径四个路径，构建多元参与机制、成果转换机制和教师档案素养提升的保障机制，实现红色档案资源与课程思政的深度融合，进一步促进红色档案资源的开发与利用。

关键词：红色档案资源；课程思政；路径与机制

0　引言

2021年7月6日，习近平总书记对档案工作作出重要批示："推动档案事业创新发展，特别是要把蕴含党的初心使命的红色档案保管好、利用好，把新时代党领导人民推进实现中华民族伟大复兴的奋斗历史记录好、留存好，更好地服务党和国家工作大局、服务人民群众。"总书记关于档案工作的四个"好"、两个"服务"指示精神，为新时代档案工作的创新发展提出了总体要求和目标任务。

当前，世界正面临百年未有之大变局，在准确把握世界发展大势，推动经济社会进一步发展的同时，更好地传播好、宣传好党的光辉奋斗历程和社会主义建设的伟大成就，将党的红色精神深刻地镌刻于当代青年大学生的头脑之中，需要将党的红色档案资源同高校的课程思政建设有机地融合起来，充分发挥红色档案

---

[*] 本文收录时标题略有改动。

资政、育人的独特功能与作用，使之内化为大学生个体的政治信仰，并自觉外化为实际行动，通过课程思政促进红色档案资源开发成果的广泛应用。

1 红色档案资源与高校课程思政的内在联系与价值

红色档案资源，是指维系党在各个历史时期开展档案工作的社会条件，以及党的档案活动对社会产生的各种作用与影响因素的总和。它既是中国共产党百年光辉历程和辉煌成就的见证，也是党在长期艰苦奋斗中建构的精神谱系和政治品格的具体呈现，"具有特定的物质载体和丰富的精神指向"[1]。其所蕴含的丰富的精神资源、政治资源、文化资源和历史资源，是高校课程思政素材的主要来源和重要内容。作为大学生社会主义核心价值观教育的重要平台，课程思政"将思想政治教育元素，包括思想政治教育的理论知识、价值理念及精神追求等融入各门课程中，潜移默化地对学生的思想意识、行为举止产生影响"[2]，是意识形态教育的主要阵地。

1.1 红色档案资源与课程思政本质上的统一性

2016 年，习近平总书记在全国高校思想政治工作会议上指出："要坚持把立德树人作为中心环节，把思想政治工作贯穿教育教学全过程，实现全程育人、全方位育人。"[3]科学回答了新时代高校培养什么人、如何培养人，以及为谁培养人的根本性问题。高校的立身之本在于"立德树人"，只有做好思想政治教育工作，深刻了解党光辉的奋斗历程，才能切实抓好全面提高人才培养的核心要点，才能为社会主义事业培养全面发展的一流人才与信仰坚定的建设者和接班人。

红色档案资源作为我党艰苦卓绝百年奋斗史的真实印证，集中反映了中国共产党带领广大人民群众在革命战争、社会主义建设、改革开放时期和新时代所形成的坚定理想信念和优良的政治品格，生动见证了我党应用马克思主义进行革命与建设实践的辉煌成就，是对中华优秀文化和中华民族优秀品德的传承与发扬。课程思政通过学习参观生动鲜活的档案人物、英烈故事、历史遗址等，可以让大学生更深刻地体会共产党人烈火淬金的精神锋芒和革命意志，从而进一步增强其爱党爱国情怀和民族自豪感、自信心。二者在本质上具有高度的统一性和丰富的价值内蕴。

1.2 红色档案资源是课程思政的基本素材与主要内容

历史是最好的教科书。红色档案资源内涵丰富，详尽生动地记录着诸多鲜为人知的历史细节和英雄事迹，"具有先进性、民族性和育人性等特点"[4]，是进行大学生思想政治教育的最优质资源和主要内容。高校思政教育特别需要从一件件具体档案、一个个鲜活的共产党人中，去感受在烈火中永生的革命精神；用鲜活生动、贴近生活的红色档案故事讲好党的历史，讲好党在艰苦卓绝的革命斗争中所建构的精神谱系和优秀品格，深刻理解百年大党之所以能够从胜利走向胜利的制胜法宝，从而培养更加坚定的社会主义家国情怀。

习近平总书记在参观中共一大会址和嘉兴南湖红船时指出："我们是为了不忘初心、坚持真理而来，我们的初心、真理就蕴含在这些档案之中。"一件件尘封的红色档案和无数可歌可泣的史实记载，蕴含着党团结带领无数中华优秀儿女为民族独立解放而浴血牺牲、为社会主义建设和新时期改革开放而不懈奋斗的精神，这些都是高校课程思政讲好人生观、价值观和理想信念的鲜活素材。高校要将红色档案作为重要素材融入课堂中，让青年大学生在宏大历史叙事和鲜活个案的立体呈现中，铭记历史、缅怀先烈，把爱国之情、报国之志融入日常学习之中，增强理想信念，形成正确的价值观、人生观。

1.3　课程思政是红色档案资源开发与传播的手段和平台

习近平总书记在党的十九大报告中指出："青年兴则国家兴，青年强则国家强，青年一代有理想、有本领、有担当，国家就有前途，民族就有希望。"要培养有本领、有理想、有担当的青年一代，需要将红色档案资源融入高校日常教学之中，这既是课程思政建设的要求，也是红色档案资源开发与传播的必要途径。从课程思政的提出和实施来看，其主要目的在于将思想政治教育内容与各类专业课程进行协同融合，在学生专业知识技能的学习中潜移默化地起到价值引导、意识形态形塑的作用，在促进学生全面发展的同时，提升当代大学生的政治觉悟、国家意识、民族精神，以及中国特色社会主义道路自信、理论自信、制度自信、文化自信。

红色档案资源是我党百年艰辛奋斗和辉煌历程的见证，是我们宝贵的精神财富，蕴含着丰富的红色文化基因，是社会主义文化的重要内容和组成部分。"学校是意识形态工作的前沿阵地，可不是一个象牙之塔，也不是一个桃花源。"[5]必须深入挖掘红色档案的教育价值，厚植青年大学生的爱党爱国情怀，而课程思政为红色档案资源的开发与传播提供了良好的载体和平台。通过将红色档案资源与高校课程思政深度融合的手段，挖掘再现鲜活的英雄人物、感人的英雄事迹，以生动鲜活、贴近性强的档案开发成果，让红色档案走进学生的心里，让红色革命精神代代相传，切实提升红色档案资源开发成果的应用质效水平。

2 红色档案资源融入高校课程思政的实现路径

2.1 找准红色档案资源与课程思政内容结合点

红色档案资源具有独特的红色属性和育人价值，是培养大学生爱党爱国情怀的重要素材。厚植红色基因于高校课程思政之中，必须找准二者内容上的结合点，才能让红色档案真正走进校园，进入学生的心灵和头脑。通常意义上，课程思政是将各类课程同思想政治理论课结合，通过课堂教育培养学生的爱国主义精神和民族意识，其目的在于立德树人，培养全面发展的社会主义接班人。而红色档案记载着党百年奋斗历程和辉煌成就，传承着伟大精神和宝贵经验，本身就是爱国主义、民族精神、优秀文化的集中体现，蕴含着丰富的思政教育内容。

找准红色档案资源与课程思政的结合点，需要在思政教育中结合丰富的红色史料、鲜活的案例人物，实现以情感人、以史明理、以德树人。譬如在讲解"马克思主义哲学"时，可以引入毛泽东的《矛盾论》著作；讲"网络舆论"时，可以联系各个历史时期党的领导人对新闻舆论工作的讲话精神和广大新闻工作者的新闻实践；在讲"经济理论"时，可以联系党在苏区、延安时期，中华人民共和国成立初期和改革开放时期等不同历史阶段的红色经济政策和经济实践。让学生领会党克服困难夺取革命胜利和进行社会主义建设背后的物质保证和艰苦奋斗、不屈不挠的革命精神。

2.2 用好地方红色档案品牌资源，提升融入质效

做好高校课程思政建设，不仅要利用好全国红色档案资源，还要深挖各地独特的红色档案资源，使各类课程的思政教育更具贴近性、民族性、乡土性和亲和力。本地本土的红色故事、英烈事迹，展现的是乡土亲人们英勇不屈、视死如归的真实事件和一个个鲜活生命在战斗中永生的过程。这些红色资源呈现的震撼力是其他材料所无法比拟的，是高校培养学生爱国主义和社会主义核心价值观的宝贵资源。

广西具有深厚的红色文化沉淀，其中百色和桂林全州最具代表性。百色起义纪念馆和湘江战役纪念馆在经过数十年的建设完善后，业已成为广西红色文化教育的突出品牌。1929年12月11日，邓小平、张云逸等无产阶级革命家在百色举行起义，开启了在广西少数民族地区实行"工农武装割据"的光辉实践。百色起义纪念馆在2004年曾被授予"全国爱国主义教育示范基地先进集体"。全州则是红军长征途中伟大悲壮的湘江战役爆发地，湘江战役彰显的是红军战士不怕牺

牲、勇往直前的革命英雄主义和大无畏牺牲精神。2021 年 4 月 25 日，习近平总书记在参观湘江战役纪念馆时指出："红军将士视死如归、向死而生、一往无前，靠的是理想信念。"[6] 我们在课堂讲授"理想信念"时，则可以充分运用这些感人的档案资源，将其融入各类课程教学之中。这些来自家乡的真实史料，能够极大引发学生在情感上的共鸣和认同，自觉形成爱党爱国情怀和坚定的政治信仰。

2.3 做好顶层设计，实现校地协同育人

要做好红色档案资源融入高校课程思政建设，就离不开顶层设计。习近平总书记指出，开展党史学习，"各级党委（党组）要承担主体责任，主要领导同志要亲自抓、率先垂范，成立领导机构，切实把党中央部署和要求落到实处"[7]。高校要做好红色档案资源融入课程思政的顶层设计，校党委领导必须亲自带头，成立领导班子，做好红色文化与思政教育融合的宏观目标、方向、途径的设计。各二级机构和教学单位务必抓好提炼红色档案资源与人才培养相关的社会主义核心价值观元素，探索二者相融共通的协同育人模式。

"抓好青少年学习教育，着力讲好党的故事、革命的故事、英雄的故事，厚植爱党、爱国、爱社会主义的情感，让红色基因、革命薪火代代传承。"[8] 需要高校的档案部门、教学部门和行政部门齐心协力、加强合作，将红色档案资源开发成果广泛深入地应用到课程思政之中。通过开展红色档案资源校园巡展，组织或参与各类红色文化研究的学术会议，资助成立一批红色档案资源与课程思政融创的科研课题，不定期组织师生实地参观红色革命老区、革命纪念馆、爱国主义教育基地，或者聘请校外档案部门专家学者走进校园开展交流讲座等方式，提升学生的红色感悟，强化学生的社会主义核心价值观。

2.4 创新红色档案的新媒体传播途径

当今世界，网络已经深刻地融入我们生活的各个方面，互联网正在深刻地改变和重塑着这个世界，其中对青年大学生群体的影响尤为显著。自 2018 年始，"00"后相继进入高校，他们是伴随互联网长大的一代，是名副其实的"网络原住民"，互联网已成为他们日常获取资讯和交流传播的主要途径。同时，互联网也成为舆论争夺的主战场和意识形态斗争的主阵地。无论是红色文化的传播继承还是高校课程思政的建设，都需要善用善管网络新媒体，利用新媒体技术手段让二者融合融通，实现共同的价值观和教育目标。

一些地方高校已充分利用网络新媒体平台，开发出档案新媒体传播展示新产品。如广西高校充分利用"广西爱国主义教育基地网上展馆""广西档案信息网——多媒体展厅"等红色资源展览平台，鼓励学生观看红色档案图文资料，了解

红色文化，撰写红色作品。高校也可以利用学校官网、微博、微信公众号等创建网上校史馆，开发思政微课堂，摄制红色微电影等，传播红色档案文化。例如原钦廉地区最早的共产党支部——柑子根第一党支部，成立于抗日初期，是党员干部和广大师生接受红色教育的重要基地和市党史研究的重要资源，也是北部湾大学红色传承和课程思政建设的重要资源，学校利用网络创作介绍柑子根第一党支部的短视频、微电影、网站等，将这些红色档案资源与思政课堂紧密结合，实现深度开发与广泛应用。

3 红色档案资源融入高校课程思政的实现机制

3.1 构建多元参与的档案利用常态化机制

红色档案资源融入高校各类思政课堂离不开各部门的共同参与。习近平总书记在全国高校思想政治工作会议上指出，"要用好课堂教学这个主渠道"，"其他各门课都要守好一段渠、种好责任田，使各类课程与思想政治理论课同向同行，形成协同效应"。协同效应的实现需要教育部门、档案部门和政府部门的通力合作、共同参与，需要将爱党爱国情感胸怀真正根植于日常教学之中。

地方档案部门应在充分开发本地特色红色档案资源的基础上，将开发成果广泛应用于当地高校的各类专业课程教学之中；高校则应根据红色档案与课程思政内容的特点，制定红色课程教学目标、教学计划，与档案部门联合修订人才培养方案。地方政府部门应积极支持并给予政策便利，参与红色档案资源的开发与课程思政建设，加大对红色革命遗址的保护、修缮、开发和利用，增加对地方档案部门的经费投入，建设网上红色档案馆、纪念馆，重点扶持档案部门、教育部门对当地革命史料、英雄人物及其事迹的收集、整理和开发，支持与资助档案部门、高校对当地民间革命斗争史料、民间革命故事的搜集、整理与发掘工作，形成档案部门、高校和地方政府等多方合作、多元参与、共同构建的常态化机制。

3.2 创新红色档案资源开发的成果转换机制

红色档案资源蕴含的特殊文化价值和教育价值，是高校课程思政建设的重要内容。将红色档案资源开发的成果进行利用转换是彰显红色档案文化价值的有效途径。当前，一些机构档案的开发成果转换与应用非常成功，但也有不少地方档案成果的转换仍存在诸如利用意识薄弱、环境较差、机制不完善等问题，一定程度上制约了红色档案文化的传播与继承。

新媒体环境下，新的传播手段和平台为红色档案资源开发成果的转换利用提供了广阔空间。创新红色档案资源开发成果的转换机制，提升红色档案文化的有效利用可从以下三个方面发力：一是利用网络新媒体实现公众的广泛参与。现实的场馆参观人数毕竟有限，通过建立网上纪念馆、红色革命网上教育基地等形式，可以最大限度地实现红色档案成果的社会化参与，尤其对于提高作为网络应用主力军的大学生的参与度，其效果将更加显著。二是利用新媒体提升红色档案文化的传播力。网络传播的便捷性、海量性和互动性可以有效弥补红色档案资源自身传播力的不足。三是与地方高校合作，实现红色档案资源的共享利用。高校可以通过建立校外实践教学基地的形式，与档案部门进行合作，建立红色档案资源的合作共享机制，提升融入质效。

3.3 构建提升高校教师档案素养的保障机制

传道者自己首先要明道、信道，教育者必先受教育。不管是课程思政建设，还是红色档案育人价值的实现，说到底依靠的都是人。高校教师作为高校课程思政的建设者，是"立德树人"任务的具体实现者、践行者。不仅要有扎实的专业知识、自觉的政治意识，还要有一定的红色档案资源利用能力和档案素养。这种素养不仅包含在日常教学中对红色档案资源利用的主动意识，还包含在思政课堂上对红色档案资源灵活运用的手段、技巧和方法。

为此，高校应切实落实课程思政建设的人才保障机制，与校外档案部门组建课程思政领导小组，加大对课程思政教师队伍档案应用能力的培训，对红色档案资源利用质效进行具体指标化考核，增加对校档案部门的建设经费投入。同时，通过鼓励教师开展党史学习、建设网络红色微课、举办红色思政讲坛、开展地方红色档案资源调研等形式，增强教师对红色档案文化的了解和红色资源的应用意识，最终实现高校教师档案素养的极大提升，实现对红色档案资源更好的开发利用。

4 结语

红色档案资源作为红色文化的物质载体和精神指向，是红色档案文化的具体体现，同样是无数革命先烈英勇牺牲的生动见证，蕴含着深厚的历史底蕴、精神内涵和红色基因。将红色档案资源融入高校课程思政是社会主义高等教育的必然要求，也是促进红色档案资源开发应用的重要手段。高校应努力将党在各个历史时期所体现的英勇牺牲、艰苦奋斗、勇于创新的伟大精神和政治品格贯穿于日常教育教学的全过程中，"因事而化、因时而进、因势而新"，不断提高思想政治工作水平和能力，发挥红色档案资源开发成果的应用效能，更好地促进红色档案资源的开发与应用。

参考文献

[1]夏琳芳,李钢.关于挖掘和丰富红色档案资源的思考——黄冈市开展红色档案资源建设的做法[J].湖北档案,2014(7):26.

[2]王学俭,石岩.新时代课程思政的内涵、特点、难点及应对策略[J].新疆师范大学学报(哲学社会科学版),2020(2):51.

[3]习近平.把思想政治工作贯穿教育教学全过程 开创我国高等教育事业发展新局面[J].实践(思想理论版),2017(2):30-31.

[4]曹燕红.红色档案资源融入高校思想教育中的探讨[J].山西档案,2019(1):152.

[5]习近平.思政课是落实立德树人根本任务的关键课程[J].求是,2020(17):7.

[6]新华社微博.习近平谈湘江战役:中国革命成功的奥秘就是靠理想信念[EB/OL].[2021-04-26].http://www.xinhuanet.com/2021-04-26/c_1127375729.htm.

[7][8]习近平.在党史学习教育动员大会上的讲话[N].求是,2021(7):13-14.

我国省级综合档案馆红色档案线上资源开发利用现状研究

赵　跃　李　艺　代欣怡

四川大学公共管理学院

摘　要：红色档案作为直接记录与见证红色岁月的历史凭证，在我国档案文化建设当中具有非常重要的作用。文章通过网络调研，梳理了我国省级综合档案馆网站红色档案线上资源开发利用现状，分析其不足之处，最后提出加强红色档案资源建设与开发力度、完善红色档案在线利用平台建设、创新红色档案线上开发形式、提供个性化与人性化利用服务的对策，以期为省级综合档案馆红色档案线上资源开发利用提供参考。

关键词：档案馆；红色档案；档案网站；开发利用

"红色"这一概念在中国文化中具有重要意义，其蕴含着中国共产党领导中国人民抵御外辱、不屈不挠、解放思想、励精图治、奋发向上，推动中华民族从站起来、富起来到强起来的时代精神。红色档案作为直接记录与见证红色岁月的历史凭证，在我国档案文化建设当中具有非常重要的作用。近年来，红色档案的开发利用得到了广泛关注，且被写入《"十四五"全国档案事业发展规划》，习近平总书记更是作出重要批示："要把蕴含党的初心使命的红色档案保管好、利用好，把新时代党领导人民推进实现中华民族伟大复兴的奋斗历史记录好、留存好，更好地服务党和国家工作大局、服务人民群众。"关于红色档案开发利用的研究成果也越来越多，有学者从数字人文视角切入，探讨面向数字人文的红色档案资源组织路径[1]；有学者讨论区域红色档案资源协同开发利用策略[2]；有学者介绍了档案馆实践工作中采取的红色档案开发利用方式[3]；还有学者对省级综合档案馆网站红色档案线上展览服务、红色档案专栏等方面进行了调研，以把握红色档案资源的线上开发现状[4]。本文拟通过对我国34个省级综合档案馆网站的调研，了解红色档案线上资源开发利用情况，并针对存在的问题提出应对策略。

1 省级综合档案馆红色档案线上资源开发利用现状调查

参考既有关于档案网站线上资源开发利用的评估指标，笔者首先从页面设计、内容建设、功能建设维度设计了省级综合档案馆网站红色档案线上资源开发利用调查内容（见表 1），其次依据上述指标一一调研了 34 个省级综合档案馆网站，一共收集了 33 份有效调研结果（台湾地区档案馆网站无法访问），以下将对调查结果进行分析。

表 1　省级综合档案馆网站红色档案线上资源开发利用调查内容

一级指标	二级指标	指标说明
页面设计	红色档案频道设置	考察网站的红色档案信息是否集中展示，具有明确指向；红色档案信息频道设置等级是否醒目
	红色档案专题展示	考察网站是否将红色档案作为重要信息板块，设置专题展示或视频展览的专门展厅
内容建设	红色档案资源概况	考察网站提供的以红色档案为中心的相关实质性内容，即网站"拥有"哪些红色档案线上资源
	红色档案资源类型	考察网站已开发利用的红色档案资源类型，具体包括：①纸质档案；②实物档案；③照片档案；④口述档案；⑤录音录像档案；⑥其他类型档案
	红色档案宣传资讯	考察网站是否提供红色档案相关的资讯报道
	红色档案编研成果	考察网站开发红色档案编研成果的数量；是否提供线上预览或简介
	红色档案网上展厅	考察网站是否提供：①以三维模拟展厅实景，带给公众身临其境之感；②以音视频等资源丰富红色档案的利用效果；③以新兴特色方式吸引用户，便于利用
功能建设	红色档案目录检索	考察网站是否设置红色档案的专题目录检索，便于用户检索目标档案
	红色档案个性化利用服务	考察网站是否面向不同类型用户提供专业性、个性化服务。如面向师生提供线上教育教学资源；面向各学科背景的学者、专家提供线上资料查考等
	用户交互	考察网站网上咨询、公众参与建设情况（是否提供用户与网站之间的交互平台与交互情况，一般有留言、在线调查、在线咨询、投诉等）

注："频道"是围绕特定主题的重要栏目或内容的组合，一般设置在中部内容区顶部，在各页面统一展示，为公众便捷使用提供导航。"专题"是围绕专项工作开设的特定栏目，集中展现有关工作内容，一般具有主题性、阶段性和时效性等特点。

1.1 红色档案线上资源建设方式

红色档案的分散性为其开发利用工作带来了挑战。为了更好地保护与开发红色档案，绝大部分省级综合档案馆都积极面向社会征集红色档案。其中，甘肃省档案馆收到了市民捐赠的抗美援朝相关红色档案，海南省档案馆联合红色档案捐赠者共同开展了红色档案编研，讲述红色故事。部分档案馆开始尝试利用纵向联动、横向协同的红色档案资源建设方式。例如，2016 年起，由国家档案局牵头，辽宁省、河北省、重庆市等省级综合档案馆纷纷响应开展抗日战争档案汇编工作，为还原抗日战争历史真相提供了翔实准确的史料支撑。此外，省、市、区县级档案馆也开始共享红色档案资源，河北省 162 家档案馆签署了"河北省各级国家综合档案馆馆藏红色档案目录查询系统协议"，多馆协同在全省区域内搭建了馆藏红色档案的异地查询、信息共享平台，方便社会各界了解、利用河北红色档案信息资源。但此红色档案目录查询系统正在建设中，还未开放使用。同时，区域协作开发红色档案资源的实践工作也在不断推进。长三角地区合作举办了"建党百年，初心如盘——长三角红色档案珍品展"；四川省档案馆与重庆市档案馆合作开发了《红色珍档云宣讲》系列微视频，解读红色档案背后的故事，同时整合四川各市、区县与重庆各区县档案馆红色档案二次开发成果，为红色档案资源整合与共享提供了优秀示范。

1.2 红色档案线上资源开发形式

各省级综合档案馆红色档案线上资源开发形式大致呈现出传承红色基因主题报道、红色档案编研成果展示与红色档案专题网上展览三种形式：首先，从红色档案宣传资讯来看，各省级综合档案馆网站都能在建党 100 周年等重要时间节点，积极利用红色档案资源开展主题教育等活动，与弘扬红色文化等主题相关的宣传资讯数量可观，内容较为丰富。其次，从红色档案编研成果来看，24 家省级综合档案馆在网站上公布了各馆关于红色主题的档案文献汇编成果，共计 128 部，多以图文形式提供内容简介。其中，四川省档案馆、福建省档案馆为公众展示了档案文献汇编的目录，帮助公众进一步了解编研成果的主要内容。最后，从红色档案网上展厅来看，各省级综合档案馆红色档案展览数量较多，但水平差异较大。5 家省级综合档案馆网站没有设置红色档案主题网上展览；28 家档案馆网站为公众提供红色档案主题图片展览，其中 10 家档案馆能够为公众进一步提供视频专题展览，更加生动地利用红色档案讲述红色故事。河北省档案馆、浙江省档案馆等 12 家档案馆网站已经建成网上 VR 展厅，能够在线带领公众进入档案馆体验沉浸式观展，其中 3 家档案馆网站还辅以音视频讲解，引导公众在观展时回顾历史、学习知识。浙江省档案馆、海南省档案馆的 VR 网上展厅还为用户提供发送弹幕与留言的功能，促进红色文化在用户交流中入脑、入心，真正实现红色档案文化的育人作用。

1.3 红色档案线上资源利用服务

红色档案资讯、红色档案编研成果与红色档案网上展厅等开发成果，使社会公众可通过浏览网站、搜索资讯获取所需资料，也可观看网上展览感受红色精神。但目前省级综合档案馆网站的红色档案数字资源及编研成果基本都只提供目录级的利用，几乎没有档案馆为用户提供线上浏览全文的利用服务。此外，红色档案资源的多重价值还未被完全发掘，鲜有档案馆结合红色档案的不同价值面向不同利用主体提供个性化的特色服务。值得一提的是，目前北京市档案馆、上海市档案馆相应建了"青少年教育""学生课堂"栏目，宣传依托本馆红色档案资源开展的中小学爱国教育主题讲座。但目前该板块的线上资源多为线下活动的新闻宣传，线上一般只提供预约方式，还未能将红色档案线上资源直接整合成可供学生参考的红色史料库。最后，调研发现，各省十分重视提供"用户交互"的服务，已有 22 家档案馆网站设置了此板块，具体有用户留言、在线答疑、投诉建议、问卷调查、展厅区评论弹幕等交互形式，实现了用户的在线交流、业务咨询等，提高了线上资源利用的便利性与疑难解决的时效性，在一定程度上密切了用户与用户之间、用户与档案馆之间的联系。

2 省级综合档案馆红色档案线上资源开发利用的不足

2.1 红色档案资源建设与开发水平有待提高

从资源建设的角度来说，红色档案资源具有天然的分散性，谁收集，谁就负责保管和开发利用，但我国尚未建立红色档案资源共建共享平台，各级各类红色档案资源管理主体缺乏交流与沟通，红色档案资源保护、整合等工作缺乏整体性、科学性与目的性。从资源开发的角度来说，各省级综合档案馆未能将红色档案馆藏资源进行清晰梳理与展示，更未开启建设红色档案专题目录之路。目前，虽然大部分档案馆网站设置了目录检索功能，但只有全部开放档案的目录，未见红色档案专题库目录检索。仅浙江省档案馆专题目录"革命历史"和湖北省档案馆专题目录"湖北抗战损失"中涉及部分红色档案的目录检索，其余 31 家档案馆还未建设红色档案的专题目录。此外，各档案馆网站红色档案线上资源类型不够丰富，大多数档案馆的红色资源都以纸质档案、照片档案与实物档案的数字化资源为主，仅有少部分档案馆在红色档案资源开发中运用了口述档案与录音录像档案。

2.2 在线利用平台运营状况亟待优化

要想提升红色档案线上资源开发利用水平，关键是要具备权威、生动的内容生产和持续更新的有效信息。现阶段各省级综合档案馆网站运营情况显然尚未满足以上要求。首先，在内容选择上普遍存在重业务活动报道、轻红色档案呈现的倾向，忽视红色文化的生产与宣传。福建、山西、山东等多省档案馆网站的红色专题内容或为内部红色学习报道，或为转载自别处的新闻报道，鲜见原始红色档案与原创红色编研成果，缺乏有效性和有趣性。其次，一些档案馆网站建设维护不及时、内容更新缓慢、更新时间不规律，难以培养用户的阅读习惯与扩大档案文化的传播范围。最后，超过70%的省级综合档案馆没有将红色档案资源相关内容集中展示于一个栏目或频道，而是将其分散于不同的栏目频道，此种内容排版和信息组织方式增加了用户查询利用的难度。

2.3 红色档案线上资源开发形式不够丰富

红色档案线上资源开发形式直接影响着用户获取红色档案相关资源的积极性与满意度。当前，各省级综合档案馆红色档案线上资源开发形式较为单调。从展示方式来说，大多数档案馆网站还停留在传统方式，仅运用文字与图片对某一份原始红色档案的形成背景及价值等进行简单介绍，或是提供红色档案编研成果的部分数字化成果图片与音视频，仅有部分档案馆网站引入了 VR 展览的新兴方式。从展示内容来说，大多数编研成果都是根据事件发生的时间线严肃地向人们展现一段红色历史，缺少趣味性。更未见有互动答题、闯关奖励、游戏参与激励性、互动式的内容参与形式。现有单一的利用形式，使得用户大多为被动参观，缺乏主动性和体验感。

2.4 红色档案线上利用服务缺乏特色

满足用户群体的线上利用需求是建设线上红色资源的初衷。然而，目前各省级综合档案馆提供的红色档案线上利用服务较为单一、粗略。一方面，对于普通公众来说缺乏观赏性服务供给：档案馆多提供红色档案的静态图文供用户浏览，布局单调，话语严肃，导致实质内容的感染力和表现力不足，难以给予用户视觉享受与沉浸体验。另一方面，对于红色档案资源深度要求更高的专业研究人员、教育工作者或者学生群体来说缺乏专业性与针对性服务供给：其一，超过半数档案馆的红色档案馆藏资源介绍不够详细与具体；其二，目前各档案馆网站均未建设红色档案专题目录检索系统；其三，各档案馆提供的编研成果仅有目录或简介，未提供全文浏览；其四，仅有个别档案馆利用红色资源面向学生开展线下红色主题教育活动，但线上红色档案专题教育阵地建设滞后，用户仍无法利用体系化的红色档案线上资源进行教育学习。由此可见，上述服务难以满足具有特定目标用户的信息需求与利用需要。

3 省级综合档案馆红色档案线上资源开发利用的对策

3.1 加大红色档案资源建设与开发力度

做好红色档案的收集、整理、修复与数字化等基础工作是红色档案线上资源开发利用的重要前提。各档案馆应该结合自身工作实践，积极探索红色档案工作规范与制度。可以参考近期颁布的《上海市档案条例》"红色档案的保护利用"专章，规范化、制度化开展红色档案认定、红色档案分级保护、专题目录和数据库建设及红色档案开发利用等工作[5]。从红色档案资源整合与开发实践来看，各省级综合档案馆应该尽快完成红色档案清点工作，摸清馆藏红色档案数量、形式与数字化率等情况，为红色档案线上资源开发利用奠定坚实基础。同时，针对红色档案保管机构的分散性特征，档案部门应进一步强化区域协同、馆际协作意识，积极建立红色档案共建共享机制与平台。此外，也应充分利用公众的力量，开设档案众包专栏，发动社会公众寻找身边的红色档案丰富馆藏资源，鼓励社会力量参与红色档案资源数字化工作，推动红色档案资源整合与开发进程[6]。

3.2 完善红色档案在线利用平台建设

针对档案馆网站红色档案线上资源分散分布的现状，各省级综合档案馆应着力优化红色档案栏目与频道的设置。一方面，应注重红色档案栏目、频道的功能维护与界面设计，遵循及时更新、按时维护、简约得体、清晰明了的原则，增强红色档案专栏的系统性与可读性，提升用户浏览、搜寻红色档案的流畅性与便利性。另一方面，红色档案专栏建设应转变重业务活动报道、轻红色档案呈现的倾向，扎实开发红色档案资源，突出体现专栏中"红色档案"的独特元素。此外，各省级综合档案馆也应紧紧跟随数字时代新媒体的发展浪潮，灵活、快捷地运用微博、微信等移动服务平台开展红色档案宣传工作，通过开设红色档案专栏、专题，发布红色档案资讯，展示红色档案开发成果等举措，让红色档案深入大众生活，更加生动地讲述红色故事，传播红色档案文化。

3.3 创新红色档案资源线上开发形式

各省级综合档案馆可在保证档案馆网站高质量运行的基础上搭建红色档案编纂成果数字化平台，建立档案文献编纂成果目录与全文检索，进一步为公众提供编纂成果的全文在线利用。此外，档案部门可结合现有红色档案资源拍摄红色专题片、红色人物纪录片，发行红色革命老人口述档案音频专辑、电子画册等，加大红色档案文化创意产品的开发力度[7]。各省级综合档案馆可将建设红色档案VR展厅作为红色档案展览的目标，以河北省"英雄的土地·辉煌的历程"红色档案网上展览等优秀VR展厅为参考，做好红色档案资源挖掘，讲述好红色故事，利用好视频、图片素材，搭配音视频讲解与用户交互功能，增强用户的参与感，提升红色档案网上展览的层次与水平。各省级综合档案馆也应积极探索新一代信息技术与红色档案网上展览的结合，采取技术外包或引进人才等措施加大知识图谱等技术在红色档案资源线上开发利用上的应用力度。

3.4 提供个性化与人性化的利用服务

红色档案的文化价值、历史价值、政治价值、教育价值、艺术价值以及经济价值使得公众线上利用红色档案资源的目的存在多样性。为了实现红色档案资源利用成效的最大化，各省级综合档案馆可以结合线上来访用户的目的、身份等信息，构建用户画像，更加精准地定位用户信息需求，针对不同用户群体提供更加个性化的服务。各省级综合档案馆仍需加强用户反馈交流的渠道建设，可在多个栏目与页面下设置用户交流区域，公开用户留言、评论信息。同时，红色档案网上展览的界面也应加入用户互动评论的版面，可以采用虚拟社区、弹幕等形式鼓励用户讨论交流，提升用户观展体验，激发公众追忆红色岁月的热情，提升红色档案文化的宣传成效。各省级综合档案馆应将红色档案文化育人目标融入与公众的沟通交流中，使档案文化资源中的红色基因、城市记忆真正进入公众心中、脑中，最终实现传播、弘扬红色精神和城市文化的目的。

参考文献

[1]赵红颖,张卫东.数字人文视角下的红色档案资源组织:数据化、情境化与故事化[J].档案与建设,2021(7):33-36.

[2]周林兴,崔云萍.区域性红色档案资源的协同开发利用探析——以长三角区域为分析对象[J].档案学通讯,2021(5):4-13.

[3]季红军,李舟.以红色档案打通"红色脉搏"——打造富有南京特色的红色

档案文化品牌[J].中国档案,2021(1):44-45.

[4]高原.数字时代红色档案资源开发研究[D].哈尔滨:黑龙江大学,2021.

[5]档案春秋.新修订《上海市档案条例》将于 12 月 1 日正式实施,红色档案、数字赋能、为民服务等成为关键词[EB/OL].[2022-01-09].https://mp.weixin.qq.com/s/PJbaI3FYUK2b_OQIIG3J0w.

[6]王向女,姚婧.长三角地区红色档案资源整合探析[J].浙江档案,2020(2):30-32.

[7]范雪香.新媒体环境下加强红色档案文化传播思考[J].城建档案,2019(9):100-101.

新形势下档案资源共享开发利用效能评价体系探析
——以南京市为例

王　宇[1]　程薇薇[2]

1. 南京市档案馆　2. 南京抗日航空烈士纪念馆

摘　要：本文通过调研梳理了近年来南京市档案馆在档案资源共享开发利用上的实践，对具有代表性的重要案例进行了整合；采用心理学的"活动理论"归纳分析了新形势下档案资源共享开发利用的主体、客体、共同体、工具、规则、分工等构成要素及其运转方式；并以此为依据，尝试设计了一套档案资源共享开发利用效能评价体系，并在实践操作中总结归纳不足，为未来的工作提升做参考。

关键词：档案资源；共享；开发；利用；效能评价

档案资源的共享开发利用是档案及相关部门充分发挥资源优势，以迅捷化和社会化方式与全社会进行多元档案文化互动交流的过程，旨在坚定主心骨、凝聚正能量、巩固主流意识形态，满足人民群众的精神需求。《"十四五"全国档案事业发展规划》指出，十四五期间，"档案利用服务达到新水平。以人民为中心的档案服务理念深入人心，档案开放力度明显加大、共享程度显著提高、利用手段更加便捷，档案资政服务、公共服务、文化教育能力明显提升"[1]。现阶段，社会发展已进入融媒时代，对档案资源共享开发利用既提供了便利也带来了挑战，科学有效地衡量其实践效能非常必要。本文将通过分析近年来南京市档案馆在档案资源共享开发利用上的实践，研究其中要素运转机制的必然性和规律性，尝试引入量化标准建立档案共享开发利用的效能评价体系，为今后的工作提供参考。

1 评价体系建立的实践背景及理论依据

1.1 实践背景

近年来，南京市档案馆以丰富的馆藏资源为依托，坚持与相关单位实现合作共赢，将档案资源的共享开发利用拓展到不同的专业领域，精心谋划、扎实推进，形成多形式、多维度的产品矩阵。以改革开放 40 周年、新中国成立 70 周年、中国共产党在南京等为重点主题谋划重大主题宣传；在国家重点档案保护与开发项目中，先后申报完成了 7 个项目 59 册档案汇编的编纂任务；以馆藏"江南水泥厂"档案为基础，编纂完成 8 本档案汇编、1 本档案编研书籍，举办数场展览，发布多篇研究性文章，产品之一《一座工厂的抗日传奇》在中央电视台《国家记忆》栏目播出，有效地提高了南京市档案馆的社会知名度和品牌影响力。

2021 年 7 月，习近平总书记在为档案工作作出的重要批示中强调："要把蕴含党的初心使命的红色档案保管好、利用好，把新时代党领导人民推进实现中华民族伟大复兴的奋斗历史记录好、留存好，更好地服务党和国家工作大局、服务人民群众。"[2]重要批示进一步明确了档案工作的目标任务和价值所在，也为新时代档案工作指明了方向、提供了行动指南。为贯彻落实好习近平总书记的重要批示要求，南京市档案馆以庆祝党的百年华诞为主题，推出"百年华诞·百件珍档"红色百年南京印记档案全媒体行动；建成 8 个红色档案展示教育室，全方位展现建党 100 年来中国共产党带领人民群众在南京革命、建设和发展的光辉历程。

这一系列丰厚的实践成果，为归纳共性规律和经验价值提供了翔实的研究数据；以此为基础，以现有理论为基点，总结档案资源共享开发利用实践中的关键要素和要素运转机制，研究要素在运转模式中发挥作用的效能，形成效能评价体系并验证其可行性，能更好地为今后的实践活动实现效能最大化提供参考。

1.2 理论依据

心理学的"活动理论"是建立在马克思主义哲学基础上的心理学理论，是分析普遍存在于人类社会的各种活动的描述性概论。根据"活动理论"，结合南京市的相关档案工作实践，分析档案资源共享开发利用实践中的主体、客体、共同体、工具、规则、分工等构成要素及其运转方式。

主体要素是该案例的设计者和执行者，可以理解和感知整个实践案例的运作。从宏观上来看，档案资源共享开发利用的主体是档案机构及其合作者。客体要素是该案例的被设计和执行对象，在这里指档案资源；当客体被创造和改变，向着主体所预期的目标转变即成为文化效益和社会效益产生的基础。共同体要素注重群体参与，共同为主体目标的实现凝聚力量、消耗能量和资源，又因权责不同产生不同的类别。工具要素是媒介和手段，档案资源共享开发利用的工具是主体作用于客体的设计策划理念、呈现形式和传播渠道。规则介于主体和共同体之间，有规则的调节和约束，才能规避风险，导向主体与共同体更加和谐的关系。劳动分工将案例结果定义为角色任务的分配及影响力和推动力的分配[3]。

在明确目标和责任的前提下，六大要素之间相互组合形成了生产、交流、分配与消费4个子系统，有效实现科学运转，见图1。

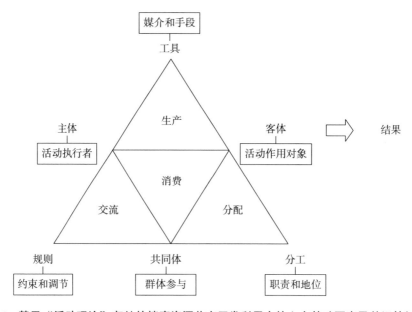

图1 基于"活动理论"归纳的档案资源共享开发利用中的六大基础要素及其运转机制

2 档案资源共享开发利用的效能评价体系

2.1 评价体系框架及内容

根据六要素之间形成的4个子系统，设立生产、质量、效益、满意度4个一级评价要素。同时，根据六大要素在子系统内的远转方式，设立政治标准、参与主体、共享覆盖率、开发利用率、合规性、社会效益、可持续影响、服务对象满意度8个二级评价要素。

　　生产指标对应主体、客体及工具要素之间形成的生产子系统，即主体（牵头或主办单位）通过使用各类工具推动客体（即档案资源）形成成果，衡量在一过程中效能的高低，所以"生产指标"又分为"参与主体指标""共享覆盖率指标"和"开发利用率指标"3个二级评价要素，涵盖档案共享开发利用过程中可能产生的实践手段。

　　质量指标对应主体、共同体和规则之间形成的交流子系统，即主体与共同参与群体之间的合作必须建立在完整的规则系统上。档案部门的政治属性，决定了其各种工作实践都必须遵循一定的规则。所以"质量指标"又分为"政治标准指标""合规性指标"2个二级评价要素。

　　效益指标对应共同体经过合理分工与客体间的分配子系统，即共同体依据一定分工作用于客体（即档案资源）。通过对成果的数量、成果质量和传播效力的评估衡量这一指标效能的完成度，所以"效益指标"又分为"社会效益指标"和"可持续影响指标"2个二级评价要素。

　　满意度指标对应主体、客体和共同体之间形成的消费子系统，即主体、客体和共同体三项核心要素间的闭环是否流转顺畅，通过在此过程中获得的正面反馈衡量效能的完成度。所以"满意度指标"只有1个二级评价要素即"服务对象满意度指标"。

　　在此基础上，再对8个二级评价要素进行细化延伸，形成21个三级评价要素。评价体系框架、内容及要素解释见表1。

表1　档案资源共享开发利用效能评价体系

一级评价要素	二级评价要素	三级评价要素	要素解释	评价规则（以下标准仅供参考，具体量化考核指标由各组织、部门视具体情况确定）
生产指标	参与主体指标	主体数量	牵头（主办）单位的数量	至少有一家才能得分，每增加一家加分，分值设上限
		主体的基础能力	牵头（主办）单位的层级、能提供的资源	层级：根据国家级、省级、市级、区（县），由高到低评分，分值设上限
				资源：根据提供的资源及承担的任务轻重评分
		社会影响力	牵头（主办）单位在某区域、某领域发挥的作用	根据牵头（主办）单位在某区域、某领域的号召力及覆盖面评分

一级评价要素	二级评价要素	三级评价要素	要素解释	评价规则（以下标准仅供参考，具体量化考核指标由各组织、部门视具体情况确定）
生产指标	共享覆盖率指标	覆盖机构数量	牵头（主办）单位沟通联系相关机构、组织、个人的数量	根据沟通联系相关机构、组织、个人的数量评分，至少有一家（得基础分），每增加一家加分，分值设上限
		覆盖层级	牵头（主办）单位沟通联系的机构、组织的层级	层级：根据国家级、省级、市级、区（县）由高到低评分，分值设上限
		整合档案资源的数量	过程中收集整理档案资源的种类和数量	根据收集整理档案资源种类及数量的多少评分，分值设上限
	开发利用率指标	开发利用数量	整合后开发利用的档案资源的种类和数量	根据整合后开发利用的种类和数量的多少评分，分值设上限
		开发利用程度	档案资源最终的开发利用度	根据档案资源最终的开发利用度评分，分值设上限
质量指标	政治标准指标	意识形态审核	落实意识形态审核机制的情况	按要求落实意识形态审核机制得分，未落实一票否决
		弘扬主旋律	围绕国家和地方的中心工作、围绕本领域的发展趋向	围绕国家和地方的中心工作、围绕本领域的发展趋向的落实情况评分，未落实不得分
	合规性指标	共享合规性	符合国家法律、法规、方针政策及内部控制制度等要求	符合国家法律、法规、方针政策及内部控制制度等要求评分，不符合则一票否决
		开发利用合规性		
		社会参与合规性		
		经费执行合规性		
效益指标	社会效益指标	受众参与度	受众参与总量，不同层级、身份、年龄的受众参与度及互动率	根据受众参与人数的多少，不同阶层、不同年龄受众参与度及互动率的大小评分，分值设上限
		取得成果	成果不同层级、种类及数量	成果层级：根据国家级、省级、市级、区（县）由高到低评分，分值设上限
				根据成果种类、数量多少评分，分值设上限

续表

一级评价要素	二级评价要素	三级评价要素	要素解释	评价规则（以下标准仅供参考，具体量化考核指标由各组织、部门视具体情况确定）
效益指标	社会效益指标	获得各级奖励	所有成果获得的奖励数量、层级及含金量	奖励层级：根据国家级、省级、市级、区（县）由高到低评分，分值设上限
				奖励数量：根据奖励数量的多少评分，分值设上限
				含金量：根据奖励的稀缺度评分
	可持续影响指标	传播渠道	成果传播的不同渠道，包括但不限于手机端（微信、微博、APP）、网站、纸媒、电视、电台	根据渠道的种类及数量的多少评分，分值设上限
		传播效果	传播的数量和质量，再传播的数量和质量	传播的数量和质量：根据不同渠道设立不同的考核标准，如微信推文可根据阅读量和点赞量评分
				再传播的数量和质量：被社会各界再传播的案例数量和质量
满意度指标	服务对象满意度指标	受众满意度	受众的参与评价	根据受众的满意程度评分
		共同参与体满意度	共同参与机构、组织及个人的评价	共同参与机构、组织及个人的满意程度评分

2.2 评价规则（附表）

根据评价体系的框架及内容，尝试设立每项三级评价要素的评价规则，如表1。该标准仅供参考，具体量化考核指标由各组织、部门视具体情况确定。

3 效能评价体系的案例实践

为验证前文所述档案资源共享开发利用效能评价体系的可行性和科学性，选取一个实践案例进行演示操作，即南京市档案馆主办的"百年华诞·百件珍档——红色百年 南京印记"档案全媒体行动。该案例对南京市的红色珍档进行了共享开发利用，实践内容更加侧重于信息时代下的融媒宣传，内容包括创新策划打造的"五个一"活动：一个红色档案征集令、一个陈列展、一次全媒体行动、一个抖音号、一系列读档读报活动。

同时，前文所述效能评价体系未设定具体量化考核指标，现根据该案例的具体情况，设定 21 个三级指标分值上限均为 10 分，按层级评分则为国家级 5 分、省级 3 分、市级 1 分、区县级 0.5 分，按数量评分则视具体情况而定，不设定权重。按 21 个三级评价要素分别具体列出案例的完成及评分情况，汇总如表 2 所示。

表 2 "百年华诞·百件珍档——红色百年 南京印记"档案全媒体行动评分表

三级评价要素	印证内容		评分
主体数量	南京市档案馆、南京报业传媒集团		按数量得分，2 家得 2 分
主体的基础能力	层级：南京市档案馆为副省级城市国家综合性档案馆	层级：南京报业传媒集团是经国家新闻出版总署批准组建的市属国有媒体集团	两家单位分别为副省级、市级，按层级得分为 4 分；南京市档案馆拥有丰厚的档案资源，南京报业传媒集团拥有全方位的融媒资源，另加 2 分，总得分为 6 分
	资源：馆藏档案截至 2021 年底，共有 581 个全宗、1420158 卷、2056825 件，纸质档案总排架长度 180134 米[4]	资源：已建立融媒体中心，形成了集报网博信端于一体的新型主流媒体架构，走向移动优先的传播体系[5]	
社会影响力	南京市档案馆近年来先后承担国家重点档案保护项目 7 个项目 59 册档案汇编的编纂工作，联合拍摄的纪录片《一座工厂的抗日传奇》在央视频道《国家记忆》栏目播出	南京报业传媒集团作为全市宣传舆论的主要阵地和文化产业的重要力量，仅其下属南京日报新媒体矩阵，总粉丝量超过 1000 万人次，每天各平台阅读总量超过 10 万人次[6]	南京市档案馆在 2019 年发布的副省级以上综合档案业务建设评价情况中位列第 9，在副省级城市中位列第 2；南京报业传媒集团的新闻产品近年来多次获得国家级、省级新闻大奖，此项可得 10 分
覆盖机构数量	全媒体行动进行期间，接受电话、网络、信函咨询上千次，实地寻访调查近百次		覆盖全市各行各业、社会各界，按数量得分（设分值上限）为 10 分

续表

三级评价要素	印证内容	评分
覆盖层级	南京市各级综合档案馆、部分企业档案馆、文博场馆、档案持有人通过各种形式，推荐馆藏档案和个人珍藏档案（层级包括副省级、市级、区县级、街道）	覆盖南京市各个行政层级，部分层级有多个单位、机构、组织（设分值上限），得分为10分
整合档案资源的数量	数量：共征集珍贵档案94组，600余件； 种类：涵盖文书类、影音类、实物类、资料类、图纸类等各个种类	相较于覆盖机构的数量，数量比例不足，得分为3分；种类丰富，可得5分；共计8分
开发利用数量	形成档案故事的档案资源共72件（现场活动中参观及文字、视频未详细解读的数量未计入其中）	经详细解读的72件，使用但未详细解读内容的因数量过多无法计入，该项得10分
开发利用程度	此次全媒体行动中使用到的档案资源均经过充分的背景调查和挖掘开发	对外发布内容均经过调研、整合、编辑及审核等开发利用全流程，得10分
意识形态审核	全媒体行动指导单位为南京市委宣传部、南京市委网信办，内容均通过意识形态审核	一票否决项，符合要求即得10分
弘扬主旋律	该行动聚焦建党100周年这一重大主题，用珍藏在档案馆、展览馆里的档案展现一段段百年党史中的"南京印记"	一票否决项，符合要求即得10分
共享合规性	均未出现违法违规现象	一票否决项，符合要求即得10分
开发利用合规性	均未出现违法违规现象	一票否决项，符合要求即得10分
社会参与合规性	均未出现违法违规现象	一票否决项，符合要求即得10分
经费执行合规性	均未出现违法违规现象	一票否决项，符合要求即得10分

三级评价要素	印证内容	评分
受众参与度	线下：多场"百件珍档"线下寻访和"读档读报学党史"活动共约300人参与； 线上：全网传播覆盖人次超过2000万	现场活动参与受众以青年党员居多，种类单一，得3分；线上传播相较于一般新媒体产品，效果优异，得5分；共计8分
取得成果	发布25篇系列图文深度报道，开设南京印记抖音号发布12个短视频，5场云直播，1个H5，多幅插画	媒体产品无法以层级评分，涉及多个种类，数量丰富，得5分，共计5分
获得各级奖励	1. 短视频《正是青春璀璨时 烽火岁月映芳华》获评第二届"追寻先烈足迹"短视频征集展示活动"机构推选优秀作品"（50部）； 2. "江苏庆祝建党百年融媒体精品案例评选十佳案例"； 3. 南京市委宣传部"2020年度南京市社会主义核心价值观教育实践创新案例十佳案例"； 4. 南京市委宣传部、市委网信办"2021年度南京优秀融合传播范例"	获得国家级奖励1项，得5分；获得省级奖励1项，得3分；获得市级表彰2项，得2分。分值设上限，共计10分
传播渠道	1. 举办5场"看档案读党报学党史"主题党日活动，组建"党史教育宣讲团"，讲述珍档背后的红色故事； 2. 推出融媒体产品，打通"报、网、端、微、屏"各种资源，以二维码为导流窗口，强化报网协同，形成全媒体矩阵	覆盖全媒体传播渠道，同时纳入现场宣讲和主题活动，得10分
传播效果	人民网、新华网、学习强国、新江苏、南京日报等中央、省、市主流媒体平台均积极参与传播，江苏省、市政务新媒体自发转载	这一项根据不同渠道设立不同标准，考核该案例的融媒体产品转发量和转载媒体的影响力，得10分
受众满意度	南京师范大学副校长张连红教授给予了"最具创新、最具人气、最有效果的党史宣传教育活动"的高度评价	未全面统计，择取其中具有较高影响力和公信力的嘉宾评语，得6分
共同参与体满意度	江苏省委党校党史党建教研部教授、江苏省口述历史研究会会长李继锋表示，本次活动是对"红色记忆"的抢救性保护，也是对红色档案鲜活性的传播。南京市多家高校现场设置思政课堂，组织学生开展主题教育	共同参与机构、组织及个人反馈均良好，得10分

如表 2 所示，南京市档案馆主办的档案全媒体行动总得分为 185 分，根据满分 210 分，按百分制计算得分为 88.1 分。

4 思考与讨论

通过对案例实践的分析，结合《"十四五"全国档案事业发展规划》对档案资源共享开发利用提出的要求，这套效能评价体系仍存在不足，需要在科学性和可行性上进一步完善。

4.1 增加对"共同参与机构、组织、人员"的考察

目前，针对六要素中"共同体"的考虑，是通过"效益指标"和"服务对象满意度指标"两个一级指标来实现的，仅覆盖了成果质量、传播效果和满意度的得分。而作为档案资源共享开发利用中的重要内容"共享"，还应该考虑共同参与群体是否丰富完备、职责与分工是否规范有序，如实践案例中与博物馆、图书馆、纪念馆等单位在档案文献资源共享方面的合作，各个高校参与现场活动的方式、人数和效果，雨花台烈士陵园管理局、南京水务集团有限公司等共同承办单位的能力、提供的资源及承担任务的完成率等。

4.2 充分考虑部分评价要素的重要性

在目前的效能评价体系中，已经设置部分"一票否决"项，均为意识形态、合法合规性等重要内容。在此基础上，基于该效能评价体系考虑的是档案资源共享开发利用的效能，应当更加重视该区域内档案资源的调研整合、重复件、复制件和目录的共享、开发利用的覆盖面方式种类等内容的重要性，加大其考核权重。另外，改进部分评价要素的评价规则，如"主体"要素（即牵头或主办单位）的资源、能力及影响力固然对该区域内档案资源的共享开发利用有一定的影响和限制，但并非决定性要素，在评价要素的评价规则设置上可缩小占比。

4.3 三级评价要素的评分规则需要优化

前文所述效能评价体系将量化考核引入档案资源共享开发利用的工作实践中，量化考核要求标准化的考核指标，然而在目前的体系中，部分评价要素的量化指标很难形成统一的标准，如整合档案资源的数量和种类、受众的参与评价等。针对这些要素，需要优化量化考核的方式，单以数量的多少、质量的高低来评定，主观性因素掺杂过多。可尝试引入新的评价方式，如共享档案资源的数量与调研对象数量的比例高低，比例高，说明牵头（主办）单位在共享工作上效

能更高，则得分更高。评分规则的优化，将强化效能评价体系的客观性，使各类涉及档案资源共享开发利用的工作实践均能获得准确可靠的评价。

参考文献

[1]国家档案局.中办国办印发《"十四五"全国档案事业发展规划》[EB/OL].（2021－06－08）[2022－03－29].https://www.saac.gov.cn/daj/yaow/202106/899650c1b1ec4c0e9ad3c2ca7310eca4.shtml.

[2]国家档案局.国家档案局印发《通知》要求认真学习贯彻习近平总书记对档案工作重要批示[EB/OL].（2021－07－29）[2022－03－29].https://www.saac.gov.cn/daj/yaow/202107/4447a48629a74bfba6ae8585fc133162.shtml.

[3]吕巾娇,刘美凤,史力范.活动理论的发展脉络与应用探析[J].现代教育技术,2007(1):8-14.

[4]南京市档案馆.南京市档案馆主要情况介绍[EB/OL].[2022－07－31].http://dag.nanjing.gov.cn/daggk/bgjj/.

[5]南京报业传媒集团.南京报业传媒集团简介[EB/OL].[2022－03－29].http://njby.njdaily.cn/static/html/jituan.html.

[6]南京报业传媒集团.南京日报[EB/OL].[2022－03－29].http://njby.jlwb.net/static/html/meiti/njrb.html.

非物质文化遗产档案的文化开发与传播路径
——以"陆稿荐"苏式卤菜档案为例

杜冰艳　王芷婕　郭雨菁　谢诗艺

苏州大学社会学院

摘　要：对档案文化进行开发与传播是档案价值实现的重要途径。非遗档案历史底蕴深厚，是中华民族文明的结晶，具备档案文化挖掘的基础条件。文章依据沙因"文化睡莲模型"对"陆稿荐"苏式卤菜档案文化进行解构与阐释，分析其现存问题，并从主体、内容、途径、受众及效果反馈五方面提出档案文化的开发与传播路径设想，以期推动非遗档案文化的发展。

关键词：档案文化；非遗档案；档案开发；传播路径；开发思路

档案与文化关系密切，其本身是一种文化现象，档案文化也成为人类文化的重要组成部分，档案文化既可以指档案本身所承载的文化，也包括围绕档案进行的一系列管理利用活动，以及整个社会的档案观念和档案意识[1]。非物质文化遗产（以下简称非遗）同样是人类文化的组成部分，非遗档案以文字、影像等为载体，将无形的非遗有形化，其开发传播对于赓续历史文脉、坚定文化自信、建设社会主义文化强国具有重要意义。笔者通过检索我国非遗档案文化研究相关论文，发现发文数量整体呈现增长趋势，其中31篇文章是在近五年中发布的，约占总发文量的40%，已有研究主要集中在非遗档案式保护[2]、非遗档案资源建设[3]和非遗档案管理[4]等方面，非遗档案文化的价值及其开发得到了进一步的重视。《"十四五"全国档案事业发展规划》强调，要"不断推出具有广泛影响力的档案文化精品"，"通过开发带动保护，更好发挥档案在服务国家治理、传承红色基因、建构民族记忆、文明交流互鉴等方面的独特作用"，为档案文化的开发与传播提供了旗帜导向。

以"南甜"风格著称的苏州饮食，在千年发展中形成苏式卤菜、苏式糕点等十二大类。其中，苏式卤菜鲜香回甜的江南风味更是独具一格，区别于粤系卤菜的香软味浓、鲁式卤菜的咸鲜红亮、川系卤菜的味辛醇香。而素有"江南卤菜第一灶"美誉的陆稿荐则是传统苏式卤菜的典型代表。据《苏州市志》（第三册）记载，陆稿荐始于康熙二年（1663年），历史悠久，长期以来浸润苏式特色，并在长期发展过程中融合诸多风格，研制出了大量特色卤菜食品，其制作技艺于2009年申报成为江苏省级非遗，深受大众喜爱。高知名度为其档案文化开发与传播提供了群众基础，但目前陆稿荐在这方面并不尽如人意，故本研究以"陆稿荐"苏式卤菜档案（以下简称"陆稿荐"档案）为例进行档案文化的开发利用探析，具有一定的实际意义。

1 "陆稿荐"苏式卤菜档案文化结构

对档案文化进行层次解构有助于更好地理解档案文化的内涵，提升档案文化开发与传播的效果。沙因的"文化睡莲"模型认为，企业文化分为三个层次，即外显的花叶、中层的枝梗和下层的根。有学者认为，档案文化作为一种生活方式，围绕其文化内核通过各种符号体现，这些符号可以划分为思想层、行为层和器物层[5]。二者观点具有相似之处，"陆稿荐"档案文化的内容，按照符号特征可以大致分为以下三类，如图1所示。

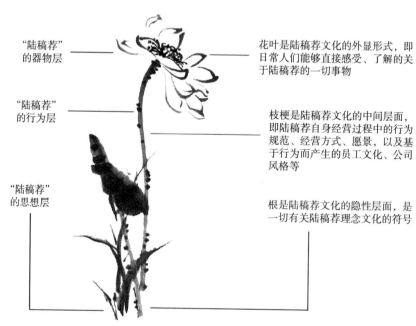

"陆稿荐"的器物层

"陆稿荐"的行为层

"陆稿荐"的思想层

花叶是陆稿荐文化的外显形式，即日常人们能够直接感受、了解的关于陆稿荐的一切事物

枝梗是陆稿荐文化的中间层面，即陆稿荐自身经营过程中的行为规范、经营方式、愿景，以及基于行为而产生的员工文化、公司风格等

根是陆稿荐文化的隐性层面，是一切有关陆稿荐理念文化的符号

图1 "陆稿荐"档案文化层次分析

1.1 显性层面——器物层面

花叶是"陆稿荐"档案文化的外显形式，对应器物层，即人们能够直接感受、了解的关于陆稿荐的一切事物，包括产生传说、相关宣传片、建筑、制作卤菜所用器具、随时令推出的不同菜品等内容。这些影响着陆稿荐在人们眼中的首要印象。

关于陆稿荐的产生传说主要记载于《苏州市志》（第三册），故事中陆蓉塘的良善风格至今仍可窥见。相关地方志的记载也是"陆稿荐"档案文化的载体之一。在苏州市相城区的工厂展示厅内，仍保留了卤菜制作的器具，反映了陆稿荐发展过程中的技艺演进。陆稿荐于光绪二十八年（1902 年）迁址至观前街，几经变革与动荡，新址店面见证了陆稿荐的发展。这些都是"陆稿荐"档案文化器物层的符号体现。

1.2 中间层面——行为层面

枝梗是"陆稿荐"档案文化的中间层面，对应行为层，即陆稿荐经营过程中的行为规范、经营方式、愿景，及由此产生的员工文化、公司风格等。

据笔者调研，陆稿荐所制卤菜选材严苛，特请相关专家进行配料研制，菜品不断精益求精。在单日店面经营上，陆稿荐采用日供和季供的方式，不倡导食材积压。在经营战略方面，陆稿荐未采取盲目扩张的连锁模式，而是在有限的店面内进行质量把关，将"民以食为天"的饮食文化发展壮大。技能操作比赛、员工旅游福利及安全生产培训等都体现着陆稿荐注重人文关怀的氛围。

1.3 隐性层面——思想层面

根是"陆稿荐"档案文化的隐性层面，对应思想层，即陆稿荐经营者在长期发展过程中形成的理念与发展动机，包括一切有关的理念文化符号。

陆稿荐的发展理念注重诚信与食品质量。陆稿荐的发展动机，是在非遗面临制作周期长、产量较小的困境的当下，努力做到经济效益、社会效益与文化效益的统一。陆稿荐展厅内器物的背后，是非遗文化发展数代的结晶，是江南饮食文化的缩影。陆稿荐的工匠精神、人文情怀，都是其发展理念的具象。

2 "陆稿荐"苏式卤菜档案文化开发与传播现状

2.1 档案资源构成与保存现状

"陆稿荐"档案是全面记录和反映本身及其保护、管理、发展过程的信息集合。据笔者在 2021 年查阅苏州市档案馆相关档案及对陆稿荐的经营者和苏州市非遗办工作人员的访谈，得知陆稿荐现存档案的基本情况：就本体档案而言，《苏州市志》是目前最早的有关陆稿荐的文字记载。陆稿荐的现存档案主要集中在苏州地方志中对民风民俗的记录，如《吴县志》《苏州地方志》等记录了其历史文化、产品介绍等。保存于苏州市档案馆的档案留存较少，且多为民国时期商会档案。陆稿荐在公司所在地还专门开设了实物档案的展示，包括实物器具、所用原料与产品模型等，也保存有部分照片、文字资料的复制件。同时，饮食类非遗多以"活态形式"存在，以"传帮带"的形式继承，传承人自身就成为一种"活体档案"。就传承活动音频资料与保护行动档案而言，现由苏州市老字号协会的专家和非遗办保管，需要使用档案时经由专家之手加以利用。就申报非遗名录的各类材料而言，现由苏州市非遗办保存，公开的部分较少。除此以外，在陆稿荐卤菜技艺推广、传承过程中还在不断地产生新档案，这些档案依靠陆稿荐自身进行收集与保管。综合来看，"陆稿荐"档案类别较全面，具备档案文化开发的基础，但这种基础还较为薄弱，企业的经营者和非遗传承人对于保护和开发档案文化资源的意识还有待提升。

2.2 档案文化开发与传播问题剖析

2.2.1 开发主体不齐全，专业发展空间大

档案文化的开发主体主要有档案馆、文化主管部门、文化事业机构、相关院校、科研机构、文创和电商企业等。"陆稿荐"档案现有的开发利用主体主要有档案馆（核心）、非遗办与陆稿荐经营者等，其他主体作用相对欠缺。

现有各主体在开发利用工作中也存在不足：一方面，档案馆、非遗办存在"重保管轻利用"的传统思想，相关档案人员长期以来局限于收集和保管工作；另一方面，在对陆稿荐经营者的访谈中笔者也了解到，相关人员对于档案仅有保存的意识，很少考虑开发利用层面，加之档案保护工作专业性和技术性要求都在提高，陆稿荐经营者自身在档案资源编研利用上的专业认识和技能有待提高。

2.2.2 文化资源基础弱，保管系统性欠缺

档案本身是档案文化的载体，其收集工作是进一步开发文化内涵的基础。饮食类非遗普遍存在因类型多样、来源广泛，以及传承年代久远等导致的档案收集困难问题，虽然在政策引导下档案工作取得了一定成果，但调研发现，就"陆稿荐"档案而言，流传至今的档案有限，保存较为分散，且由于年代久远，历经公私合营等历史阶段，档案受到了或自然或人为因素的破坏，难以形成完整的信息链，档案文化开发的资源条件较差。

"陆稿荐"档案的保管主体可以分为官方和民间两类，官方主体有苏州市档案馆、苏州市非遗办等，民间主体主要是苏州市老字号协会的专家和陆稿荐苏式卤菜店的经营者。分散的各主体保管内容混杂，相互之间直接联系较为不便，造成档案保护缺乏系统性，且不便于食品档案中关于配方等资料的随时、随季更新。

2.2.3 文化内涵展现少，文化传播路径窄

除了档案本身及其管理利用活动，由档案派生出的文化理念也是档案文化的有机组成。作为非遗老字号，"陆稿荐"苏式卤菜制作技艺一直以"传帮带"的形式一代代继承，目前已举行了第六代传承人收徒拜师仪式。相关历史资料中记载着陆稿荐长期以来形成的恪尽职业操守、崇尚精益求精的工匠精神，这种精神随着时代发展传承至今，但是企业经营者和传承人缺少将其提炼为陆稿荐特色企业文化的意识，文化底蕴有待发掘。

此外，传播"陆稿荐"档案文化的途径较少。陆稿荐目前主要的传播平台是公司官网，但是其官网呈现的信息较少，企业动态更新频率较低，内容相对简单，缺乏吸引力和可读性，吸引流量少，宣传作用有限。在陆稿荐"前店后厂"的生产经营模式下，商品在厂内制作，再运送到店面进行销售，消费者无法了解完整的生产流程，对品牌的了解不深。在传播过程中，陆稿荐缺乏与其他档案机构、文化机构、媒体平台、高校等的合作，宣传面相对狭窄。

2.2.4 文化开发程度低，受众需求难满足

围绕档案进行的一系列开发利用活动，是档案文化的重要组成。在档案利用方面，陆稿荐仍处于较低水平，多为直接引用的形式，如观前街店铺附近的介绍与相关微信推文等，消费者对陆稿荐的印象还停留在"老字号""非遗"等传统标签上。虽然其自身也采取了诸如"陆稿荐"字体拆分、店铺内设视频介绍等方法，但利用档案进行深入开发仍相对欠缺。

另外，笔者发放的大众调查问卷结果显示，陆稿荐的受众群体结构复杂（见表1），存在多元受众的客观要求，但"陆稿荐"档案的开发利用未能做到个性化、精细化服务。此外，有44.83%的受访者有深入了解"陆稿荐"档案开发的

意愿，其中 65.93% 的人对搜集相关历史档案，制作视频、专题纪录片，或者文创礼盒等表达出兴趣（见图 2），表明"陆稿荐"档案开发具备一定的受众基础和市场潜力，但主要体现在较高水平的开发利用中，现阶段的档案开发利用还无法满足大众需求，收效欠佳。

表 1　陆稿荐消费者问卷调查对象的基本情况

描述项目	统计类别		人数	百分比（%）
性别	男		107	52.7
	女		96	47.3
年龄	青少年（18 岁以下）		18	8.9
	中青年（女 18~55 岁，男 18~60 岁）		146	71.9
	老年（女 55 岁以上，男 60 岁以上）		39	19.2
和苏州的关系	苏州本地人		82	40.4
	在苏州生活的外地人	1 年及以下	15	7.4
		1~5 年	22	10.8
		5 年及以上	3	1.5
	新苏州人		42	20.7
	来苏游客		39	19.2

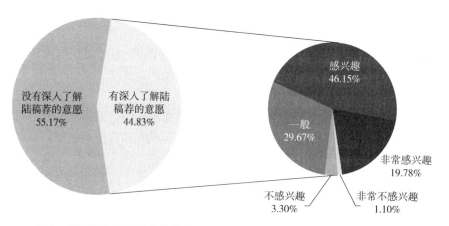

图 2　愿意深入了解陆稿荐的人群对于"陆稿荐"档案开发的感兴趣程度

3 "陆稿荐"苏式卤菜档案文化开发与传播路径设想

3.1 主体联结——多方互动，价值共创

就前文"陆稿荐"档案开发主体不齐全的现状，一方面，应加强各大中小学、科研院所、文创企业等的责任意识。对于不同主体，开发策略也应有所不同。如文化机构与单位应着重挖掘非遗档案的文化属性，教育或科研机构则应从文化存续、面向下一代的角度进行文化开发。另一方面，应加强现有主体的开发利用意识，明晰档案文化开发带来的社会与经济效益。此外，虽然从宏观层面来看"陆稿荐"档案资源有为社会公众服务的义务，但不论是传播过程中民间资本的投入，还是作为商铺的陆稿荐自身进行开发，各方皆有利益考虑，因而在传播与开发过程中应当把握好商业发展与档案文化的平衡。政府应该充分了解、协调各方利益，朝着多主体联结、跨界合作的方向发展，开辟发展新场景，为文化的持续发展预留缓冲空间。

3.2 内容建设——资源共建，真实独特

内容是档案文化的核心要义。在开发与传播过程中，一是分散的各保管主体间要加强信息沟通与资源共享，如共建档案信息数据库促进协同发展，优化档案收集工作，向档案工作发展目标中"应归尽归、应收尽收"靠拢，形成"陆稿荐"档案完整的信息链；官方主体要加强对民间主体的开发利用责任意识教育和相关专业知识技能培训。

二要注重内容的真实性与独特性，"陆稿荐"苏式卤菜制作技艺作为江苏省级非遗，其档案文化带有吴文化区域特色。"陆稿荐"档案文化的开发，应以挖掘现存档案为基础，基于长期形成的文化底蕴，确定核心理念，如工匠精神、人文情怀等，实现对自身文化的创造性发展，助力推动地区文化发展。在此基础上，坚守文化底线，防止出现为迎合需求制造"文化赝品"的行为[6]。

三要进行创新，不再蹈袭传统开发方法。清华大学百年纪念电影《无问西东》运用数字创意形式将文化符号与现代传播手段相结合，不仅丰富了档案文化的产品种类，而且提高了档案文化的可塑性。陆稿荐可以将其不同菜品制作技艺进行可视化呈现，开展非遗进校园、研学等活动，通过动态交互提升非遗体验的趣味性与参与性，在无形中传播档案文化，提升受众对非遗的文化认知与好感度，达到档案文化资源合理开发的目的。

3.3 传播途径——多措并举，立体传播

其一是线上线下齐发力，实现受众全覆盖。陆稿荐可以在地方机构政策引领下打造"集传承、体验、教育、培训、旅游等功能于一体的传承体验设施体系"，推动举办如非遗展示、研学旅游等线下交互体验活动。此外，根据问卷调查意见（图3）及大众主观建议，相较于传统线下宣传途径，目前大众更倾向于线上方式（62%）。电商平台淘宝在2021年末推出了"老字号年味市集"（即神奇的老字号）活动，用户通过趣味动画互动体验老字号的代表产品制作，从而获得相应老字号兑换券，这种平台的建设、合作方式值得陆稿荐学习。此外，陆稿荐本身建有网站，可以在加强自身网站建设的基础上，通过微博、微信公众号、短视频平台等新媒体平台丰富历史叙事，完善宣传窗口，传播档案文化。

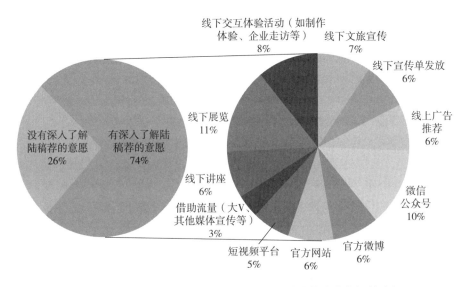

图3 愿意深入了解陆稿荐的人群对于了解陆稿荐方式偏好的选择

其二是多方合作齐联动，跨界融合谋发展。陆稿荐可与苏州市档案馆、苏州市非遗办等建立公益联盟机制，聚集当地非遗文化资源，实现集群开发，打造地方特质文化展馆、文化长廊；或以相关档案文化为素材，进行影视化呈现，打造上下游联动的运作模式。不少非遗技艺在冬奥会契机下，运用杠杆战略进行文艺创作让文化"活"了起来；河北省非遗保护中心编辑制作的《北京冬奥会张家口非遗旅游手册》，实现了"非遗+旅游+体育"的有益组合，也是一次有益的尝试。陆稿荐店铺位于苏州旅游胜地观前街附近，为文旅融合提供了有利条件。

其三是技术创新引流量，数字人文强助力。上海档案信息网站设立"上海记忆""档案博客"等特色专栏，将相对枯燥的二维档案资料转化为有趣的三维文化资源，浏览人数大幅增加，证明了在档案文化传播过程中科技与文化碰撞有其独特价值。《2021 非物质文化遗产电商发展报告》显示，2021 年一整年，非遗商品消费者规模已经达到亿级，各类现代传媒的出现为非遗类档案文化发展拓宽了渠道。当然，陆稿荐作为商铺，自身技术力量和人才有限，技术的创新与使用需要相关部门助力，需要招揽专业人才专事负责档案文化的开发与传播。

3.4 面向对象——因类制宜，实时交互

开发与传播的对象即明确面向谁的问题，档案文化的开发与传播对象既包括专业的档案工作者与文化工作者，也包括社会大众，包含范围极广。

一方面，由于科技发展及传播媒介的多样化，档案文化开发的成果能够通过不同手段扩散，受众可以有机会享受到小众化、个性化的信息服务。在开发过程中必须强调，开发成果始终是面向受众的，广泛的受众意味着档案文化能够"放开手脚"地开发。"陆稿荐"档案相关开发传播主体应加强受众分析，针对不同受众、传播媒介及时间节点，实现深层次、个性化内容开发与传播。另一方面，在互联网络高度发达的今天，主客体之间界限渐趋模糊，传播对象自身也可能成为传播主体，给档案文化传播带来了更大的挑战。互联网实时交互的特征为档案文化传播的主客体提供了更便捷的沟通渠道[7]，相关主体要针对受众个性，实现受众和内容的最佳匹配，注重内容的真实性与可信度，建立反馈机制，努力提高受众满意度。

3.5 效果反馈——科学测度，动态调整

档案文化传播的效果包括受众满意度及传播所形成的社会影响力。用户对反馈行为的期望影响着效果反馈的质量。一方面，"陆稿荐"档案开发与传播各主体应借助档案文化内容，增加受众的非遗知识储备，促进受众对"陆稿荐"档案文化自身特点的认知与记忆；另一方面，各主体也应营造良好反馈氛围，建立反馈补偿机制，提升受众反馈质量，要科学测度，正确把握传播效果，尤其是陆稿荐自身要在传播过程中根据效果分析动态调整，提高传播效益，从而获得档案文化的最佳传播效益。

"陆稿荐"档案开发与传播路径如图 4 所示。

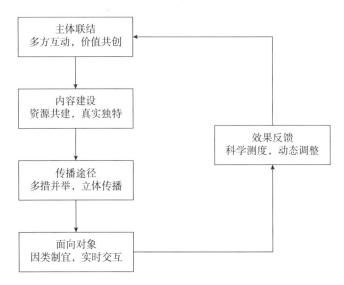

图4 "陆稿荐"档案开发与传播路径图

4 结语

随着社会发展，档案文化越来越成为文化自信、国家文化软实力的重要组成部分，档案文化建设是我国文化事业建设的重要内容，是统筹推进我国"五位一体"总体布局和协调推进"四个全面"战略布局的题中之义。本文以"陆稿荐"苏式卤菜为例进行了初步探寻，从其档案文化层次阐释与现状分析出发，就主体、内容、受众、途径及效果分析五方面针对性提出档案文化的开发与传播路径。但档案文化的开发与传播是一个系统工程，单个案例的研究还远远不够，需要循序渐进，在个案研究中找寻共性，在发展中不断完善，开拓档案文化开发与传播新征程。

参考文献

[1]潘红,毛婧婧,刘勇.非物质文化遗产档案在档案文化建设中的地位和作用[J].兰台世界,2013(26):4-5.

[2]胡郑丽."互联网+"时代非物质文化遗产"档案式保护"的重构与阐释[J].浙江档案,2017(1):22-24.

[3]倪晓春,张蓉.关于非物质文化遗产档案数字资源库建设的思考[J].档案学通讯,2017(2):53-57.

[4]周耀林,程齐凯.论基于群体智慧的非物质文化遗产档案管理体制的创新[J].信息资源管理学报,2011(2):59-66.

[5]谢诗艺.本体与空间:中国档案文化阐释[J].档案学通讯,2017(6):63-65.

[6]谭宏.论文化传播在旅游市场开发中的作用——基于"拉斯韦尔5W模型"的分析[J].新闻界,2008(5):96-98.

[7]胡琨."互联网+"时代档案文化传播的"立"与"困"[J].档案学研究,2017(5):82-85.

浅析档案文化如何创新服务
爱国主义教育基地建设
——以曾三同志档案陈列馆为例

李　幸

益阳市档案馆

摘　要： 随着党史学习教育工作的推进，爱国主义教育基地红色基因库功能进一步发挥，而这背后离不开档案文化的支持。爱国主义教育基地建设不仅要紧跟时代发展步伐，还应深入挖掘档案文化资源，找到二者历史与现实的结合点，在具体实践中融合发展、互为借力，不断推动创造性转化、创新性发展，本文以曾三同志档案陈列馆为例探讨一种发展模式。

关键词： 爱国主义教育基地；创新；档案文化

1　档案文化与爱国主义教育基地建设关联性分析

1.1　与时俱进的档案文化需要硬件设施承载和传播

档案文化是档案事业的一部分，更是精神文明建设的一部分，对受众有着潜移默化的宣传教育作用。档案文化具有无形性、流动性、与时俱进性，并依托于档案事业的发展。要实现档案文化的高质量发展，就必须从档案信息文化、档案载体文化和档案整体文化等方面进行考究，而作为档案文化载体的重要方面的爱国主义教育基地脱颖而出、价值凸显，反映着新发展阶段档案文化的发展状态。2020 年新修订的《中华人民共和国档案法》颁布及《"十四五"全国档案事业发展规划》发布以来，档案文化作为档案宣传教育工作重点，成为档案主管部门的重要工作任务和职责。让档案文化助推档案事业高质量发展，以满足人民群众日益增长的精神文化需要，消除档案在人民记忆中的陌生感和距离感，让其可知可感，需要通过高质量发展的爱国主义教育基地等硬件设施载体对其进行承载和传播。

1.2 曾三同志档案陈列馆履行档案文化传播职责势在必行

作为市级爱国主义教育基地的曾三同志档案陈列馆（以下简称陈列馆），是益阳市这片红色沃土上独一无二的档案文化资源，对益阳市本地"红色基因"传播、爱国主义教育基地建设、曾三同志档案资源编研与开发等档案事业基础性工作具有深远作用。从益阳市红色资源禀赋来看，虽然爱国主义教育基地总数有63个，但以人物为展陈内容主体的仅有陈列馆一家，由于曾三同志对档案文化乃至整个档案事业的贡献性，建设好陈列馆不仅成了益阳市档案馆的重要职责，更是益阳市档案事业发展和档案文化宣传教育的必然要求。利用好、建设好、发扬好曾三同志档案资源，履行好档案文化传播职责，既能使益阳市本地红色档案资源更为丰富，又能帮助自身发展，具有深远的现实意义。

1.3 档案文化与爱国主义教育基地双向赋能，共同开拓新境界

档案文化是流动的、丰富的、可持续的，不仅起到丰富档案价值、助推档案功能发挥的作用，对爱国主义教育基地建设更有一定的推动作用。爱国主义教育基地编研展陈内容的直接来源就是档案，宣传教育功能的充分发挥必然要求高品质的档案文化供给。档案文化和爱国主义教育基地互相助推、双向赋能，共同发挥"为人民服务"的重要职责。

2 陈列馆发展档案文化 SWOT 分析及需求层次分析

2.1 陈列馆发展档案文化 SWOT 分析

陈列馆由中央档案馆、湖南省档案馆和益阳市档案馆共同筹备建设，位于益阳市档案馆一层，于 2016 年建成开馆，展览面积 300 平方米。陈列馆共选用珍贵文书档案、照片、实物近 200 件，对档案文化展示比较完全，"十三五"期间共接待 1000 多批次超万人参观。

陈列馆在利用档案进行展陈过程中，借助档案文化的叠加、赋能作用，为实现展陈的全面性、系统性及主动性提供了充分的可行路径。通过档案文化的有序辐射作用，陈列馆联动外延式发展和内涵式发展，利用馆内外资源进行合理配置，其展陈 SWOT 分析如表 1 所示。

表1 陈列馆档案文化 SWOT 分析简表

内部长板	与益阳市档案馆联动 是益阳职业技术学院教学实践基地 与曾三故居资源共享 ……	外部优势	位于"山乡巨变第一村"清溪村所在地 档案文化新发展理念 党史学习教育基地 ……
内部短板	停滞在固化展览阶段 缺乏创新理念 与受众互动不足 ……	外部劣势	同质化展览众多 爱国主义教育基地建设停留在市级阶段 与益阳其他红色资源互动不足

　　为了更深入展示益阳市地域优秀红色文化，更立体展现曾三同志为档案工作耕耘的一生，陈列馆亟待融入档案文化理念，在后疫情时代将之创新建设成为不可替代的档案文化课堂。建馆以来，益阳市档案馆向中央档案馆、湖南省档案馆及地方档案馆等多方征集曾三同志档案，发布《益阳市民间档案资料征集办法（试行）》等，2021年度共接收55件曾三同志档案入馆。根据陈列馆的特殊性，益阳市档案工作者亟待主动作为，融入档案文化新发展理念，对接新时代新成就国家记忆工程[1]。

2.2　档案文化精神需求层次简要分析

　　党的十九大报告明确指出："中国特色社会主义进入新时代，我国社会主要矛盾已经转化为人民日益增长的美好生活需要和不平衡不充分的发展之间的矛盾。"这是以习近平同志为核心的党中央牢牢把握我国社会发展的阶段性特征，准确定位我国发展新的历史方位，对我国社会主要矛盾的新变化作出的科学判断。人民的美好生活需要，就包含着精神文化需要。笔者认为，档案文化要在人民群众对精神文化需要中处于中间位置，一方面连接基础性文化需求，另一方面关联高层次文化需求。满足人民群众的档案文化需求则成为档案工作者的阶段性工作目标，见图1。

　　爱国主义教育基地作为档案文化宣传的重要载体，对档案文化需求的发展层次有着直接的标识作用。档案文化的高质量发展，既需要与之相匹配的载体促进发展，也需要运用其特有的文化价值供给来满足人民群众的现实需求。

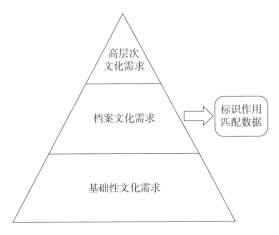

图 1　档案文化需求层次分析

3　一种"3-3-3"发展模式探索

根据自身个性和共性特点，陈列馆不应仅仅局限于创办一个固化式展陈，还应该充分利用档案文化可持续传播机制，进行全方位、多角度考虑，促使这份特殊的档案记忆能够永续传承，朝着动起来、融起来、活起来的方向发展和延伸。

3.1　精准滴灌：将档案文化引导至陈列馆

3.1.1　兼具宏观和微观的价值观念传递

广义的档案文化内涵、外延都十分广阔，概念叙述走向比较抽象。可以说，爱国主义教育基地的宣传性和教育性都是档案文化的延伸，要让档案文化的价值观念传递兼具宏观性和微观性，就意味着不仅要站在新发展阶段运用新发展理念，从国家、政府的层面进行档案文化的普及和灌输，还要着眼于微观上档案文化与爱国主义教育基地建设的交集和阐释[2]。例如激发陈列馆的教育性，注重档案文化的微观导引，从反向需求入手，延伸教育性的宏观和微观触角，寓教于乐加深印象，从而完成价值观念的传递。

3.1.2　兼具静态和动态的功能价值凸显

陈列馆虽然在"十三五"期间接待参观人员和批次达到了一定水平和程度，但其展陈趋向是静态的固化展览，静态展陈内容虽在一定程度上为受众带来了档案文化的一种体验，但档案文化功能价值的凸显还有赖于动态的同频共振的冲击。应在展陈设计上做档案文化加法，让展陈不再仅是档案文化素材的静态叠加，更是体现于价值传递过程的细节[3]。例如，将历史和现实的档案文化进行活化加工，充分展现动态和静态的文化演变，将演变过程呈现于陈列馆展陈之中。

3.1.3 兼具显性和隐性的多元价值叠加

档案文化的显性价值是"存史、资政、育人"，潜移默化地影响着受众；然而其隐性价值往往像一双隐形的手不断牵动着受众。应注意到其隐性特点，促使其显性价值和隐性价值融合共通[4]。档案文化的隐性价值是不容易被发现的流程、阶段和角度的各方影响因子，要综合考虑、充分发挥其价值叠加，注意档案文化多元价值的方方面面。例如从服务性来看，档案文化服务于受众，受众可以是作为个体的人，也可以是陈列馆等需求场域，辅助陈列馆进行历史记忆的提取，这也是发挥档案文化隐性价值的重要方面，服务于历史记忆的全循环也充分交织着档案文化。

3.2 主体框架：作为支撑的陈列馆发展链路

3.2.1 馆室互通

与益阳市档案馆同属于爱国主义教育基地的陈列馆，与益阳市档案馆内设接收保管科、信息技术科、编研展览科互联互动，充分挖掘二者之间的有机联系，成为陈列馆建设的特色发展链路。益阳市档案馆成立于 20 世纪 80 年代，截至 2021 年，共有馆藏档案 187110 卷（盒）、32658 件。2021 年，益阳市档案馆助力中共益阳市党史研究室编纂红色基因文库，使《曾三传》顺利出版，并先后赴湖南省档案馆、曾三故居等地征集曾三书信等实物档案 55 件。另外，其所属益阳市档案学会也有其独特的曾三档案资源优势，该学会联动益阳市民间档案资源，以及各区县、市直单位给予曾三同志档案支撑，利用学会论坛等定期活动进行档案文化资源调研，广泛收集曾三同志档案资料，活化利用编研资源，使其焕发时代生机。受众到达陈列馆的同时可方便进入益阳市档案馆查询利用档案文化资源。反之，到达档案馆查询的群众也可以方便进入陈列馆感悟档案文化。

3.2.2 馆际互通

另一条发展链路是与益阳市本土兄弟馆进行馆际互通互融，促成档案文化资源融合共振，共同助力陈列馆建设。不再仅拘泥于馆内，陈列馆可与本地图书馆、博物馆及展览馆等进行资源交流，扩充展览地域的同时，完成档案文化资源的科学合理分布与分配。益阳市"一园两中心"已于 2022 年建成开馆，其中，益阳市博物馆新馆已经进行流动展览的试运行。陈列馆可在充分了解兄弟馆的活动开展方式与档案编研形式的情况下，开展互动交流。比如借鉴博物馆定期开展的形式多样的活动、深受受众喜爱的线上线下活动，充分利用适合本地文化传播的形式。与博物馆、文化馆及图书馆联合布展，拓展档案文化传播形式，利用馆际交流进行互动宣传。2022 年，陈列馆拟进行提质改造，开通线上数字展览，届时可通过馆际互通与各兄弟展馆联合发布线上展览。

3.2.3 档社互通

档案与社会进行互通也是陈列馆发展的重要方面。其一是引入社会化力量。现阶段，益阳市档案馆的洞庭湖档案信息化项目建设，通过完全引入外部的社会化力量，逐步实现馆藏数字化，以期进行数字档案馆和智慧档案馆建设。以此为鉴，陈列馆可以考虑以社会化方式引入外部资金进行展陈升级和内容拓展，授权社会化公司制作，用社会化运作的方式进行线上线下展览推广。其二是组建创新联合体。可以与市社科联、市政协等单位合作组建创新联合体。一方面，利用社会科学单位的独特经验和力量，更好地扩展视野，利用"湖湘工匠燎原计划"联合培养档案工匠，与新组建创新联合体一起传播档案文化。另一方面，可以更好地提高档案文化影响力，促进陈列馆更高质量和更高水平建设。其三是探索民间资源。益阳市档案局、益阳市档案馆日前已出台《益阳市民间档案资料征集办法（试行）》，陈列馆可联合民间档案力量，更好地促进民间档案资源的整合，在积极接收曾三故居、曾三收藏室、红色档案收藏室的曾三同志档案入馆的基础上，进行曾三同志档案资源整合，建立曾三同志档案专题资源库，联动社会发动民间力量，以推动陈列馆建设与发展。

3.3 衔接传导：到达受众的"最后一公里"

有了之前档案文化的积淀与陈列馆建设铺垫，要使之全面、完整、准确地到达受众，就必须打通"最后一公里"，用创新的表达和诚心制作赋能，紧跟受众需求，搭建桥梁以衔接传导至受众。一方面依据需求，另一方面顺应时代，利用陈列馆与外界的循环，兼容并蓄，使档案文化与陈列馆建设充分融合，共同提升，完成档案文化资源"蛰伏"与"绽放"的转化[5]。

3.3.1 联结乡村振兴

益阳市是周立波笔下《山乡巨变》中清溪村的发祥地，从脱贫攻坚到乡村振兴，深刻见证着活着的"山乡巨变"。作为档案工作者，应该注意到本地乡村振兴资源，与其同频共振，方能相得益彰。清溪村建设是益阳市乡村振兴重点项目，建设有清溪剧院等文化设施，在此基础上将建立"山乡巨变·山河锦绣"陈列馆，益阳市档案馆将辅助提供档案资源支撑。陈列馆要加强与乡村振兴的互动，不妨从清溪村建设入手，利用清溪村已有的硬件资源和宣传基础，不仅可以将档案文化运用到剧作、文学创作上，还可以充分利用清溪村展陈场域。可充分进行资源互动，助推关联文创的开发，举办游戏式展览，将陈列馆展览开到清溪村，进行跨界联动。让受众充分地沉浸式、多元化感受档案文化，全方位领略益阳籍档案开创者曾三和作家周立波的风采，运用整体系统思维进行联合推广，同时助力乡村振兴。

3.3.2 联结大思政课

作为爱国主义教育基地，陈列馆较多面向全市中小学生进行展出，提供社会实践活动场地，并与益阳职业技术学院合作成为其教学实践基地。在此基础上，陈列馆更应该思考进一步扩大受众面，探讨"大思政课"针灸式精微方案[6]。从高校学生、中小学生角度出发，进行针对性、创新性思考，挖掘曾三同志与本地红色档案关联性，精心打磨方案内容，使寓于展陈的档案文化能够顺利被受众吸收。从供给端考虑，赋予展陈科技感和趣味性，结合学校课程进行曾三同志人物扩展。曾三同志曾作为电报专家创办《雷声报》的经历也可以吸引学生群体感知档案文化，增加档案文化记忆。同时还要适时根据受众体验及反馈情况进行更新提升，让更多学校与陈列馆结成教育基地，使档案文化这项"大思政课"内容能够真正在学生群体中入脑、入心。

3.3.3 联结社区

陈列馆位于益阳政协大院内，所在的西流湾社区设有政协委员工作室。众所周知，社区是联结人民群众的毛细血管，是与人民群众血肉联系最直接的发生地，具有独特的辐射带动作用，从这里，社区群众能够更直接地了解到文化，并且建立小范围文化圈。陈列馆可以充分利用这一点，通过与社区居民互动让社区党员居民活动走进陈列馆，并且可以通过社区公众号、微信群及宣传资料的形式推广档案文化[7]。通过联合活动，西流湾社区已经将陈列馆设为红色党日活动互动单位。在此基础上，为了推动与社区互动的常态化、经常化，可将社区居民引导入陈列馆进行参观互动，也可以利用委员工作室经常开展文艺活动，打造曾三同志档案文化资源精品课程等。陈列馆可以考虑向委员工作室开放"陈列馆日"，将档案文化通过社区这个"小切口"送出去，为社区文化供给软环境，输送档案文化力量。

4 结语

陈列馆虽然不是益阳市红色地图、湖南省红色地图上最耀眼的那颗星，但是经过益阳市档案人的耕耘和努力，其一定会成为最有特色、最有亮点的一处档案文化宣传地。益阳市档案人以其不止于"尽精微"而是着眼全局的系统思维，不断细化档案文化传播颗粒度，让城市留住"曾三同志"这一份独特的档案文化记忆。

参考文献

[1]李蔚林.红色档案的发掘与利用[J].档案管理,2020(2):57-58.

[2]王玉珏.我国档案文化创意服务发展策略研究[J].档案学研究,2018(6):95-100.

[3]牛力,曾静怡,等.数字记忆视角下的档案创新开发利用"PDU"模型探析[J].档案学通讯,2019(1):65-72.

[4]王向女,姚婧.长三角地区红色档案资源整合探析[J].浙江档案,2020(2):30-32.

[5]黄霄羽,管清滢.国外档案馆公共文化服务的类型、特点和成效[J].档案学研究,2020(2):121-128.

[6]张斌,李子林.数字人文背景下档案馆发展的新思考[J].图书情报知识,2019(6):68-76.

[7]慎一虹.深入开发地方文献资源的若干探索[J].浙江档案,2021(1):64-65.

民国时期档案文化保护建设中去酸新技术的探索与实践
——以浙江省档案馆馆藏民国时期文化档案为例

郑丽新

浙江省电子政务数据灾难备份中心

摘　要：民国时期文化教育事业的发展在中国五千年历史文化中独具特色，其档案文化价值备受关注与重视。但随着时间推移，纸质档案载体酸化现状日益严重。档案文化载体发生了不同程度的损毁，是国家档案文化建设中需重点抢救与保护的对象。本文在梳理文化档案面临酸化问题的基础上，将档案文化保护建设与去酸新技术相结合取得的规模化应用经验进行总结、提炼，以期为档案文化保护建设提供较好的适用性解决方案。

关键词：民国时期；文化档案；去酸；新技术；应用

0　引言

我国各级档案馆馆藏民国时期文化档案历经百余年，在档案资政、提供重要信息资源和作为独特历史文化遗产方面价值日益凸显。但随着时间推移，纸质档案载体酸化现状较为严重，已经到了刻不容缓的保护关键窗口期。浙江省档案馆馆藏民国时期文化档案尤为丰富，对其纸质载体保护工作尤为重视。自2019年开始，浙江省档案馆以高度的使命感大胆探索新技术的应用，主动迎战纸质档案文化载体损毁窗口期的到来，首次实施了等离子去酸技术在档案界的规模化应用，现将新技术应用中的经验与教训进行总结，以期为有效延长纸质档案文化载体保存寿命提供参考和借鉴，推动文化档案载体保护工作高质量发展。

文化，是档案工作行稳致远的精神力量。作为我国文化强省的浙江省，积极落实党中央"使档案部门在文化强国战略中大有作为，成为文化强国战略的一支不可或缺的生力军"的工作部署，在档案文化建设方面设立"档案文化建设与新技术相结合"的新目标，努力把民国时期档案文化保护好、传承好；努力把国粹之一的书法文化在民国时期档案文化中挖掘好、保护好、传承好；努力把反映中国仁人志士职业素养和职业精神的文化档案保护好、传承好。例如，浙江省档案馆馆藏民国时期两浙稽核分所的许多档案，其手书小楷精致儒雅，彰显着民国典雅书风与谦和的人文素养。许多馆藏民国时期两浙盐务档案中，奏折式的装帧形式配以娟秀的小楷字迹显得尤为恭敬，体现出民国时期公务人员的职业素养和一丝不苟的职业精神，值得保护与传承。

1 民国时期档案文化载体面临的新问题

1.1 动态损毁问题

浙江省档案馆对档案文化保护工作尤为重视。一直以来都将民国时期文化档案存放于温湿度控制良好的库房内，并配有专业人员负责管理。但从 2014 年开展的馆藏民国档案破损状况调查与 2019 年档案抽查结果发现，馆藏部分民国时期文化档案 68 个全宗共 75611 卷（已缩微全宗除外）中除已登记的病档 13979 卷外，另有之前未登记的案卷出现新增破损现象。主要表现为纸张出现黄斑，特别是装订边锈斑处有破损的现象，即锈斑边缘处发生酸化水解，测其 pH 值为 5.7，无锈斑处 pH 值为 6.3。有的铁盐墨水字迹周边已变黄变脆，甚至达到字体镂空的程度，可见纸张酸化正在蔓延。

1.2 窗口期问题

据统计，浙江省档案馆馆藏纸质文化档案平均 pH 值接近 5.2，已经显著低于快速变质的临界点（pH = 6.1）。综合各方面来源的经验数据，通常认为，在不采取去酸保护措施的情况下，因酸在纤维素降解中只扮演催化剂的角色，不会消耗，纸张中的酸会越积越多[1]，因此，纸质文化档案的有效保存寿命为 70~100 年。当然，根据不同的纸质性状，实际保存年限也会有所偏差。从纸张酸化的技术角度分析，1920—1950 年的纸质文化档案，正在面临关键的损毁窗口期。以 70~100 年寿命计，2020—2050 年，正是纸质文化档案的关键保护黄金窗口期，一旦错过，纸质文化档案实体将彻底粉化损毁。

1.3　去酸方法问题

西方各类去酸技术针对的是西方纸质状况，并不适用于中国特有纸质文化档案的特点及管理特点。出于去酸技术的适用性与安全性等考虑，国内档案馆档案去酸工作普遍没有开展或处于少量试验阶段。

2　民国时期档案文化载体保护的新理念

2.1　"体去酸"的理念

相较于某些档案馆在档案纸张表面实施的碱液喷涂方法，浙江省档案馆慎选了适用自身馆藏民国时期档案文化纸张且具有中国自主知识产权的去酸新技术，采用"纸张近干法雾润"方法，将纸张等离子活化技术与钙系水性去酸剂雾润相结合，在保证纸张纤维安全的前提下，有效激活纸张纤维，是特有的主动的、抢救性的"体去酸"机制，同时也兼顾了"表去酸"作用，因而可以保证纸质去酸彻底、有效抑制纤维素水解，并能持续抑制外来酸化因素，有效延长纸张寿命。此种去酸新方法在国内其他档案馆也实现了小规模去酸实践，并产生了较好的纸质档案去酸效果。

2.2　规模化去酸的理念

普查中我们发现已酸化和未酸化的纸张叠放在一起，酸化现象会在不同纸张之间呈现一定的"传染"性。即酸情相近的档案纸张呈集中分布状态等情况比较普遍。分析表明，携带氢离子 H^+ 的少量水分在同一张纸内及不同纸张之间的扩散是这种纸间酸化"传染"的诱因。随着纸质档案酸化损毁窗口期的到来，当前和今后一个时期正是纸质档案去酸保护的黄金期，刻不容缓，迫切需要进行文化档案的规模化去酸。

3　民国时期文化档案去酸新技术的原理和特点

3.1　去酸新技术的原理

为适用浙江省档案馆馆藏民国时期档案文化纸张，确保其实体安全，新技术采用了"纸张等离子活化+钙系水性溶液雾润"进行"酸碱中和"的去酸原理，即利用等离子体激活纸张纤维，使碱性因子深入纤维微纳米孔洞内部，与游离氢离子发生中和反应，真正完成纸张去酸。

3.2　去酸新技术的特点

浙江省档案馆采用钙系水性去酸剂对民国时期文化档案纸张进行去酸，绿色安全环保；在采用常温常压等离子技术活化纸张纤维的前提下，结合雾润的形式将钙系水性去酸剂的碱性因子扩散渗透至纸张纤维深处，使去酸效果均匀、彻底；去酸后，民国时期文化档案外观基本无变化，保证了民国时期文化档案中含有的水溶性颜料、印章、字迹等安全，有效避免了传统水溶液浸泡带来的纸张褶皱、字迹晕染等一系列问题，使文化档案在去酸后仍保持外观基本无变化，印章、字迹清晰、不褪色、无晕染，真实还原文化历史遗迹。

4　民国时期文化档案去酸新技术的实践

鉴于民国时期文化档案保护面临的新问题，自 2019 年开始，在调研馆藏档案酸情状况、慎选档案去酸技术的基础上，浙江省档案馆创新利用具有自主知识产权的档案"体去酸"技术，在国内率先开展馆藏民国纸质文化档案规模化去酸实践。

4.1　去酸前准备工作

4.1.1　档案初筛

在批量去酸前，我们可凭经验对纸张酸情进行初步判断。根据纸张破损程度，采用目视纸张颜色、耳听抖纸声音、手触纸张的脆性感觉等方法，再结合馆藏文化档案形成时间、造纸工艺类型及案卷分布，可以大致判断整卷纸张的 pH 值，进而筛查出纸张 pH 值在 6.2 以下宜进行去酸处理的档案纸张。其中晒图蓝纸、较厚彩色封面纸、双面有光纸等涂布纸除外。例如，通过对馆藏文化档案随机抽取案卷（含 5115 张档案纸张）进行初步筛查发现，档案形成时间为 1920—1950 年，其间因多种原因导致造纸原料来源杂而差（原料廉价，如含有竹棉破布稻草回收废料等）、纸浆质量低劣（纸浆中的成纸纤维短、韧性差，品质不可控）、造纸工艺简陋（只求产量不求质量，如硫酸等酸性化学制剂滥用、纸浆中的木质素大量残留、制浆抄造工艺简化甚至短缺等）、纸张使用条件和保存环境恶劣（如滥用劣质墨水颜料，以及磨损、潮湿、霉菌滋生等）、酸化纸张比例较高；纸张破损越严重，机械强度越低，则酸情越严重，纸张 pH 值越低；外观颜色越发黄、呈黄褐色或颜色更深，则酸情越严重，纸张 pH 值越低；机制纸较手工纸酸化比例高，且酸情相近的档案纸张呈现集中分布状态等，即 pH 值相近的档案在同一案卷（件）内的情况比较普遍。

4.1.2 登记、测试信息

为确保文化档案纸张载体及信息安全，将实施精准去酸。我们将初筛后为疑似酸化的档案纸张采用无损方法逐页测试纸张 pH 值，按照国家行业标准《纸质档案抢救与修复规范 第 4 部分：修复操作指南》（DA/T64.4—2017）"一般来说，纸张 pH 值在 6.2 以下的档案宜进行脱酸，脱酸后纸张的 pH 值应为 7~8.5"的要求，将 pH 值在 6.2 以下的纸张进行去酸前信息登记，记录酸化纸张信息（包括材质、制作工艺、定量、厚度、字迹溶解性、字体书写方式、纸张破损程度、修复方式、是否遇碱发生色变等）。

4.1.3 纸张分类

对酸化纸张进行卷内分类，将相同或相似酸化纸张信息（手工纸、机制纸、薄厚、纸张 pH 值、定量、水浸润性等）归为一类。由于经验的积累，以及吸取了纸张分类太细易造成去酸效率低下的教训，我们把纸张性状由最初的分成十余类缩减到分成两大类，即机制纸一类、手工纸一类，再按纸张定量（克重）将机制纸分成 60、80、$80^+ g/m^2$，手工纸分成 20、30、$40 g/m^2$ 各三类，其他有特殊状况的再进行微调。

4.1.4 预去酸调试

同类纸张选用相同的去酸工艺，依去酸工艺选取原则及历史经验，预判、制订出相应的去酸方案，包括去酸机型号、去酸剂型号、等离子强度、去酸喷雾模式及其他去酸工艺需要的控制参数。按先模拟纸，再单页文化档案，再批量文化档案纸张的顺序，选取与待去酸档案同类型的模拟纸进行去酸前调试。如需对一批纸张克重为 $30 g/m^2$、手工纸（民国时期文化档案纸质载体中，手工纸居多）、水浸润性一般、pH 值为 5.3 左右、纸张装订边处发黄，有黄褐色斑甚至被腐蚀镂空，其他部位纸张机械强度尚可（未絮化、掉渣）、修复方式采用修补的档案进行去酸，可选取 1~2 张类似以上性状的模拟纸进行调试去酸，通常环境温度在 13~30℃ 之间，相对湿度在 30%~70%RH 之间即可。去酸方案选择较稀去酸液，等离子强度为 3、正面单程，去酸喷雾模式为模式 4 全程，即可得到台重为 2.5 左右的理想加湿量（即纸张对去酸液的吸收量，在高效去酸机使用中为具有内置自动称量功能的台重显示，与精细机型中的加湿率可进行换算）。经 16~24 小时熟化后，模拟纸 pH 值达到 7.5~8.5 的理想区间，且外观无变化，则完成去酸调试。若经去酸前调试后，模拟纸 pH 值未达到 7，则需分析原因并调整去酸模式。

4.2 批量档案去酸

浙江省档案馆对馆藏民国时期文化档案 133 卷中 3 万余页（A4）酸化纸张采用等离子活化雾润方法进行了去酸。去酸时，将同类纸张按调试过的去酸方案对该批档案进行去酸。通常，一卷（件）内档案纸张类型相同或相似的居多，可同时放在同一台板上进行批量去酸。如经纸张耐碱测试发现该批纸张为遇碱敏感性纸张，则需调整去酸方案，通过调整去酸工艺模式中的喷雾模式，调整纸张理想加湿量（率），以控制纸张色差在合理区间范围及字迹、线条等无洇化扩散。通常，加湿率等于台重（加湿量）除以纸张克重再除以 0.33，敏感纸张的色变临界 pH 值仅为 7.1[2]，需将经 16～24 小时熟化后模拟纸 pH 值达到 7.5～8.5 的理想区间调整为 pH 值在 6.7 以上 7.1 以下。如遇字迹、线条等遇水易洇化扩散纸张，则需调整去酸方案，一般来说，宜将纸张理想加湿率控制在 20% 以下。

4.3 去酸后保护实践

去酸后需对纸张进行 16～24 小时熟化，即纸张上覆盖一层薄膜，置于干燥架上 16～24 小时。为对档案纸张的去酸效果进行检测，以《纸和纸板 表面 pH 的测定》（GB/T 13528—2015）中的无损检测为标准，滴 5～20 微升蒸馏水到测试点处（经等离子活化纸张后，纸张的水浸润性增加，可减少测试用水量），随即压上 pH 测试笔，读取稳定时 pH 值。纸张外观与 pH 值按照《纸质档案抢救与修复规范 第 3 部分：修复质量要求》（DA/T 64.3—2017）中关于去酸质量的要求检测，即纸张 pH 值近中性或弱碱性（$7 \leqslant pH \leqslant 8.5$）并有适当碱残留；纸张平整，无字迹洇化扩散等现象；去酸物质对档案纸张和字迹基本无影响。检验合格后，将去酸档案整理、入库，并定期进行质量跟踪[3]。

4.4 去酸效果评价

浙江省档案馆对馆藏民国时期两浙文书档案中的请假条进行了批量去酸，此份档案上面盖有印章多枚，是民国时期传承中国古代方形官印篆刻文化的代表。私印则包含了阴文印及阳文印，印面字体灵活采用了汉印及明、清时期流派印等不同风格、流派，既起到了印章在公文中的证明、防伪作用，也体现了民国时期公务人员严谨、沉稳的审美取向。纸面上毛笔墨迹的行草书流畅，清秀中透出魏晋遗风。在纸质载体酸情检测结果为外观发黄、pH 值为 6.08 的情况下，结合纸张的机制纸工艺类型，按照国家行业标准 DA/T64.3—2017 的要求，此份档案纸张在宜去酸范围内，我们经调试去酸模式、采用等离子去酸技术进行处理。

结果显示，去酸后纸张外观无变化，未引起字迹、红、蓝印章褪色，未使原档案纸张上黏附的纸片脱落，纸张 pH 值升高为 8.52，去酸效果符合国标要求。

5　结论与启示

经过近三年的创新探索与实践，浙江省档案馆实现了国家重点文化档案年均 1 万页、总计近 3 万页的批量去酸保护，形成了具有较高价值的去酸 1 周后、半年后、3 年后 3 个纸张酸碱性检测实验数据库，随之立项的国家科技项目"纸质档案等离子去酸技术应用效果评估研究"正式通过国家档案局验收，围绕档案纸张酸化机理、去酸色差等重点环节发表档案学术论文 5 篇，形成了一整套可复制推广的去酸业务工作制度规范，同时有效带动了国产档案去酸技术及设备的迭代升级，在档案、图书和文博行业系统均得到了推广应用。

通过对民国时期档案文化保护建设中去酸新技术的探索与实践，我们得出以下启示。

5.1　坚持问题导向，注重探索新技术

浙江省档案馆高度重视馆藏历史文化档案的基础保护，面对馆藏民国时期档案日益严重的纸张酸化问题，主动应对风险和挑战，针对传统去酸方法中人工喷涂不均匀的弊端、糨糊中加碱液只能用于托裱档案修复的局限性等问题，积极探索档案保护工作中去酸技术的创新与实践。

5.2　坚持目标导向，注重传承保护文化经典

档案工作者应以保护档案文化经典为使命，积极开展抢救性的酸化档案去酸工作。浙江省档案馆在近三年的去酸实践中使馆藏近 5 万页形成于 1913—1950 年间正处于损毁窗口期的纸质档案由原纸张 pH 均值 5.2 左右上升至 7～8.5 之间，大批量珍贵档案得到了安全保护。

5.3　坚持结果导向，注重跟踪问效

档案文化保护工作中档案的安全与有效保护措施尤为重要。跟踪监测表明，一周内、半年后及三年内数据变化（即返酸现象）不明显，去酸对纸张色度、字迹信息等外观基本无影响。其中，一周内去酸优质品率达 100%，半年内去酸优质品率达 96% 以上，三年内去酸优质品率达 96% 以上。浙江省档案馆馆藏部分文化档案去酸前后纸张 pH 值变动效果图如图 1 所示。

综上所述，随着纸质文化档案酸化损毁窗口期的到来，当前和今后一个时期

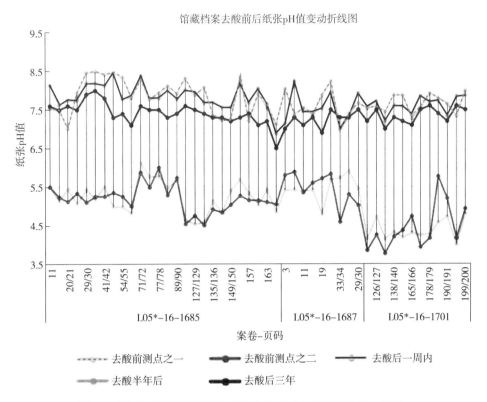

馆藏档案去酸前后纸张pH值变动折线图

图1 浙江省档案馆馆藏民国时期文化档案去酸前及去酸一周内、
半年后、三年各时间节点纸张 pH 值变动图[4]

正是纸质文化档案去酸保护的黄金期，档案文化保护建设与去酸新技术相结合的实践探索已取得了阶段性成果，其积累的经验可为档案文化保护建设提供较好的适用性解决方案，但还需和保护界的同仁共同努力，将历史留给我们的文化瑰宝保护好、传承好。

参考文献

[1]李贤慧,贺宇红,王金玉,等.纤维组分对古籍纸质文献老化的影响[J].兰台世界,2013,26:93-94.

[2]郑丽新,陈炳铨,施文正.民国档案等离子去酸应用中纸张色变问题浅析——以浙江省档案馆民国档案修复项目纸张样本为例[J].浙江档案,2021(9):63-65.

[3]郑金月,陈炳铨,郑丽新,等.纸张档案等离子去酸技术应用效果评估研究[J].中国档案,2021(8):66-68.

[4]郑丽新,陈红.纸张档案批量去酸工作的创新与实践[J].中国档案,2022(6):64-65.

纳西族东巴档案文化创意产品开发研究
——以丽江市调研为例

梁思思　　武思远

云南大学历史与档案学院

摘　要： 纳西族东巴档案是少数民族档案的重要组成部分，反映了纳西族政治生活和经济文化等多方面的历史进程和发展水平。本文针对纳西族东巴档案文化创意产品的开发，通过实地调研丽江市纳西族东巴档案文化创意产品开发的实际情况，提出推动纳西族东巴档案文化创意产品开发工作的措施，这些措施的实施除了可以推动纳西族东巴档案资源的开发利用外，还可以进一步发挥其文化价值，拉近纳西族民族文化与公众的距离，为其他特色档案文化创意产品开发提供借鉴与参考。

关键词： 纳西族；东巴档案；档案文创；文创产品

0　引言

我国正在大力发展社会主义文化事业，在国家建设文化强国的背景下档案馆作为重要的科学文化事业机构，不应当缺位国家的文化建设，而应当与其他科学文化事业机构及社会各界合作共同深挖馆藏特色档案资源，全力发展档案文化事业，通过更多的方式把档案文化资源展现在公众视野中。目前，各地档案馆积极响应国家政策，通过举办展览和讲座、出版汇编书籍等方式开发了丰富多彩的档案文化创意产品。2016 年，《云南省档案事业发展"十三五"规划》提出"加强地方民族特色档案征集工作"的方针。2017 年，中共中央办公厅、国务院办公厅印发《关于实施中华优秀传统文化传承发展工程的意见》，并发出通知提出七大任务，其中任务之一便是保护传承文化遗产，保护传承方言文化，开展少数民族特色文化保护工作。纳西族是一个历史悠远、文化璀璨的西南少数民族，它拥有世界三大遗产，其中世界记忆遗产便是纳西族东巴档案，但由于各种原因，纳西族东巴档案并未得到有效的开发利用，并且大量具有极高价值的纳西族东巴档案还散存于海内外各个机构与民间个人手中。

1 概念描述与文献回顾

1.1 纳西族东巴档案

纳西族东巴档案是纳西族东巴文化的信息记录和历史记录载体，全面反映了纳西族政治生活和文化生活等多方面的社会发展水平。学界对于纳西族东巴档案的概念有着不同的看法，关于纳西族东巴档案的概念尚未统一，先后出现了"东巴文档案""东巴档案""东巴经档案""东巴文历史档案""东巴经档案文献""东巴文献"等概念，胡莹将纳西族东巴档案界定为："由纳西族社会机构、组织或是个人直接用东巴象形文书写或绘画于东巴手工纸或布料、石料等其他物质载体之上的手稿、珍贵文件，能够全方位反映纳西族古代社会风貌的原始真实记录及相关口述史影像记录。"[1]杨毅等认为，那些反映东巴文化产生、发展的有保存价值并处于人们合目的控制的文献就是纳西族东巴档案[2]。综上，本文认为，纳西族东巴档案可界定为：是由纳西族社会机构、组织或个人在长期生产生活实践过程中直接形成的全方位反映纳西族政治、经济、军事、历史、科技、文化、宗教和民俗等古代社会风貌的历史情况，并直接用东巴象形文书写或绘画于东巴手工纸或布料、石料等物质载体之上具有参考凭证价值的各种文字、图表和声像等不同形式的原生性历史记录。

1.2 档案文化创意产品

档案文化创意产品的研究是以档案文化创意产业发展为背景的，对于档案文化创意产品的研究从2004年开始至今研究角度较多，研究范围广，且研究深度较深，而相关文献中更多以档案文化产品为研究对象。深入分析文章内容后发现，档案文化产品的开发包括档案文化创意产品的开发，并且许多作者在其文章中将档案文化产品等同于档案文化创意产品，只差在"创意"两个字，只是其表达形式不同，内涵则是一致的，如宋鑫娜《档案文化产品开发策略新探》一文将档案文化产品概念实质上等同于档案文化创意产品概念[3]。北京市档案局王贞研究馆员提出"档案文化创意产品是以物质产品为载体的精神消费产品，通过提取和转化档案中的历史文化信息，将档案文化元素附着在一定载体之上，将生涩、有距离感的档案元素形成现代人认可，易于接受，且愿意获取的文化产品和服务，满足公众对文化的渴望和体验，提供给公众一种对文化的认同，在拥有这些文化要素的同时,能够更加关注文化产品背后的档案价值。"[4]在此基础上本文认为,档案文化创意产品不只包括有形的物质产品,还包括无形的服务,产品是服务的载体,服务是产品的本质和最终目的;产品是主体,服务是产品的附属部分,是产品的延伸,产品所体现的是一种服务关系,它只有被当作一项服务的形式时才有意义。因此,档案文化创意产品指的是档案机构以创新驱动为核心,以馆藏档案资源为来源,以创新开发档案资源为手段,深入挖掘档案信息,发掘档案内容的历史文化价值,将传承和保护传统文化、传播和共享档案文化信息知识作为目的的产品。

2 开发实践与现状阐述

2.1 开发实践成就

纳西族东巴档案文化创意产品在全国不断涌现,就调研情况来看,全国纳西族东巴档案文化创意产品集中在云南省丽江市东巴文化起源地。丽江市自 20 世纪 80 年代以来,依托纳西族东巴档案文化资源吸引外来游客,从街头东巴象形文字及对联书写,到纳西音乐和文艺类演出作品的产生,各类依托纳西族东巴档案文化资源制造的旅游工艺品、出版的珠纳西族东巴文化图书和音像制品,以及纳西族东巴文化纪念品销售,使得东巴文化及其关联产业逐渐成为丽江市独具民族特色的传统文化优势产业。

第一,纳西族东巴档案文化创意产品种类繁多、数量庞大,共分为五大类,第一类是基础编研出版类,包括利用纳西族东巴档案资源编撰的专著、汇编、图册及音乐的出版物;第二类是具有实物形态的旅游工艺品和其他产品类,包括旅游工艺品、纳西族东巴文化纪念品和少部分线上产品;第三类是以纳西族东巴档案资源为基础举办的主题展览,包括巡回展览和定期展览等;第四类是文艺演出和节日活动;第五类是技艺互动体验式的纳西族东巴档案文化创意产品。

第二,纳西族东巴档案文化创意产品开发主体多元,除了类似丽江市古城区文化馆和丽江市非物质文化遗产保护中心等科学文化事业机构会参与纳西族东巴档案文化创意产品的开发外,当地许多集体企业和个体经营的企业也会进行文创产品的开发,还有许多民间个人对纳西族东巴档案文化创意产品感兴趣,包括当地的东巴文化传承人、纳西族东巴文化手工艺制作者、当地民间熟悉东巴文化的纳西族人、对东巴文化感兴趣的普通人,以及相关项目和课题研究的科研工作人员等。

2.2 开发问题描述

2.2.1 档案资源散存情况严重

纳西族东巴档案资源不仅数量丰富，并且种类多样，但是通过整理国内调研数据分析发现（表1），纳西族东巴档案资源分散，国内纳西族东巴档案资源主要集中在博物馆、图书馆、古籍中心、研究中心和部分高校，而民间的纳西族东巴档案资源大都保存在个人手中，相当一部分档案资源保存在纳西族东巴祭司的手中。丽江市档案馆于1990年8月和11月分两批共收集了67本东巴经档案，除此之外，没有其他类型的东巴档案；丽江市古城区国家综合档案馆于2003年成立，大部分保存的都是机关事业单位档案，仅存有《黑白战争》连环画3幅与东巴经档案100件；云南省档案馆存有东巴档案中实物档案东巴画2幅，口述档案中采访对象有5人，东巴照片档案约120幅，东巴视频音像档案16份。而国外的东巴经档案资源也是大部分集中在各国博物馆和图书馆，少部分集中在高校及个人手中。由此可见，纳西族东巴档案资源没有集中保存，档案资源散存情况严重，资源的不集中给东巴档案文化创意产品的开发带来了困难。

表1 国内纳西族东巴档案资源各单位分布情况统计表[5]

保管地点	保管单位	档案类型	数量
云南省	云南省民委古籍办	东巴经档案	200余册
		东巴画	神路图2幅
	云南省博物馆	东巴经档案	278册
	云南省图书馆	东巴经档案	516册
	云南民族博物馆	东巴经档案	35册
	云南省社会科学院东巴文化研究院	东巴经档案	2000册
	云南民族大学	东巴经档案	500册
	迪庆藏族自治州博物馆	东巴经档案	383册
	香格里拉三坝乡文化站	东巴经档案	650册
	维西县文化局	东巴经档案	360册
	丽江市博物院 丽江东巴文化博物馆 丽江市文物管理所	东巴经档案	1300册
		东巴祭祀仪式用品等	3000余件

续表

保管地点	保管单位	档案类型	数量
云南省	丽江市档案馆	东巴经档案	67 册
	丽江市玉龙纳西族自治县图书馆	东巴经档案	3875 册
		东巴画	189 幅
	丽江市玉水寨风景区文物厅	东巴经档案	约 100 册
		神路图	1 幅
	东巴祭署博物馆	东巴经档案	120 册
		八宝纸牌画	8 册
		东巴画	9 幅
	丽江市古城区档案馆	《黑白战争》连环画	3 幅
		东巴经档案	100 件
北京市	中国国家图书馆	东巴经档案	3810 册
	中央民族大学图书馆	东巴经档案	约 2000 册
	中央民族大学博物馆	东巴经档案	222 册
	中央民族大学少数民族古籍整理出版规划办公室	东巴经档案	1522 册
	中国国家博物馆	东巴经档案	约 1000 册
	北京东巴文化艺术发展促进会	东巴经档案	430 册
江苏省	南京博物院	东巴经档案	1800 册
	南京图书馆	东巴经档案	约 1000 册
四川省	西南民族大学	东巴经档案	约 60 册
重庆市	西南大学	东巴经档案	约 20 册
台湾	台湾"中央研究院"历史语言研究所傅斯年图书馆	东巴经档案	363 册
	台北故宫博物院	东巴经档案	5 册

2.2.2 档案馆开发思想观念传统

从纳西族东巴档案文化创意产品的开发现状可以发现，目前云南省档案馆、丽江市档案馆、丽江市古城区档案馆、丽江市玉龙县档案馆几乎均缺位纳西族东巴档案文化创意产品的开发，纳西族东巴档案文化创意产品大都以丽江市非遗保护中心、博物馆和文化馆等其他科学文化事业机构为开发主体。例如，丽江市档案馆于 2019 年 6 月左右与丽江市档案局分离，丽江市档案馆的社会功能已经完全转变为便于社会各方面的利用，但关于纳西族东巴档案的资料都是以纸质文字的形式出现。对于丽江市档案馆来说，纳西族东巴档案是丽江市档案馆最具特色的档案之一，但其开发利用才刚刚展开，数字化建设也刚起步，纳西族东巴档案文化创意产品的开发尚未开展，这主要是由于档案馆的政治性和保密性等特点及传统观念的束缚，并且档案馆更注重其他功能，而忽视档案馆的文化功能，这样的思想观念导致社会公众认为档案馆还是一个行政机构，具有很强的政治性。虽然丽江市档案馆已经与丽江市档案局局馆分设，但无论是社会公众，还是档案馆工作人员都还未能转变思想观念，也未能重视档案馆的文化功能，对档案馆的文化性与社会性没有充分的认识。

2.2.3 服务形式单一商品化严重

目前，虽然纳西族东巴档案文化创意产品已经有五个大类，但是大多集中在基础编研、旅游工艺品和其他产品中，其他类别的产品服务较少，总体来说，产品形式较为单一。例如，基础编研出版类中以出版图书和汇编为主，大都没有创新，是档案编研工作最基础、最传统的成果形式，音像制品、电影类和图册类的数量非常少，在两部电影类作品中，《云上石头城》评分较低，且票房仅有 91.2 万元，收视率不高。在旅游工艺品和其他产品中，旅游工艺品大都分布在旅游景区，这是因为丽江市的旅游业十分发达。纳西族东巴档案文化创意产品的旅游产品类别简单，产品质量不高，大都是以纳西族东巴档案中的东巴字、东巴画为元素和产品进行结合，很多产品实用性不强，且设计简单没有美感，无法激起大众购买的欲望。除此之外，产品设计不够新颖，传达的东巴文化不够贴近人民群众，无法满足大众的精神需求，许多企业对纳西族东巴档案文化创意产品的设计更注重经济利益，没有深刻地挖掘东巴文化内涵，不仅深度不够且广度不足，只是为迎合游客的口味和追求经济利益最大化，简单地将纳西族东巴文化元素随意提取与产品进行结合，这种利用仅仅是表层利用，却掩盖了真正深厚的文化底蕴。尤其是在丽江古城，商业化氛围过浓，丽江市纳西族东巴档案文化创意产品没有推广到全国各地，仅仅集中在旅游区，没有走出云南省，甚至没有走出丽江市。

3 开发路径选择与探索

3.1 建立跨界合作统一机制

2005 年欧盟在《加强欧洲档案合作行动计划》中提出，21 世纪的档案服务需要通过跨领域（interdisciplinary）和跨界合作（cross-border collaboration）[6]。而纳西族东巴档案资源具有分散性，档案资源整合及人才队伍建设需要一个漫长的过程。档案馆内人才结构单一，致使纳西族东巴档案文化创意产品开发工作进展缓慢。纳西族东巴档案文化创意产品开发主体多元，除了政府各部门外，还应当加强与企业、媒体和社会大众之间协同合作，利用各自的优势联合开发。开发工作虽然是多元开发主体，但是仍然应当以国家各级综合档案馆为主导。许多国家都成立了图书馆、档案馆和博物馆联盟（LAM，Library，Archives and Museum），但是档案馆仅仅与这两个部门合作远远不够。以丽江市为例，丽江市档案馆、图书馆、博物馆的合作虽然可以达到资源共享的效果，但是从实际调研情况来看，这三个机构对于文创产品的开发没有任何经验，因此建议开发工作以档案馆为主导部门，由多元主体参与。以云南省为例，云南省档案馆、丽江市档案馆、丽江市古城区档案馆和丽江市玉龙县档案馆等各级国家综合档案馆首先应当建立合作关系，整合馆内纳西族东巴档案资源，达成东巴档案文化创意产品开发工作的合作。丽江市是纳西族主要的聚集地，也是纳西族东巴文化的重要发源地，在此基础上，各级国家综合档案馆应当与云南省文化和旅游厅、丽江市文化与旅游局、丽江市档案局、丽江市各级图书馆、丽江市各级博物馆、丽江市各级文化馆、丽江市东巴文化研究院、丽江市文物局、丽江市各级非遗保护中心等部门进行纳西族东巴档案文化创意产品开发合作。各级档案馆与一些文化机构具有相通性，如丽江市各级非遗中心、丽江市各级文化馆在纳西族东巴档案文化创意产品开发工作中已然有许多实践经验，在实践经验的基础上进行合作，开发工作会进展得更为顺利。丽江市档案馆、丽江市古城区档案馆、丽江市图书馆、丽江市古城区图书馆和丽江市文旅局等机构建址都集中于丽江市古城区，形成了文化区，也为开发工作提供了便利的地理条件。通过与各个部门及文化机构的合作，无论是在人力物力还是在财力资源上都可以实现更大层面的整合集中，从而为社会提供高质量的纳西族东巴档案文化创意产品和服务。

3.2 提高档案馆价值性认知

纳西族东巴档案文化创意产品的开发工作，第一是要求档案部门的工作人员提高对档案馆文化价值和文化职能的认知，这是其发挥文化功能的重要保障。思想上的改变才能指导实践，因此要更新档案馆工作人员的传统思想观念，突破封建思想的禁锢，才能保证开发工作具体落实。档案馆应改变保守封闭的状态，积极打开档案馆大门，走进人民群众，主动引导社会公众对档案馆服务形式转变的认识，提高社会公众对档案馆文化职能的认同，积极参与纳西族东巴档案文化创意产品开发工作，让社会公众在消费产品和享受服务的过程中不仅可以吸收纳西族东巴文化知识，还能感受到档案馆的新型服务方式，改变对档案馆"门禁森严"的固有印象。第二是提高其他文化部门对纳西族东巴档案文化创意产品开发工作的重视，从思想意识上认识到纳西族东巴档案的创新性开发是纳西族东巴档案文化价值的重要体现。虽然档案馆的基础配套设施建设很重要，但是档案工作的最终目的就是利用，从收集、整理、鉴定、保管、统计到编研、检索工作，最终都是为了利用，而传统的开发方式已经无法满足社会公众的物质和精神文化需求。只有创新开发方式，才能使纳西族东巴档案蕴含的东巴文化内涵走进生活，贴近人民群众，因此，纳西族东巴档案不应静静地"躺"在档案架上，只有用起来的档案才是真正的档案。

3.3 创新设计产品开发流程

目前，全国范围内的纳西族东巴档案文化创意产品开发未形成体系和规模，产品开发集中在旅游城市丽江市，范围较小，客户群也仅限于游客，因此，需要创新设计一套纳西族东巴档案文化创意产品的开发流程。开发流程包括四个步骤：第一步是开发资源的整合，在跨界合作的基础上，档案馆应当和其他提供纳西族东巴档案资源的机构及社会组织通过资源、技术和服务共享的方式共同建立一个纳西族东巴档案资源数据库和云平台；第二步是开发素材的形成，通过纳西族东巴档案资源的原件、内容、元素和载体形式形成开发素材；第三步是开发产品的形成，将素材整合、分析后与不同类型的产品结合形成多种多样的纳西族东巴档案文化创意产品；第四步是产品的推广与营销，将纳西族东巴档案文化创意产品通过各种方式推向用户，整个流程如图1所示。

3.4 构建产品推广营销模式

纳西族东巴档案文化创意产品工作以开发为主，但是以利用为最终目的。为使利用服务工作令人满意，推广和营销是不可或缺的一个步骤，只有通过推广营销，产品才能走进社会公众，才能更贴近人民群众，才能继续传承和保护东巴文化。而目前纳西族东巴文化创意产品集中于丽江市的旅游景区，为避免耗费大量人力物力财力开发出来的书籍、画册、展览等高质量的纳西族东巴档案文化创意产品无人问津，构建推广营销模式非常必要。推广营销模式主要分为两种：一是线下推广营销。这是传统的推广营销模式，主要通过举办展览演出和文化活动，与旅游景区和媒体合作设立实体店铺等方式进行推广营销。展览演出和文化活动既是纳西族东巴档案文化创意产品开发方式的一种，也是推广营销的必经之路，在布景布展方式上不能拘泥于传统的方式，可以利用虚拟现实等技术手段增强互动性。通过传统社交媒体进行推广和营销一直是产品推广营销的热门手段，例如用

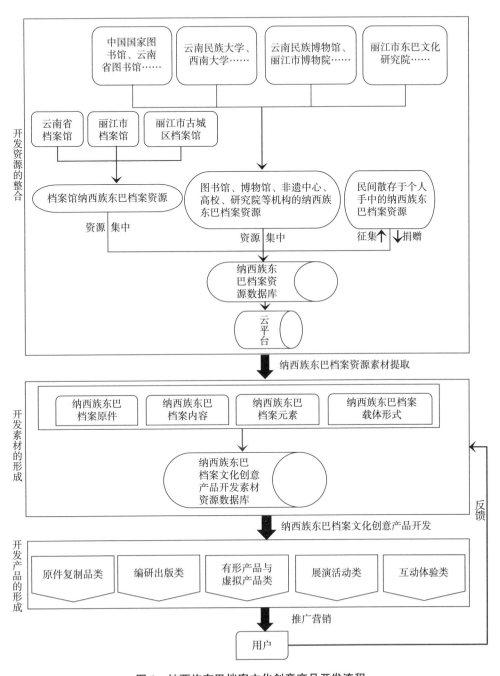

图1 纳西族东巴档案文化创意产品开发流程

广告和新闻报道的方式推广产品。另外，档案馆完全可以参考众多博物馆的做法，设立纳西族东巴档案文化创意产品的实体店铺，社会公众在参观展览和享受服务之余可以到实体店铺购买伴手礼和纪念品等。二是线上推广营销。主要是建立虚拟的推广营销平台，第一种是档案馆自行建立官方网站，官方网站除提供普通的利用服务外，还可以在网站上设立网上商城和网上展厅，加入商品和购买的栏目与功能，例如参考故宫博物院在其官网上加入文创栏目，不仅包括展览，还有故宫出版、文创产品、故宫壁纸、故宫游戏，档案馆完全可以将纳西族东巴档案作为特色档案，将其文创服务和产品作为特色品牌产品在网上商城销售；第二种是借助第三方电子商务网站，近年来，第三方电子商务平台的出现打破了时间和空间的限制，让人们随时随地都可以买到自己想要的商品，因此可以将产品入驻第三方电子商务平台，例如与阿里巴巴、京东等平台合作进行推广销售；第三种是借助新社交媒体，快速发展的新社交媒体是社会公众接收信息的重要渠道，档案馆可以通过微信公众平台、官方微博、抖音和快手等平台，推广和营销纳西族东巴档案文化创意产品。

4 结语

纳西族东巴档案是一笔丰富、宝贵的文化资源，是民族公共的文化财富，对纳西族东巴档案文化创意产品开发的研究旨在保护、传承民族文化之根，发扬、传颂民族文化精髓。同时，可以促进文化市场的繁荣与发展，对开发民族特色档案文化产业，打造民族民俗文化品牌，创造经济效益，创新档案服务新模式，拓展档案社会化服务途径具有重要意义。

参考文献

[1]胡莹.东巴档案灾害应急保护机制构建探析[J].山西档案,2016(2):100-102.

[2]杨毅,张会超.东巴文化之档案化探析[J].学术探索,2006(1):133-135.

[3]宋鑫娜.档案文化产品开发策略新探[J].北京档案,2019(12):32-34.

[4]王贞.档案文化创意产品的开发[J].中国档案,2015(1):70-72.

[5]数据资料源于实地调研。

[6]王玉珏.档案文化创意服务的理论与实践[M].武汉:武汉大学出版社,2017:184-185.

用档案构建记忆，以记忆塑造文化

——以企业档案资源开发为基础的
"企业记忆"项目建设研究

蒋耀伟

中国空空导弹研究院

摘　要：市场竞争环境的变化和企业管理模式的演进，正在激发企业档案管理业务能力的提升和业务范围的持续拓展。由档案管理部门实施"企业记忆"项目，既是推进企业文化建设的重要内容，也是档案业务发挥自身优势、开展价值创造的新方式。笔者通过对企业文化—企业记忆—档案资源三者关系的论述，提出"企业记忆"项目实施的重要意义、基本思路与实施路线，以期为广大企业档案同仁提供项目思路。

关键词：企业文化建设；企业记忆；档案资源开发

1　企业文化建设与档案业务的融合需求及实施现状

现代企业在激烈的外部竞争和强劲的内生发展动力驱使下，正不断发生剧烈变革，致使企业从战略到市场、从产品到用户、从技术到管理均呈现出快速调整、持续演进的状态。企业文化，作为企业形象的重要载体、创业精神的承载容器、软性管理的核心工具，也必须积极应对各种内外部的变化。企业文化只有不断完善自身体系，在传承中积聚能量，在变革中不忘初心，才能真正成为企业软实力和无形资产的重要组成部分，肩负起构建企业核心价值的重任。正是企业文化建设的重要性和紧迫性，使得相关项目的开展和推进正在成为企业集中优势资源，持续投入并着力打造建设成果的重点业务之一。

企业的核心需求在哪里，档案业务就应覆盖哪里，《企业档案工作规范》指出："企业档案工作应以满足企业各项活动在证据、责任和信息等方面的需求为导向，运用现代技术与管理方法，通过资源整合和开发，为企业研发、生产、经营、管理和持续发展提供有效服务。"[1]无论从企业文化建设项目对企业历史沿革、技术演进、各项活动证据、重要人物信息的需求看，还是从现有档案管理所包含的"收、管、用"常项业务范围及档案信息资源开发、知识管理/数据资产管理转型发展趋势看，将档案业务与企业文化建设项目深度结合，让档案管理团队全面参与企业文化项目建设，都是既符合企业文化建设核心需求，又有利于档案业务发展的双赢选择。

但在大量企业中，档案管理部门虽能满足企业经营管理中对基础档案业务的需求，但对企业文化建设的支撑力度远远不足。无论在文化建设项目的战略规划、实施落地过程中的资源支撑和智力支持上，还是在档案的历史属性、文化属性的利用挖掘，企业文化产品的打造、相应业务能力的构建和团队的建设上，多数企业的档案业务部门还都处于少作为，甚至无作为的阶段。这更加凸显了企业档案管理部门应积极参与企业文化建设项目，寻找具备突破性和可持续发力的重要主题，打造精品项目的紧迫性和必要性。

2 企业文化塑造与档案管理业务的关系

企业档案业务部门如何介入企业文化建设，如何将其纳入自身业务范围，并形成持续创新的发力点和价值体现？笔者认为，回答这个问题，需要研究三方面的内容。

2.1 企业文化的本质和建设需求是什么

通常，我们理解的企业文化，是一个组织由其价值观、信念、仪式、符号及处世方式等组成的其特有的文化形象，是企业在生产经营实践中逐步形成的，为全体员工所认同并遵守的，带有本组织特点的使命、愿景、宗旨、精神、价值观和精神理念，以及这些理念在生产经营实践、管理制度、员工行为方式与企业对外形象的体现的总和。[2]从其概念中可以看出，企业文化的本质是组织内符合企业需求的意识形态及其展现形式的总和。它既包括意识形态的形而上部分，也包括展现形式、传播渠道/方法等需要具体操作的业务部分。

企业文化的建设，一方面要使其文化本身无论何时都与企业的核心利益和目标保持一致，并能正向推动企业价值的创造；另一方面要保证其核心文化始终能以最具经济性和最高效的方式，在企业内、市场内甚至更大范围领域得以传播，以成为企业竞争力和软资产的重要组成部分。

2.2　档案业务和档案工作者在企业文化建设中扮演何种角色

既然企业文化属于意识形态的范畴，那它自然不是无源之水、无根之木，它一定源于对企业创立、发展、变革过程中积累的文化和经验的深入研究，并结合现实发展需求进一步凝聚提炼形成。从这一层面上讲，企业文化中的价值理念——公司定位、公司使命、公司宗旨、核心价值观、发展理念、公司精神及战略目标等内容，都应有与其相对应的"企业史料""文化证据"，而这些内容实体本身，在企业内往往以档案的形式存在。

企业文化形成、利用和传播的过程，对于很多企业来说，也是其基础管理业务中的一环。只是因为其内容的特殊性和复杂性，这项业务的实施会通过企业内多个部门，以持续的、分散的、非整体规划和系统实施的形式来完成。即便如此，只要是企业的活动，就一定会留下印迹，形成材料，并最终多以档案的形式被收集和管理。

从上述两个角度分析，我们可以得出以下结论：企业文化的产生和利用，从档案中来，也最终到档案中去。因此，企业的档案业务和档案工作者在企业文化形成和利用中，也理应发挥更加重要的作用——为企业文化守源、溯源，使企业文化的塑造和利用走向规范化、系统化。

2.3　档案业务如何寻找企业文化建设项目的突破口

档案业务应在充分挖掘自身的资源优势和专业能力优势方面，积极找寻参与企业文化建设项目的形式和方法。在挖掘资源优势方面，应以创建"企业文化档案专题库"为起点，逐步向企业文化档案门类建设提升，将企业文化档案作为新门类，开展收集、整理、利用工作。在挖掘专业能力优势方面，应充分利用档案工作者在档案编研、著传修史等方面的基础能力，以打造"企业记忆"为突破口，集中优势力量，开启企业文化项目体系建设的新尝试。

❸　"企业记忆"是企业文化的重要载体，是企业文化建设的最核心项目

3.1　"企业记忆"的内涵与外延

打造"企业记忆"项目，要从理解社会记忆、群体记忆及其在企业中的必然存在开始。根据莫里斯·哈布瓦赫的观点，"记忆是一种集体社会行为，在一个社会中有多少个群体，就有多少个集体记忆。家庭、宗教、社会阶级、公司企

业等各种各样的现实社会组织或群体都拥有与其对应的集体记忆，这些不同的记忆控制着各自的成员，既形塑他们的过去，又影响着他们的未来"[3]，由此可见，任何组织，都会形成其特有的集体记忆。

企业作为社会中重要的组织单元，通过树立共同目标，产生组织凝聚力，以集合社会成员，创造物质价值和社会价值，同时推动组织的运作及发展。因此在企业运作的过程中，既需要不断强化目标的牵引作用，实现价值创造，又需要打造组织内成员共同的身份认知、企业认知与价值认知，增强内部向心力和凝聚力。

每一位企业员工在进入企业前，都有各自的教育经历和工作经验，都已形成自己的认知能力和价值评判标准。进入企业后，这些员工会在彼此无数次的合作与碰撞中，在对企业价值观和身份认同的融入和排斥中，在不断接受任务、完成目标的历程中，形成宝贵的记忆并逐渐沉淀下来。当每一个个体记忆汇集在一起，通过不断筛选、遗忘、强化与融合，就会在不同时期形成当下属于所有企业员工的"共同记忆"，这些"共同记忆"经过一代代员工的丰富和传承，会逐渐成为自然生长中的"企业记忆"。

3.2 原生"企业记忆"的特点

这样自然成型的"企业记忆"有以下几个特点：①它源自所有企业员工的"真实经历"，在员工认知中拥有极高的真实性和可信性；②它是客观现实和主观选择的融合，经历过所有员工的筛选和强化，具有群体选择上的统一性；③从它之中可以读出关于企业文化基因形成要素的一些基本问题：企业从何而来，经历过什么，为何成为现在的状态。

这些特点使"企业记忆"在企业共同认知的形成中占据举足轻重的地位，只有把握住企业记忆形成的脉络和方向，才能有助于引导和推进有利于企业发展的共同认知的形成。

3.3 "企业记忆"造就共同认知，共同认知成就企业文化

"企业记忆"一旦形成，会长期、持续地影响企业员工形成的共同认知，并通过共同认知，逐渐塑造出文化认同。从内部看，这种企业内的"文化认同"可以帮助企业树立统一的"软标准"，促使员工形成"企业道德规范"，同时强化员工对企业目标的认同感和使命感，并创造更好的内部合作共赢氛围。从外部看，成熟的"文化认同"会逐步向外传播、扩散，成为企业形象的核心灵魂。这种文化沉淀的厚度和文化本身的社会认可度，会直接影响社会大众对企业及其品牌的认知。由此可见，"企业记忆"的打造，是企业文化建设的重中之重。企

业文化体系不能凭空构建，浮于表面，必然也必须有"企业记忆"这一坚固地基给予强力支撑。而企业档案资源，正是构筑这一地基的核心材料，只有充分选好、用好档案资源这一材料，才能保证地基的稳固，才能达到"以史为证、传承不辍"的效果。

4 基于企业核心文化打造企业记忆

既然"企业记忆"如此重要，那是否可以对其进行主动的人为构建，使其更符合企业文化建设的目标和方向呢？其实，企业记忆和企业文化一直都是互为因果，相互作用的。一方面，在企业初创和发展阶段，企业记忆在自然的成长和沉淀中，逐步产生共同认知，从而影响企业文化的形成；另一方面，当企业进入成熟阶段，也可以通过深度挖掘企业文化的内涵，引导当下及未来企业记忆的形成，使其服务于企业的发展目标。

冯惠玲在谈论档案记忆观时总结道："档案是构建集体记忆重要且不可替代的要素；档案工作者有责任通过自身的业务活动积极主动地参与集体记忆的构建、维护与传承；档案工作者的观念、工作原则与方法对集体记忆的真实、完整与鲜活产生正面或负面的影响。"[4] 这一总结充分说明了档案工作者在构建"企业记忆"过程中的重要作用和责任，也进一步引申出档案业务管理部门应该将"企业记忆"构建作为档案资源开发的重要任务之一纳入各企业档案管理业务中，使其成为档案工作价值创造的核心业务。

4.1 城市记忆、乡村记忆项目中寻找方法和模式

"企业记忆"建设开展的方法和思路，可以充分借鉴近年来多个城市如青岛、北京、上海、重庆、杭州等开展的"城市记忆工程"项目，以及部分省份如浙江、山东、山西、福建等开展的"乡村记忆工程"项目。这些记忆工程，在符合国家相关档案标准的前提下，对各类型档案资源的四性标准提出了更为细致的要求，同时也充分结合自身地域特点、资源优势与文化特色，以服务核心思想为原则，在归档范围的设定、档案资源内容的优化完善、各类型档案的关联与融合、整体展现形式和传播渠道创新上，均进行了探索性的尝试，并取得了良好的效果。

另外，通过对这些政府档案馆成熟案例的了解和学习，企业档案工作者能够对"记忆工程"类项目有一个初步的认识，也有助于其对所在企业实施"记忆工程"的项目目标、项目定位、任务实现形式及自有资源的状况进行客观合理的评估。

4.2 "企业记忆"项目开展步骤及关注点

4.2.1 吃透企业文化

企业文化是项目开展之源,前期需对企业文化的各项价值理念(如公司定位、公司使命、公司宗旨、核心价值观、发展理念、公司精神、战略目标等)、企业标识形成及利用模式进行全面梳理,汇总罗列。

4.2.2 提取核心要素

从企业文化价值理念内容中提取核心要素。要特别关注能够贯穿企业发展整个历程的要素,将其作为贯穿"企业记忆"的主线和中心内容,其他要素则可以作为丰富企业文化价值的有益补充。这些要素一方面是企业文化的内核,另一方面也是企业品牌及产品创造的灵魂元素。提取核心要素的过程,也是对企业文化内涵进行进一步整理筛选、掌握核心、厘清主次的过程。

4.2.3 匹配支撑内容

围绕各项核心要素,分析并填充与之相匹配的内容材料,用内容材料搭建出企业文化具象化展示的框架,形成企业文化内容展示的主体及"故事脉络"。这一过程真正进入"企业记忆"内容创作阶段,要始终以企业文化建设的核心目标为引导,充分考虑历史传承、现实需求及未来拓展空间,结合自身资源和优势,在求真求实的同时,完成记忆故事的构建。

4.2.4 用档案完成真实性和历史性的呈现

根据内容材料的需求,在档案资源库中匹配对应的档案,将内容材料通过档案这一载体实物化,形成从"故事"到"史实"的转变。对于缺乏档案支撑的内容,可以积极开展档案征集和挖掘工作,力求获得更大、更强有力的档案资源支撑。

4.3 项目实施需关注的重点

①项目需以档案业务部门为主导,多个相关部门联合开展,同时积极发动广大企业员工/离退休人员,提升其认知度和参与度,也可以发动本企业的利益相关者,如供应商、合作伙伴与客户/基层消费者等,展开社会面征集,在多方共同参与的同时进一步提升项目的社会影响力。

②在项目构建过程中,应时刻考虑受众人群和服务对象的需求,不能仅关注档案资源的收集和整理,而应以展现形式和利用效果作为考核项目成败的重要标准。既要考虑企业内部文化建设的需求,也要兼顾外宣及企业形象和品牌文化展现的功能。

③项目本身不是一蹴而就的,而是长期、持续、不断发展演进的。随着市场

环境及企业自身的发展变化，在核心企业文化进行调整的过程中，项目本身也应做出与之相适应的调整和变化，以更好地服务企业文化建设这一中心目标。

5 以航空工业集团公司为模型开展"企业记忆"文化建设项目

5.1 用档案资源支撑"企业记忆"项目

笔者以航空工业集团公司为例，选取部分核心企业文化，按照项目实施思路，进行逐层拆解、分析，形成"航空工业集团文化建设档案资源表"（表1）。

表1 航空工业集团文化建设档案资源表

企业文化项	核心要素	支撑内容	对应的档案资源
集团愿景：成为具有领先创新力、先进文化力、卓越竞争力的世界一流航空工业集团	①科技创新引领 ②以世界一流为目标	①从无到有，从弱到强的技术发展历程。每一次跨越式发展都是以技术革新为核心的再创业 航空技术发展的几大阶段及技术创新的成就 ②产品、技术、专业、人才队伍等从——填补国内空白到世界前列 （以研发为中心）	①获得过的国家级成果档案及其对应的照片、影像、实物档案 ②展现重大航空技术突破的重要试验记录档案 ③国家表彰的科研团队、大国工匠团队档案
集团使命：航空报国、航空强国	使命意识、报国情怀	将自身的任务和责任与国家核心利益相关联，明确定位，提高站位。满足国家军用、民用航空装备需求，走向航空强国之路 （以生产为中心）	①生产体系建设相关档案，基建/设备档案、产线建设档案 ②完成批量化生产的重要产品交给客户的照片、影像记录 ③因完成生产、保障任务而获得的国家级表彰和用户表扬档案 ④在各种特殊条件、特殊环境下依然坚持生产的照片、影像记录及部分保存的实物档案

企业文化项	核心要素	支撑内容	对应的档案资源
航空报国精神：忠诚奉献、筑梦蓝天	①始于军、利于民 ②忠诚与奉献向军队看齐	从军中走来——军队转地方的机构历史沿革，不变的部队基因 服务军队——献身国防，永远在一线 服务人民——民用航空发展，两化融合	①企业机构沿革的记录（文书档案） ②个人身份变化的记录（人事档案） ③战时、和平时期（重大保障任务）参与一线工作的照片、影像、各人/团队嘉奖相关档案，口述历史档案 ④民用航空从引进（合同档案）、到自制（科技档案）、到技术利用/交易/输出（专利档案，跨行业大型项目档案） ⑤中国商飞 C919 大型项目专题档案
集团发展战略：一心、两融、三力、五化	现代化企业的发展思路	对内猛练内功，强企才能强军 对外直面竞争，成为"中国智造"的又一张名片 用现代企业管理理念不断激发自身变革，对标世界优秀高科技航空制造巨头	①从引进国外项目管理体系，到国内优秀管理项目、项目管理体系建设（标准档案、质量体系档案） ②与国外一流飞机制造公司的合作历程，如波音、空客飞机零部件加工订单（合同档案、生产档案、照片、影像记录及口述历史） ③参与国际竞标并获得成功的对外合作项目： 民机出口专题 军机出口专题 无人机出口专题 生产、维修线出口、技术交流专题 （合同档案、生产档案、照片、影像记录及口述历史、海外媒体的报道等）
集团专项文化：报国航空责任航空创新航空风采航空	报国——任务 责任——态度 创新——能力 风采——文化	①以团队和个人为核心，通过描述团队、个人的成长，展现航空人风采 ②在实践社会主义核心价值观过程中，在承担社会责任和发挥社会影响力过程中的成绩	①能够反映个人能力、个人岗位、个人责任、个人生活、个人目标变化的内容，以人事档案、家庭档案、口述历史档案为主 ②集团、下属企业单位、组织及个人承接党和国家的重大项目，重大任务及其产生的成果 如：扶贫攻坚、抗震/抗洪抢险救灾、抗疫、保民生促发展项目、海外援助等主题可组卷形成专项档案

续表

企业文化项	核心要素	支撑内容	对应的档案资源
型号精神	品牌 IP 打造	在不同时期，每一个系列、每一款产品的打造，都有其特殊的时代意义，也能从多角度生动地展现其时代精神。梳理某一产品系列的发展历程，既是对时代精神的传承，对品牌能量的积累，也是对品牌影响力的传播	①产品市场推广宣传品专题库，展现产品从初创到成熟，从单一到系列化的过程 ②产品家族化图谱 ③文化产品主题、品牌周边文化产品的设计到推向市场的过程等

表 1 直观展示了通过四步分析完成的相关企业文化的初步分解及对应"企业记忆"核心元素的提炼、主体内容的选择和对应档案资源的匹配。在完成此框架的搭建、内容的填充和相关档案资源的整理、汇总后，需结合展现形式和传播渠道，进行第二次的创作，完成基于受众端高接受度的内容优化和传播形式/渠道的拓展创新。只有通过这样的方式，才能将"企业记忆"打造成为一套完整的内容体系和展示体系。

5.2 以"企业记忆"项目实施促进档案业务发展

在项目实施的过程中，我们会发现以下几个现象：①企业文化的演进是持续的，不断发生的，要求参与项目的档案人员时刻关注、跟进和学习。②"企业记忆"的内容应随企业文化的变化进行适时、合理的调整，因此，项目本身不能是一蹴而就的，这就要求参与项目的档案管理部门对项目的需求做到持续响应，并形成长效工作机制。③"企业记忆"项目对档案资源内容的需求在不断变化：一方面，新载体、新类型的档案逐步增多，并将成为未来"企业记忆"项目的主要内容资源；另一方面，对库存档案资源的持续深入挖掘同样重要。

由此可见，"企业记忆"项目的实施对企业档案业务能力提升、企业档案部门及档案管理人员成长可起到极大的推进作用。第一，为企业档案业务增加了重要的工作项目，使档案部门可以以组织者和主导者的身份，参与此类型的企业文化建设项目；第二，通过项目的实施，帮助档案业务部门扩大归档范围，提升归档/管档/用档的能力，同时为培养档案资源的开发利用、专业档案编研、档案文化产品开发推广等领域专业人才和团队提供了现实机会和资源支持；第三，通过"企业记忆"项目的长期运营和传播利用，可以让企业广大干部职工及社会人士更加深入地了解档案管理、档案保护的重要性，对进一步推进档案事业的发展也起到积极作用。

6 结语

"企业记忆"项目，作为企业文化建设的重大项目，其在企业文化体系构建中的地位和作用毋庸赘述，正因如此，它也正在成为许多企业在打造自身文化软实力、构建企业品牌价值过程中着力关注和强力实施的重中之重。以"企业记忆"项目作为档案业务支撑企业文化项目建设的发力点和突破口，既能满足企业核心需求，也为档案业务发展拓展新空间，帮助企业档案工作者提升新能力。本文虽就此类项目的实施给出了一定的方法论并列举出应关注的重点问题，但在具体实施过程中，还需广大企业档案人根据所在企业的现实需求，结合档案部门的组织能力和人员能力，进行进一步的探索和尝试。在此，也希望更多企业档案人能参与和推动此类型项目的实施，让企业档案工作从默默无闻逐步走向台前，打造更多的文化精品，实现更大的价值。

参考文献

[1]国家档案局.企业档案工作规范:DA/T 42-2009[S].2010:01.

[2]企业文化.MBA 智库百科[OL].https://wiki.mbalib.com/wiki/%E4%BC%81%E4%B8%9A%E6%96%87%E5%8C%96.

[3]哈布瓦赫.论集体记忆[M].上海:上海人民出版社,2002.

[4]冯惠玲.档案记忆观、资源观与"中国记忆"数字资源建设[J].档案学通讯,2012(3):4-8.

基于数智化视角的档案文化创意产品开发模式构建与实践路径

李 冬 闫金利

大庆油田档案馆 哈尔滨市档案馆

摘 要：档案文化创意产品集档案元素、文化内涵和创意因素于一身，数智时代为其开发开启全新模式。本文以大庆油田档案馆档案文化创意产品开发为例，从完善制度、资源建设、强化管理、风险控制四个维度研究模式构建，通过厘清档案、文化、创意与产品的逻辑关联，分析档案文化创意产品三种开发模式，进而提出"内容与载体""时间与空间""文化与精神""项目与品牌""实践与研究"双轨嵌固的实践路径。

关键词：档案文化；创意产品；开发模式；实践路径

0 引言

数智时代的到来，为档案文化创意产品开发开启了全新模式，加速了构建开发的协作性和协同性。2021 年 8 月 17 日，文化和旅游部等八部门联合印发的《关于进一步推动文化文物单位文化创意产品开发的若干措施》指出，依托文化文物单位馆藏文化资源加强文化创意产品开发工作，有利于推动中华优秀传统文化创造性转化、创新性发展，有利于培育和弘扬社会主义核心价值观，有利于社会主义文化强国建设[1]。档案作为一种重要的文化资源，其传承和延续人类历史文化的作用日益突出，开发档案文化创意产品，有利于人类社会文明的传播和推广，也是创新档案服务方式方法的重要路径。本文基于数智时代背景，通过文献研究法和案例分析法，探究档案文化创意产品开发思路与对策。

1 档案文化创意产品开发模式构建

档案文化创意产品是以物质产品为载体的精神消费产品，通过档案元素提取、转化、附着的过程，形成易被现代人认可、接受且愿意获取的文化新产品和服务[2]。面向数智时代，需要从完善制度、资源建设、强化管理、风险控制四方面构建开发模式，形成开发生态体系。

1.1 完善制度建设，提升开发治理

随着档案与文化产业的结合成为档案业界研究讨论的热点，2016 年 11 月 8 日，主题为"大数据时代的档案工作"的全国档案工作者年会围绕智慧档案馆建设、档案文化创意产品开发、非物质文化遗产保护等内容进行探讨。2021 年 6 月，《"十四五"全国档案事业发展规划》指出，加强档案文化创意产品开发，探索产业化路径，推进国家重点档案保护与开发工程[3]。2021 年 12 月 24 日，中国档案学会档案文化专业委员会成立大会以线上视频形式召开，明确"文化兴档，文化强档"的指导方针等内容。整体而言，虽然现有研究在内容和方向上都提及档案文化创意产品，但相关政策和制度并未真正制定出台。档案文化创意产品是档案工作与时俱进的重要研究内容，需要建立健全开发制度和规范，进一步规划开发方向和主题，并规定收入分配和激励机制等，让档案文化创意产品的开发研究有法可依、有章可循。倘若没有统一的制度和规范，势必造成档案部门开发标准不一致，出现品质良莠不齐等乱象。

1.2 聚集资源建设，实现开发永续

档案文化创意产品开发是一项系统工程，前期资源建设则是档案文化创意产品的立身之本、发展之基。档案文化创意产品的资源建设包含三个层面：一是资源创建，即搭建资源研究平台，推送国内外档案文化创意产品开发和管理现状，将最前沿的信息及时传送，加大后期开发的广度和深度，在探寻和总结研究成果的过程中，增强全局与长远眼光。二是资源开发，首先要鼓励公众参与，通过网络互动平台，设立档案文化创意产品设计大赛、征集创意金点子等，点燃公众参与热情，开发出真正"接地气"的档案文化创意产品；其次是协同跨界共创，充分发挥业务单位（部门）的专业特长，开发与企业息息相关、共同成长的档案文化创意产品，凸显企业特色、特点和特质；最后是资源共享，即与档案业界同行共同创新，以专题研讨、网上公开课、成果汇报会等形式，邀请档案业界内开发的行家里手，剖析案例分享经验，在沟通交流中寻找创新驱动和合作伙伴，在研究、开发等领域中开展深度合作，实现优势互补、资源共享、双赢发展。三是资源管理，即创建档案文化创意产品库，主要从两方面加强管理，一方面对新启动的产品开发项目建立备案审核制度，既跟踪指导开发全过程，又掌握开发动态情况。另一方面对已产生社会效益、经济效益的产品进行汇总，包括对其开发

背景、名称由来、发布年份、功能用途等进行分门别类的统计，进而科学统筹并指导各类、档案文化创意产品的开发工作。通过资源建设，逐步形成有规划、多层次、高品质的开发生态环境。

1.3　全面强化管理，提升开发质量

高质量开发档案文化创意产品，需要全面强化管理，一是统筹规划，需要对各种模式和各个阶段的目标、任务、措施进行总体规划和部署，分步实施、有序推进。协调好与相关单位（部门）的关系，对相应层次的档案文化创意产品开发进行统筹考虑，做出总体安排。二是需求导向，公众触及或选购档案文化创意产品，其实关注或购买的从来都不是产品本身，而是对自身需求的一种满足。因此，档案部门需要以公众需求为出发点，把公众需求作为开发的不竭动力，结合馆藏档案文化资源和开发能力，最大限度地研究设计贴近公众工作和生活的产品。三是注重效益，档案文化创意产品虽不同于普通商品，但开发利用同样既要注重经济效益，又要讲求社会效益。其实，正是档案文化创意产品基于档案元素开发，才赋予产品更旺盛的生命力，因此更要突破效益观念，进行市场观念的解放，从而实现两个效益的统一。

1.4　加强风险控制，护航开发秩序

在数据时代，档案文化资源采集、处理、储存到档案文化创意产品的开发与传播等运行过程中，难免出现档案涉密、知识产权等问题，这些问题如不能得到适当处理，难免产生不良后果或法律纠纷。一是档案文化资源本身的风险控制。档案文化创意产品根植于档案，在对档案进行增值开发的过程中，一定要处理好信息开放与安全保密的关系，既要深度挖掘出档案的文化价值，又要助力档案文化创意产品开发。二是档案文化创意产品的知识产权风险控制。习近平总书记在主持中央政治局第二十五次集体学习并发表讲话时强调，创新是引领发展的第一动力，保护知识产权就是保护创新[4]。由此可知，在研发档案文化创意产品过程中，要守好风险控制这条底线，培养和促进知识产权意识，加强知识产权保护，根据《中华人民共和国著作权法》《中华人民共和国商标法》《中华人民共和国专利法》等有关法律规定，申请专利保护、商标注册和版权登记手续，使研究人员的成果得到充分尊重和保护。

2　档案文化创意产品开发模式

数智时代为档案文化创意产品开发带来全新模式，赋能开发整个生命周期。

档案文化创意产品开发可划分为三种模式，即档案文化孕育模式、档案文化创意成长模式及档案文化创意产品成熟模式，为提升开发水平提供参照。档案、文化、创意及产品这些要素在开发过程中，相互匹配组合的同时合理突破、适时延展，在此基础上构建开发模式。

档案文化创意产品开发模式的具体构建思路，见图1。

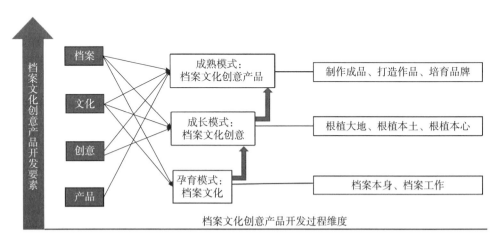

图1　档案文化创意产品开发模式构建图

2.1 "档案—文化"孕育模式

一方面，档案是一种重要的文化资源。档案不是自然界的产物，档案与文化紧密相连，档案是人类文明的产物，是历史文化遗产中必不可少的组成部分[5]。历史文化依附于物质载体形式才能被传承，而档案发挥了不可替代的功用。档案记载人类文明、凝聚历史经验，蕴含历史文化的精髓。因此，基于社会文化发展视角分析，没有人类文化，就不会产生档案；同样，没有档案的存在，将会出现"文化断裂"，甚至是人类的"记忆空白"。另一方面，档案工作在人类社会中发挥着重要的文化性作用。《中华人民共和国档案法》第八条明确规定："中央和县级以上地方各级各类档案馆，是集中管理档案的文化事业机构，负责接收、收集、整理、保管和提供利用各分管范围内的档案。"[6]档案馆作为档案工作的主体，属于党和国家的科学文化事业机构，是文化财富的宝库和文化教育的中心。近些年，我国政府非常重视传承非物质文化遗产和研究地方特色文化，为档案文化建设提供了良好的契机。研究和开发档案文化创意产品成为衡量档案文化建设"尺度"与体现档案工作"温度"的良方。

2.2 "档案—文化—创意"成长模式

档案文化创意产品开发过程需要创意，也就是明确创新的出发点和立足点，这直接关系到文化建设的可持续发展和档案作用的有效发挥。2020 年，习近平总书记在中南海主持召开经济社会领域专家座谈会时指出，"新时代改革开放和社会主义现代化建设的丰富实践是理论和政策研究的'富矿'"，希望广大理论工作者"从国情出发，从中国实践中来、到中国实践中去，把论文写在祖国大地上，使理论和政策创新符合中国实际、具有中国特色"[7]。创意，是档案文化创意产品的创新驱动力。而创意不是开盲盒，要将双脚插入大地中，探明开发市场和环境；要弯腰翻地松土，为播种做足准备；要用双手精耕细作，培育接地气的品牌。

2.2.1 创意要根植于大地

国外档案机构在很早以前便开始基于特色馆藏开发文化创意产品，这对于开展档案文化建设具有理论意义和实践价值。例如，美国国家档案馆在文化创意产品开发时，着重开发与美国民主自由文化相关的档案资源，同时将目光投向签名文化、饮食文化等更为大众化的文化主题。法国作为文艺复兴和启蒙运动的重要影响地之一，其档案文化创意主题紧扣"国家遗产日"主题。澳大利亚国家档案馆则对国家文化意识和家族历史相关的主题格外重视，在唤醒家族文化意识方面也颇有意义[8]。美国、英国等国家档案馆还开辟档案文化创意产品线上销售渠道，不但提升了知名度和影响力，还带动了产品销售。通过参考借鉴、拓宽视野，把创意根植于广袤大地上，是档案文化创意产品树得稳、传得广的重要前提。

2.2.2 创意要根植于本土

将创意根植于本土，体现档案馆馆藏结构，凸显本土文化特色，汇聚浓浓的乡情乡味，传递深深的家国情怀。例如，上海市档案馆作为"城市记忆"的保管地，基于 460 余万卷（件）档案史料，通过微信公众号推送"TA 的传奇""沪上老字号""上海地标"等有关人物、饮食、风俗系列档案文化创意产品，颇受欢迎。广州市国家档案馆围绕"记忆·广州"主题，展示珍贵的馆藏资源和档案的文化价值，开发设计出绘制广州中山纪念堂建筑设计蓝图和 1945 年广州市区域图的鼠标垫。这些开发主题和创意形式的选取，是在数智时代背景下，秉承"用档案说话，让文化传承"理念，将本土文化与档案文化深度融合，利用科技将创意融入手指间、唇齿间……让公众零距离感受档案文化的魅力。

2.2.3 创意要根植于本心

档案文化创意产品开发是一个漫长而艰辛的过程，需要用心去培育，根植于大地、汲取本土养分，让珍贵的档案文化资源真正"活"起来。在开发过程中，不能临时起意，又草率收兵；也不能为引人注目，而违离道本。萌生创意，要根植于本心，主要体现为：第一，开发源于需求本心。档案文化创意产品开发是一个实现档案文化资源挖掘、档案文化价值推广和档案文化体系建设的过程，满足公众多样化、多层次的精神文化需求，全方位开发档案文化创意产品；不能追求经济效益，盲目跟风开发产品，忽视档案人肩负的责任和使命，造成产品的粗制滥造。第二，创新源于创作本心。对于开发产品的创新，不单单是仿制蹿红商品、过度开采馆藏等，更需要专业理论支撑和精心规划。教育部高等学校档案学专业教学指导委员会官网显示，我国共有 38 所院校开设档案学专业[9]。数智时代为提升档案人才素养带来新机遇，截至 2021 年，全国高校档案学专业开设近 40 门信息技术类课程和管理类课程，复合型档案人才也将以入学奋斗的初心、投身兰台的决心及专业研究的丹心助力档案部门在开发档案文化创意产品中发挥更大作用。

2.3 "档案—文化—创意—产品"成熟模式

随着档案文化创意渐进式改进，档案文化创意成果方能平稳"着陆"，进而制作成品、打造作品、培育品牌，其中必将经历从不完善到逐步优化的发展历程。将其称为档案文化创意成品，因为其是以档案为"原材料"的初级加工和糅合，还不具备独创性。只有创作成果兼具独创性与智力性，才能打造出档案文化创意作品，再经过企业文化和企业精神的滋养，开发、打磨出爆款的系列作品。通过不断给予公众积极美好的印象，逐步打下品牌烙印，档案文化创意产品才会诞生出许多经典品牌。例如，2021 年 3 月，广州市国家档案馆与广州大学产品设计系正式启动产学研合作，通过前期的参观调研、交流研讨等，于 2021 年 6 月实现首批成果转化，双方合作开发制作出"档案之光"文创口罩，在 2021 年 6 月 9 日国际档案日正式推出，并配合档案展览、研学实践等活动免费向市民群众派送，得到广泛认可。

3 档案文化创意产品开发案例

本部分以大庆油田档案文化创意产品开发系统成果为例，介绍具体的档案文化创意产品开发思路应用，见图 2。

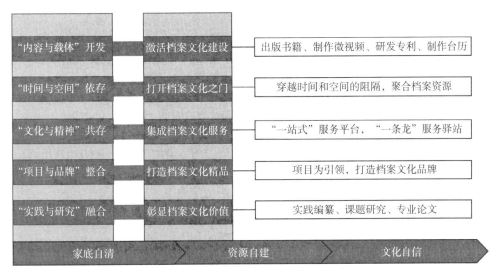

图2　档案文化创意产品开发双轨嵌固的实践路径图

3.1　大庆油田档案文化创意产品开发前提

大庆油田以满足利用者使用和需求为宗旨，确立创新驱动开发战略，即把档案文化创意产品视为物品和服务的综合体，产品包括有形的物品、无形的服务及它们的组合。

3.1.1　家底自清

开发档案文化创意产品，摸清家底是首要工作。依托"中国石油档案管理系统"，充分利用档案比对查询功能，对大庆油田档案馆的馆藏信息的数量、质量及特色进行分析研究。在此基础上，围绕油田产业链条、企业文化等开发档案文化创意产品，现已形成产品名录295个。

3.1.2　资源自建

档案文化创意产品的研发要以多方面资源作为支撑，主要包括：第一，学习资源。开展"岗位练兵"和"三个一"岗位实践活动，以21世纪档案学系列教材为主，逻辑知识、计算机知识等为辅，定期分享学习内容，学员对思考题目作出个性化答案，每周进行线上辅导和交流讨论，评选优秀"作业"，形成开发经验和实物作品报送大庆油田档案馆，以供今后研发人员学习和参考。第二，人才资源。以大庆油田档案业务集约化改革为契机，构建"档案馆+专业中心"管理模式，整合专业人才队伍，尤其是侧重引进计算机人才和强化后备人才梯队建设。为适应企业深化改革和智慧油田建设的发展形势，人才资源的保障也愈加重要，只有丰富而优秀的人才资源，才能强化档案文化创意产品的价值。

3.1.3 文化自信

习近平总书记在庆祝建党 95 周年大会上，首次将文化自信与道路自信、理论自信、制度自信并提，彰显出对文化自信的高度重视。60 多年来，大庆油田取得了举世瞩目的伟大成就，离不开大庆精神、大庆传统的巨大文化力，这种文化力凝聚成油田持续高产、稳产的强大生产力。档案作为记录油田历史发展、传承企业文化的重要载体，蕴含极其特有的精神财富。众所周知，大庆精神同延安精神、井冈山精神一样，成为中华民族精神的重要组成部分，并伴随着油田开发建设不断丰富完善，有着不朽的价值和永恒的生命力。

3.2 大庆油田档案文化创意产品开发实现

基于油田开发建设，明确"专业化开发、集成化服务"目标，寻找档案文化产品的功能定位和逻辑起点，提出内容与载体、时间与空间、文化与精神、项目与品牌、实践与研究的双轨嵌固的实践路径。

3.2.1 "内容与载体"开发，激活档案文化建设

出版书籍：通过图文集合，开发大庆油田党的建设系列档案文化创意产品，如《坚实的脚步》《大庆油田要览》《党旗下的萨北荣光》等书籍先后正式出版发行。制作微视频：充分利用信息技术，制作多个不同专题的微视频产品，如《"两论"起家》《气电公司的"活"档案——陈丽》。研发专利：面向数字化馆藏资源的需要，研发设计《扫描仪（档案管理）》专利产品。编制新年日历：将大庆精神、铁人精神和大庆会战优良传统的档案史料，编辑制作成《国之大庆》台历。这些实践经验，有利于彰显档案文化资源"内容与载体"开发的思维宽度，增加档案文化建设的实践厚度。

3.2.2 "时间与空间"依存，打开档案文化之门

收（征）集、挖掘、研究大庆油田会战史料 9000 余件，挖掘档案文化资源中蕴含的"精神宝藏"，开发建设喇 72 井传统教育基地展厅、"一公分""铁门槛"精神文化走廊等。整体而言，这些成功实践不再是传递传统主题展览的单一价值，而是穿越时间和空间的阻隔，搭建专题框架、探讨组织模式，进而把档案资源进行聚合，有效呈现时空维度和场景维度，增强档案文化产品的可视化叙事表达能力，引发强烈的情感共鸣。

3.2.3 "文化与精神"共存，集成档案文化服务

建设数字档案馆：挖掘入选首届中国石油天然气集团公司工业文化遗产项目的 7 个大庆油田项目的历史价值、文化价值、精神价值，建设"工业文化遗产专

题数字档案馆"，设置立体展厅、虚拟讲解、交互服务等多项功能，促进档案资源文化作用的发挥，提供现代化的档案文化服务。开发档案文化网页：开发"大庆油田档案信息管理与服务平台"，一站式展示档案文化创意产品，开通线上服务、预约服务等灵活多样的沟通渠道，展现丰富精神内涵和提高传播精准度。定制"一条龙"档案文化服务驿站，让利用者沉浸式体验档案文化创新产品的魅力。

3.2.4 "项目与品牌"整合，打造档案文化精品

以项目为引领，把产品开发和油田开发建设紧密结合起来，打造新焦点、高热度的档案文化品牌。例如，2020 年 12 月 6 日，习近平总书记对大庆油田古龙页岩油勘探开发作出重要批示，大庆油田贯彻落实总书记的重要批示精神，以新发展理念为指导，打响新时代页岩油新会战。大庆油田以建设岩心数字化图像系统等 6 项具体措施，开发"发挥勘探开发档案价值 助力页岩油新会战取得历史性重大突破"项目。同时，基于"大庆油田档案信息集成系统"，开发完成"大庆油田辉煌历程——大庆油田发现 60 周年"项目系列档案文化创意精品 40 余个。项目运作与品牌意识整合，打造出有情怀、有温度的精品。

3.2.5 "实践与研究"融合，彰显档案文化价值

1988 年，大庆油田启动企业志鉴工作，潜心挖掘档案文化资源，发扬"修志问道，执笔著史"的志鉴人精神，在史志实践与研究上不断探索，主要包括实践编纂、课题研究、专业论文三大块，其中实践编纂，迄今为止已完成《大庆油田年鉴》《大庆油田志》《大庆油田组织机构沿革》《黑龙江省志——石油工业志》《中国油气田开发志——大庆油气区油气田（上、下卷）》《大庆油田大事记（1958—2020）》等百余部企业志鉴。课题研究，主要以档案文化创意产品开发、展示、应用等"一站式"平台为核心课题，开展《档案信息集成系统》《组织史应用系统》研究。专业论文，重点基于数智时代，开展档案数据赋能党史工作发展趋势、志鉴出版品牌化等多类问题探讨。

3.3 大庆油田档案文化创意产品开发成效

各项档案文化创意产品开发取得喜人成果。例如，页岩油获 2021 年度全国经济科技档案资源开发利用案例评选一类案例；《"两论"起家》在中国石油档案馆主办的"凝百年之辉、筑兰台之梦"档案工作微视频评选中，荣获档案故事类一等奖。《档案数据赋能党史工作发展趋势的思考》荣获中国档案学会、中国人民大学档案学院联合举办的"档案见证历史巨变——庆祝建党 100 周年"学术论坛论文二等奖。《互联网+时代下的志鉴组稿联报创新动力与建设路径研究》《试论互联网+背景下年鉴编纂的管理现状与创新策略》分别入选《第十一届中

国地方志学术年会论文汇编》《第五届全国年鉴论坛论文汇编》，并在论坛和年会上进行学术交流。《坚实的脚步》《国之大庆》等得到广泛好评。

3.4 大庆油田档案文化创意产品开发启示

赋活档案文化价值，挖掘文化内涵、彰显文化特色，开发产品、打磨精品，需要经历在磨砺中涅槃的艰辛历程，对今后开发利用者以深刻启示。因此，结合大庆油田开发档案文化创意产品的具体实践，笔者做出以下思考。

一是增加新颖性和趣味性。档案文化创意产品要在开发上注重档案与需求结合，设计上突出挖掘档案文化与本土文化的价值，产品上侧重使用性和实用性。此外，还应增加产品的新颖性和趣味性，让档案文化创意产品更有吸引力和感染力，进而形成影响力和辐射力。

二是拓展受众群体。截至 2020 年 2 月，全国有 8500 万残疾人，60 岁以上老龄人口的数量已达 2.6 亿。基于此，档案部门在开发设计时要考虑特殊群体的需求、能力和习惯，如智能语音播放、大字版阅读等人性化功能。同时，还要考虑年轻群体的心理和生理特征，如开发具有档案文化元素的智力游戏等。总之，以受众群体的需求为导向，让档案文化创意产品真正"暖"人心。

三是产业化运作。档案文化创意产品注重效益无可厚非，但一定要有完整的产业链条和成熟的流程闭环，即制定产业发展整体规划，依托数智技术，创立网上营销平台，优化主导和协同的企业关系，提高整个产业链的运作效率，最终提升产品的竞争优势。同时，还可以争取当地政府支持，加强与大学院校的合作，以创建大学生创业孵化基地、创意工作园区等形式，为其产业发展提供十足的底气。

4 结语

《"十四五"全国档案事业发展规划》指出，新一代信息技术的广泛应用，使档案工作的环境、对象、内容发生巨大变化，迫切要求创新档案工作理念、方法、模式，加快全面数字转型和智能升级[10]。这是对我国档案工作现状的客观审视和科学分析。同样，数智时代的到来，也给档案文化创意产品开发带来发展机遇。如何开发档案文化创意产品，需突破观念障碍和技术瓶颈，注重思维、技术、业务多维并进和多元发展，积极探索产品开发与"互联网+"、大数据、云计算、人工智能、区块链、虚拟技术等为代表的数智时代新技术的深度整合，开发出有生命力的档案文化创意产品。

参考文献

[1]文化和旅游部,中央宣传部,国家发展改革委,等.关于印发《关于进一步推动文化文物单位文化创意产品开发的若干措施》的文件通知[EB/OL].[2021-08-17].http://www.gov.cn/zhengce/zhengceku/2021-08/31/content_5634552.htm.

[2]王贞.档案文化创意产品的开发[J].中国档案,2015(1):70-72.

[3][10]中华人民共和国档案局."十四五"全国档案事业发展规划[EB/OL].[2021-06-08].https://www.saac.gov.cn/daj/yaow/202106/899650c1b1ec4c0e9ad3c2ca7310eca4.shtml.

[4]习近平.在中央政治局第二十五次集体学习时讲话[EB/OL].[2020-12-01].http://www.gov.cn/xinwen/2020-12/01/content_5566183.htm.

[5]冯惠玲,张辑哲.档案学概论:第二版[M].北京:中国人民大学出版社,2006:293.

[6]中国人大网.中华人民共和国档案法[EB/OL].[2020-06-20].http://www.npc.gov.cn/npc/c30834/202006/14a5f4f6452a420a97ccf2d3217f6292.shtml.

[7]习近平.在中南海主持召开经济社会领域专家座谈会上的讲话[EB/OL].[2020-08-24].http://www.gov.cn/xinwen/2020-08/24/content_5537091.htm.

[8]陈洁,王玉珏.档案文化创意产品——国外档案文化创意服务概览[N].中国档案报,2017-11-16(3).

[9]欧阳琳.新文化背景下档案学本科人才培养调研及优化策略[J].档案学通讯,2022(1):92-101.

中国石油利用档案文献讲好石油故事的途径与效果分析

高朝阳

中国石油档案馆

摘　要：石油战线有着无数生动的故事，是石油石化企业文化的一部分，也是中国故事的一部分。本文通过阐述讲好石油故事的必要性，提出新时代利用档案文献讲好石油故事的基本路径和做法，通过分析"微+档案""书+档案""览+档案"等方式的基础条件及作品创作过程，进而分析可能的效果，从而为讲好企业故事提供样本。

关键词：石油故事；企业文化档案文献；路径；效果

七十余年石油事业的奋斗史，也是石油历史、石油故事、石油企业文化积淀的历史。面对浩渺的档案文献资源，如何利用现代化手段，突出档案文献特色，注重从档案史料中挖掘故事源泉，讲好石油故事，展示石油文化，是石油石化企业档案人员需要思考的问题。

1　讲好石油故事的必要性

1.1　讲好石油故事是坚定文化自信，建设社会主义文化强国的必然要求

文化是国家的灵魂，档案是文化的重要组成部分，是文化之根。党的十九大报告指出："文化是一个国家、一个民族的灵魂。文化兴、国运兴，文化强、民族强。没有高度的文化自信，没有文化的繁荣兴盛，就没有中华民族伟大复兴。要坚持中国特色社会主义文化发展道路，激发全民族文化创新创造活力，建设社会主义文化强国。"习近平总书记强调："坚定文化自信，是事关国运兴衰、事

关文化安全、事关民族精神独立性的大问题。"[1] 石油文化是民族文化的组成部分，石油精神是民族精神的重要支撑。因此，需要将积淀在档案文献中的事迹挖掘出来，讲好石油故事，为建设文化强国提供更多支持。

1.2 讲好石油故事是顺应档案事业发展的必然要求

2011 年，国家档案局在《全国档案事业发展"十二五"规划》中提出的任务之一是加强档案编研工作，挖掘档案信息资源，开发、提炼档案信息产品，出版档案史料汇编，使"死档案"变成"活资料"，努力把"档案馆"建成具有特色的"思想库"；通过网络平台和媒体发布档案信息，档案利用工作向基层延伸，逐步开展远程共享服务；全面加强档案馆爱国主义教育基地建设[2]。《全国档案事业发展"十三五"规划纲要》进一步加重档案编研的分量，强化档案编研的重要性。2021 年，中办国办印发的《"十四五"全国档案事业发展规划》要求深入推进档案利用体系建设，充分实现档案对国家和社会的价值[3]。利用档案文献讲好石油故事属于档案编研的内容，也是全国档案编研事业的重要组成部分，加强这方面的工作，讲出丰富多样的石油故事是顺应国家档案事业发展的必然要求。

1.3 讲好石油故事是服务企业发展、传承企业文化的必然要求

企业档案是石油石化企业生产经营和管理活动的真实记录，对企业发展具有重要的参考和凭证作用。围绕企业中心工作和文化宣传大局，通过挖掘档案文献，盘活重大决策、重大项目、重大事件、模范人物等档案文献信息资源，写出反映历史史实的石油故事，从而反映、佐证和鞭策企业发展和领导决策。

企业文化是企业在长期的生产经营和管理活动中逐步形成的。档案是文化的"母资源"[4]。利用档案文献编写石油故事的过程就是企业文化积累和传承的过程。通过编写故事，盘活馆藏资源，挖掘企业档案的历史和文化价值，讲述企业故事，不断丰富完善企业文化。对内增强员工的凝聚力和责任感，对外传播企业声音，提升企业形象。

1.4 讲好石油故事是提升企业档案管理水平，彰显档案价值的必然要求

档案文献的挖掘提升工作往往是企业档案管理环节中最薄弱的一环。加强石油故事档案史料的挖掘提升工作，一方面，能够弥补短板，增强企业档案部门自身综合发展能力，提升档案管理水平；另一方面，通过各种形式的文化活动，充分发挥档案史料提炼成果在企业发展中的作用，实现企业档案的应有作用和价值。

2 利用档案文献讲好石油故事的途径和做法

弘扬石油精神，讲好石油故事，塑造石油文化，必然需要加强历史与现实的结合，以档案史料接通过去与现在、现在与未来，让员工学史明理、学史增信、学史崇德、学史力行。利用档案文献讲好石油故事，传播石油声音，增强石油自信，推动档案宣传的发展及其与企业文化的有机融合，大致可以从线上、书籍、展厅等多个层面立体式开展档案立体宣传。

2.1 通过"微+档案""讲好"石油故事

2.1.1 "微"平台基础条件建设

"微+档案"是建立在信息化手段上的。中国石油有两个良好的现实基础：档案数字化和自媒体平台。关于档案数字化，从 2010 年开始，中国石油推行集中式档案管理系统，并逐年提高档案数字化转化率要求。目前，集团总部和所属单位全部完成档案数字化，这为档案资源在移动互联网的宣传利用提供了极大的便利。关于自媒体平台，中国石油集团公司及所属单位都创建了官方微信公众号，为档案提供了非常良好的宣传平台。在这两个现实基础上，中国石油积极发掘资源，坚持党的领导，突出档案特色，突出行业文化特色，积极学习借鉴省市地方档案馆的优秀微文，认真整理加工，创作出一批集政治性、历史性、趣味性为一体的原创档案故事作品。

2.1.2 "微"故事作品创作实践

在档案故事作品创作中，一是坚持档案融入和服务中心工作，蹭热点、联节点，寻找契合点，制作最合"时宜"的推文；二是坚持内容为王、质量至上，做到选好题、立好意，不做简单的内容"搬运工"和"剪刀手"。中国石油积极关注生产经营，围绕相关时间节点或是公司勘探新发现、投产新产品、开拓新业务，不断从档案中寻找历史与现实的结合点，不断深挖档案资源。比如，为加快新中国石油工业建设，1952 年，毛泽东主席批准中国人民解放军第 19 军 57 师改编为石油工程第一师，其中的 500 多人随后陆续挥师南下来到四川，成为四川石油队伍的骨干；2017 年，中国石油通过查阅档案资料和采访老石油师人员，及时组稿，于 8 月 1 日建军 90 周年纪念日、"石油工程第一师" 65 周年诞辰日当天，在官微和主页发表《军功章·石油魂》，同时被《中国石油报》官微推送阅读（题名改为《石油人都应该铭记今天，不仅是建军节，还是这支英雄劲旅的诞辰》）。如此诸多档案故事的线上发表，在公司是第一次实践，开启了档案宣传新篇章。

2.2 通过"书+档案""讲透"石油故事

2.2.1 线上档案信息整合

"书+档案"是建立在馆库基础上的，中国石油有良好的档案文献资源。一是集中化管理。中国石油档案工作实行集中统一管理，集团总部及所属单位档案文献资源统一上传至档案管理系统，通过一定的权限设置，石油故事编写人员可以查阅全集团范围内的档案文献，为专题故事、谱系故事等提供了编写资源；二是建立线上编研模块。通过研发编研模块，实现了素材汇聚，关键字段抽取、比对，在线同时加工等，为石油故事书籍的编辑提供了便利。

2.2.2 石油故事书籍创作

在石油故事书籍编写过程中，一是围绕中心工作策划选题。比如，近年来中国石油集团持续掀起弘扬石油精神的热潮。中国石油档案馆紧紧围绕当前中心工作策划了"石油精神"这一重要选题。二是确定编研原则，聚焦精神、凝析内涵，客观真实、全面准确，见人见事、讲好故事，文档佐证、立体展现。三是建立联合编审机制，采取专家为编研主体、编委会审查、老领导审查和相关单位审查的方式，确保层层把关、保证质量。四是广泛收集档案文献资料，比如《石油精神》先后收集整理照片档案 2000 余张、文书档案 1000 多件。2020 年 6 月，《石油精神》在中国石油集团第三届"石油精神"论坛首发，94.5 万人在线观看，档案工作又一次走进公司领导和百万石油员工的视野，档案价值得到充分发挥[5]。

2.3 通过"览+档案""展好"石油故事

2.3.1 展陈基础条件的保障

中国石油历来重视展览展示工作，特别是档案文献与公司发展历程、公司历史相结合的展示。一是集团总部及所属单位重视，特别开辟展厅展览场地或临时场地，如集团总部在东直门石油大厦提供两个永久展厅场地。二是宣传部门和其他部门积极配合档案部门，提供所需文献材料。三是提供充足经费。展览展示涉及策划、施工、照明、装具等多方面，各级单位经过论证，及时提供财务支持。

2.3.2 展陈的策划及实施作品创作

在展览展示布展或策划过程中，一是围绕关键时间节点做好选好题。比如围绕建党 100 周年展示红色资源、围绕公司 60 周年展示公司历史等。二是以档案文献为主体。展览展示中的物品，特别是公司初建、产品研发历程、重大决策、企业文化体现等都是将档案文献作为载体。三是档案部门积极参与。档案部门主导，或者积极配合公司宣传部门，做好展览展示的策划、布展。四是多种展示方式。可以实体为主，也可加入声、光、电、多媒体等元素，让参观者更感震撼。比如北京石油大厦近现代档案展厅 5 年内参观人数突破 3 万人，成为对内对外展示企业文化的窗口。

3 利用档案文献讲好石油故事的效果分析

3.1 突破传统，打开档案宣传新局面

突破"传统"的宣传形式，"微+档案"是中国石油顺应移动互联网发展形势，让档案走出"深闺"，第一次积极主动地在档案宣传上做出新作为，真正打开了档案宣传新局面。"微+档案"使档案宣传半径明显扩大，受众和辐射力显著提升。据统计，同一篇推文当日浏览量在公司内网主页不到 100 人次，而在集团公司官方微信公众号的阅读量最少保持在 1000 人次以上，甚至高达 1 万人次以上[6]。《石油精神》是中国石油首本系统整理石油精神谱系的档案故事书籍。该书出版后，通过出版社订阅和内部发放，覆盖了中国石油广大职工，成为石油人学习历史的教材，也成为外部单位研究石油精神的参考书。

3.2 档史结合，助力企业文化建设

档案里凝聚着企业的根与魂。讲好石油故事，弘扬石油精神，塑造石油文化，少不了从档案里吸收养分。档、史的结合，必然为企业文化滋养出更加持久的生命力。石油故事也是"中国故事"的一部分。它们犹如涓涓细流，汇聚成展现石油力量的磅礴之力，助力构建新时代的石油形象和石油话语。比如，《红村记忆》《石油华章》等集中整理中国石油的历史文化，更是在企业文化领域系统、重点整理经典历史事件的结晶，它们既是档案书，也是企业文化的记录册，凝结着中国石油文化的根与魂。档案展览更是对外宣传对内教育的窗口。

3.3 蕴藏初心，产生间接社会效益

石油工业的发展与党的领导、社会经济的发展紧密相连。中国石油的历史不仅是石油企业的历史，也是社会发展的历史。中国石油的"微+档案""书+档案""览+档案"等方式不仅得到内部员工的认可，还在系统外得到较大反响。比如，《红村记忆》得到中国社科院当代中国研究所中国三线建设研究会的关注，他们表示，该书可以为中国三线建设研究提供石油战线的补充研究材料；《石油精神》丛书得到外部媒体的大量报道。各种档案展厅有的被评为精神教育基地，有的成为社会教育及实习基地。各种形式的石油故事讲述都反映出了石油

人艰苦奋斗、自强不息的革命英雄主义精神,同时也是中华民族精神谱系的重要内容。它们不仅是石油人的教材,也对社会民众具有一定的教育普及意义。

4 结语

利用档案文献讲好石油故事不仅是对石油档案资源的深度利用,更是石油石化企业文化建设和历史传承的重要手段。石油石化企业领导应加强重视程度,相关业务部门应转变观念,明确工作目标、任务和方向,创新工作机制,盘活各类档案文献资源,多层次、多方式、多渠道打造更多的档案故事精品,为石油石化企业文化的高质量发展做出特别的贡献。

参考文献

[1]习近平.坚定文化自信,建设社会主义文化强国[J].求是,2019(12):4-12.

[2]国家档案局,中央档案馆.关于印发全国档案事业发展"十二五"规划的通知[Z].2011-01-14.

[3]中华人民共和国国家档案局.中办国办印发《"十四五"全国档案事业发展规划》[EB/OL].(2021-06-08)[2022-04-04].https://www.saac.gov.cn/daj/yaow/202106/899650c1b1ec4c0e 9ad3c2ca7310eca4.shtml.

[4]杨冬权.杨冬权在全国档案局长馆长会议上的讲话[N].中国档案报.2014-12-29(2).

[5]西南油气田公司.西南油气田公司档案中心"红村记忆"专题被中国石油官方微信推送阅读[EB/OL].[2015-11-12]. http://hq.cnpc/subs/go/news/dac/gzdt/Pages/20151112_C1828.aspx.

[6]王强,任洁江.利用档案文献编研《石油精神》的实践与思考[J].中国档案,2021(3):66-67.

文化引领视角下企业档案编研的实践探索与路径思考

——以中国石油集团为例

王　强

中国石油档案馆

摘　要：档案编研是企业文化引领战略的重要组成。本文总结梳理中国石油集团近年来在文化引领战略背景下档案编研的主要做法和取得成效，即以档记史——打造年鉴组织史等编研集群，以档叙事——围绕重要节点创新专项编研，以档塑形——建设档案展厅展现企业形象，以档赋能——挖掘红色档案开展系列编研，以档聚力——纵深推进石油精神传承研究；归纳了文化引领视角下企业档案编研的路径方法，即制定档案编研规划提高引领力，策划主题系列编研提升影响力，聚焦核心文化编研增强凝聚力，围绕中心热点编研扩大传播力，创新数字编研模式激活生命力。

关键词：文化引领；档案编研；数字编研；中国石油

1 问题的提出

习近平总书记指出，文化自信，"是更基础、更广泛、更深厚的自信"，"是更基本、更深沉、更持久的力量"。对于企业来说，短期发展靠产品，中期发展靠人才，长期发展靠文化，没有高度文化自信、强大精神力量就没有企业高质量发展。用先进文化引领企业高质量发展，是新时代建设基业长青世界一流企业的战略举措。一些中央企业纷纷将文化引领作为公司战略举措纳入战略体系。档案编研是企业档案工作的重要内容，其编研成果是企业文化的重要载体和体现形式。在文化引领战略背景下，企业档案编研工作如何支撑文化引领战略并创新企业档案文化，是当前企业档案工作面临的重要课题。

档案编研与文化建设一直是学界研究的重要主题。2012 年全国企业档案学术年会的主题就是"企业档案工作与企业文化建设",旨在探讨如何发挥档案在企业文化建设中的作用。时任国家档案局局长杨冬权论述了档案与文化的关系,并将档案部门参与文化强国建设的着力点归结为四个方面,即把档案转化为文化产品,要为文化建设提供档案,要为文化建立档案,要建设档案文化[1]。近年来,学界结合新的发展形势和新的技术环境背景,对档案编研的主体、方式、对象等进行了卓有成效的研究,主要体现在:一是从档案治理视角研究档案编研模式,张帆、吴建华研究了档案治理视角下档案资源开发模式、功能支撑框架和转型路径[2]。二是从数据管理视角研究档案数字编研手段,祁天娇等研究了数据驱动背景下档案数据化编研的基本思路和方法[3],牛力等构建了数字编研档案业务模式[4]。三是运用数字人文和知识服务视角研究档案编研内容,构建了档案创新开发利用"PDU"模型[5],并形成一些有代表性的以"发现""重构"及"故事化"为主线的档案数据数字人文研究案例[6]。另外,对红色档案的编研研究也是近年来的热点。这些研究为企业档案编研工作提供了新的思路和方法。本文将在现有研究基础上,结合中国石油集团的具体实践,探讨文化引领视角下档案编研的路径方法,以期为企业档案编研提供借鉴。

2　文化引领视角下中国石油档案编研实践

文化引领是中国石油集团新时代引领企业发展的重要战略,在这一背景下,中国石油档案编研工作树立"大编研"思路,坚持"通过档案文献讲历史"的定位,在以档记史、以档叙事、以档赋能、以档塑形、以档聚力等方面发挥了积极作用,有力促进了企业先进文化建设并建立起自身的档案文化。

2.1　以档记史——打造年鉴组织史等编研集群

大事记、年鉴、组织沿革通常是企业最为基础性的编研,具有"记史"的功能,具有极高的史料价值。中国石油建立了企业大事记、年鉴、组织史资料编纂的常态化机制。《年鉴》是由中国石油集团主办的专业年鉴,是系统记录集团公司发展历程的大型资料性、权威性编年书和工具书。《年鉴》编撰始于1995年10月,首卷于1996年11月正式出版,自后每年一卷,已连续出版26卷,总印数10万余册、总字数3300余万字、总页数1.6万余页。《年鉴》创办以来,得到总公司、集团公司领导高度重视,要求"办好石油年鉴,铭载历史,传承文化,继往开来"。所属企业编纂企业年鉴数量不断扩大,质量持续提升,初步形成"总部—所属企业"年鉴集群,逐步建立以集团年鉴为龙头、企业年鉴为主体、专业年鉴为补充的年鉴体系。中国石油组织人事部门和档案部门密切配合,建立《中国石油组织史资料》每年一征编、五年一出版工作机制，到 2021 年底，丛书已完成总部卷、企业卷、基层卷系列图书 203 部 348 卷册出版工作，总出版字数逾 1.7 亿字。档案基础编研为各项业务的创新发展提供了客观权威的基础资料支撑。

2.2 以档叙事——围绕重要节点创新专项编研

专项编研具有重要的"叙事"功能。中国石油集团以重大历史节点和重要历史时刻为契机，编研出版《石油华章——中国石油改革开放 40 年》《数说玉门石油 80 年》《图说玉门石油 80 年》《石油经典永流传》等系列图书，再现石油经典文化。

在编研过程中，通过不断创新编研内容、体例和编研手段，编研成果更加新意和灵活，引起读者广泛共鸣。《石油华章——中国石油改革开放 40 年》的策划经历了由"一大"到"三大"的演化，改变原来单一的"大事记"文字表达方式，从"大事件""大事记""大数据"三个部分，通过图文并茂、图数结合的方式进行叙事。大事件篇从党和国家领导人关怀中国石油、重大决策与体制改革、重要政策与机制改革、"五年计划"重要成果、重大业务发展、重要国际合作与交流等 9 个方面，梳理大事件 185 个、图片 230 张、档案 135 件，图文并茂地展示了 40 年来中国石油改革开放的重要成果。大事记篇采用编年体和纪事本末体相结合的方式，按照重大决策、重要活动、重要会议等 18 个类目 49 个方面，选取大事记 1620 多条，记述 1978 年 1 月至 2018 年 12 月中国石油改革开放历史进程中的重大事项。大数据篇收录中国石油改革开放以来重要业绩指标、先进劳模人物、获国家科技奖项等 200 多组数据图表，展现 40 年来中国石油取得的巨大进步和历史性成就。这些编研成果在中国石油集团召开的纪念改革开放 40 周年、庆祝重组成立 20 周年座谈会首发，得到一致好评。

2.3 以档塑形——建设档案展厅展现企业形象

档案展览实质上是编研成果的展现方式，是塑造企业形象和"可视"企业文化的重要途径。档案是原始的历史记录，真实性和厚重感是其独特优势。中国石油集团通过建设企业历史展厅和参与建设企业形象展厅的方式，展示档案资源独特文化内涵。

集团总部在石油大厦建立中国石油古代近代厅和现代展厅，古代近代厅重点展示走在世界前列的中国古代石油文明和中国近代石油工业发展历程，现代厅重点展示 1949 年中华人民共和国成立以来中国石油建设、改革、发展历程及取得的成就。展厅以原始档案为主要内容，已成为参观者感受中国石油、认知中国石油的重要窗口，是传承石油精神、展示公司形象的重要平台。所属企业充分发挥档案资源优势，建设历史展厅，如吉林石化档案中心建设了"线上""线下"两个历史陈列馆，通过大量历史档案，呈现吉林石化作为中华人民共和国化工长子的历史变迁。为庆祝中国共产党成立 100 周年，所属勘探开发研究院文献档案馆以"科技兴油创新路、档案见证辉煌史"为主题举办档案展，弘扬科学家精神，极大地鼓舞了员工奋斗热情。中国石油集团广泛开展"石油精神教育基地"建设，到 2021 年底共建设大庆油田铁人王进喜纪念馆、长庆油田展览馆等 150 个石油精神教育基地。在建设过程中，档案部门主动参与建设，充分挖掘馆藏档案，开展史料征集，融入档案元素，使教育基地充满浓厚的"档案味"。如所属兰州石化公司石油精神教育基地，通过 1000 余张珍贵的历史照片、500 余件档案文献、200 多件富有历史价值的实物，再现了中华人民共和国炼油化工工业历史。

2.4 以档赋能——挖掘红色档案开展系列编研

习近平总书记在对档案工作作出的重要批示中指出："要把蕴含党的初心使命的红色档案保管好、利用好。"开发红色档案是企业传承红色基因、赓续红色血脉的重要举措。中国石油集团多维度开发红色档案资源，使企业文化饱含石油红色印记。

"十三五"以来，中国石油大力倡导讲好石油故事、传播石油声音，聚焦石油红色印记、传承红色石油基因。为庆祝中国共产党成立 100 周年、深化党史学习教育，中国石油集团遵循"突出党的领导、聚焦历史经典、立足红色档案、融媒体结合"的编写原则，编研出版《石油经典永流传·数说经典》《石油经典永流传·图说经典》，从百年石油工业辉煌发展路和浩如烟海的档案文献中，选取 100 个经典事件、100 个经典瞬间，利用红色档案再现我国石油工业发展历程中百万石油人为国奉献、为民族加油争气的石油故事。所属大庆油田公司实施"大庆油田文化记忆工程"，基于馆藏红色档案资源，开发《党和国家领导人视察大庆油田图文集》等图文系列编研成果；围绕党的建设主线开发油田党建专题编研项目，编纂出版《坚实的脚步——大庆油田党建文献摘编》《党旗下的萨北荣光》《国之大庆 2021》等成果；开展"松基三井"、铁人一口井、大庆石油会战指挥部旧址等工业文化遗产编研。所属西南油气田公司挖掘红色石油档案编研《川油史记》丛书，从反映公司近 70 年发展历程的档案文献中，选取受到党和国家领导人关心的 7 个经典石油事件，按照"一事一书"的原则，编研《石油师入川》《川中石油会战》《四川石油会战》等 7 册 16 万字的图文集。每册图文集还配套对应的纪录片，通过纸质与新媒体的技术叠加，赋予图文集更多可读性、可视性，扩大传播效果。

2.5 以档聚力——纵深推进石油精神传承研究

2016 年 6 月，习近平总书记作出重要批示，大力弘扬以"苦干实干""三老四严"为核心的石油精神，深挖其蕴含的时代内涵，凝聚新时期干事创业的精神力量。以大庆精神铁人精神为典型代表、以"苦干实干""三老四严"为核心的石油精神，是中国石油企业文化的"根"和"魂"。围绕石油精神的编研是档案工作服务中心、资政育人并引领企业文化建设的重要切入点。

2020 年 6 月 24 日，在总书记作出"大力弘扬石油精神"重要批示 4 周年之际，《石油精神——文献石油 70 年》一书在中国石油集团第三届石油精神论坛上发布，94.5 万石油人在线观看。《石油精神——文献石油 70 年》全书 60 余万字，立足于中国石油工业 70 年艰苦创业发展壮大历程，分为综述、精神奠基、丰碑熔铸、丰富发展、璀璨升华、精神楷模、星汉灿烂共七章，聚焦精神脉络，注重重大事件与典型人物、企业精神的关联性，突出档案史料特色，以档案文献为依据，以史料为佐证，以党报党刊为参考，让史料说话、用档案发声。这一编研成果系统梳理和研究石油精神产生、发展与传承的历史脉络，填补该领域研究空白，是档案编研从重"编"到重"研"的一次有益尝试。

在编研过程中，中国石油集团系统梳理了所属企业在长期艰苦创业历程中形成的特有企业精神 212 种，如延长油矿"埋头苦干"精神，玉门油田"一厘钱""小厂办大事"精神，青海油田"顾全大局、艰苦奋斗、为油而战、开拓创新"的柴达木精神，锦州石化"一滴油、一块胶"精神，等等，建立了石油精神研究架构和研究主线。所属企业在石油精神总体研究框架下，开展企业精神的编研，逐步形成体系化编研成果。同时，石油精神的编研成果通过"石油精神教育基地"的方式展现，实现编、研、展、教的循环互动，档案编研与企业文化形成深度融合、良性互动、共同发力的生动局面。

3 文化引领视角下企业档案编研路径思考

企业档案编研是包括编研主体、档案资源、编研手段和编研成果在内的系统工程，对于档案部门的政治、文化敏感性和管理、专业能力都提出更高的要求。通过中国石油集团的实践，可总结出企业档案部门开展编研工作的基本路径和方法。

3.1 制定档案编研规划提高引领力

从文化引领视角看，企业档案编研是企业文化建设的重要组成部分，应当纳入企业文化战略并同步实施。对于企业来说，可以充分利用档案资源，发挥档案部门在企业文化建设中的独特优势，形成协同共建的良好局面。对于档案部门来说，融入企业文化战略体系，不仅能有效确保编研的正确方向，而且可以有效解决档案编研资金来源、人才保障等困扰编研工作开展的难题。

档案编研具有长期性、专业性、复杂性的特点。企业档案部门一是要制订档案编研规划计划，围绕企业文化战略，确定短期和长期编研的项目，解决"干什么"的问题。二是要制定编研规范，明确不同层次、不同类型编研的基本要求、流程和方法，解决"怎么干"的问题。三是要建立联合编研机制。打破部门和单位界限，整合全企业力量，联合社会力量，共同开展编研工作，解决"谁来干"的问题。如中国石油大庆油田公司自"十二五"以来，以"项目管理"为主要运行模式，以"联合编研"为主要编研方式，以"常规化运作"为日常管理手段，以"数字化编研"为重点探索方向，在对39个单位（部门）2449个不同层次、不同专业、不同岗位的档案利用者进行需求调查及对馆藏档案的梳理分析基础上，制定《大庆油田档案信息资源开发规划纲要》《大庆油田档案编研总目录》，制定各类档案专项编研业务规范和流程，并将档案编研工作纳入企业和各职能部门"三基"工作中，形成横向上涵盖各个专业领域、纵向上包括各个层次、多种形式的系列编研成果。

3.2 策划主题系列编研提升影响力

围绕同一主题开展系列编研具有规模效应，既是建立系统化档案编研产品体系的重要手段，也是提升编研成果影响力的重要方式。如中国石油在《中国石油组织史资料》编纂过程中，制定《中国石油组织史资料编纂管理办法》，明确了组织部门和档案部门协同工作体制，建立每年一征编、五年一出版的工作机制。在编研实践中，一是注重主题选择。企业可以围绕年鉴、大事记、组织沿革、口述史等基础编研，建立起体系化的基础编研成果。在此基础上，可以围绕企业发展史中的重要事件、重要人物开展编研。二是注重上下联动。对于集团企业，要形成"一盘棋"的整体思维，明确总体方向和目标，围绕目标从上到下层层设计、层层落实。这样不仅能够加快总体目标的实现，也能够最大限度避免各单位的低水平重复建设，降低数字化编研工作成本，有利于未来以数字化编研为主要形式的企业档案编研工作的可持续发展。三是注重特色文化。充分利用企业馆藏特色档案资源，围绕特色文化开展编研工作。红色档案、工业遗产档案等体现历史文化和传统文化的档案编研也是丰富拓展企业先进文化的重要载体。

3.3　聚焦核心文化编研增强凝聚力

企业文化引领通常聚焦核心文化。围绕企业核心文化的档案编研是增强编研成果和企业文化凝聚力的有力举措。如中国石油在文化引领战略中，明确石油精神和大庆精神、铁人精神是新时代石油先进文化的核心。因此，围绕石油精神的档案编研，既是落实文化引领战略的内在要求，也是服务文化引领战略的重要举措。《石油精神——文献石油 70 年》的编研在育企业之本、聚企业之力方面发挥了重要作用。再如，中国科学院档案馆为弘扬科学家精神，加强科技名人的建档和档案资源开发，编研《中国著名科学家手稿珍藏档案选》，并拍摄系列档案微视频，激励广大科技人员传承和弘扬老一辈科学家们的爱国情怀和科研精神，取得很好效果。国有企业在不同历史时期孕育凝结的先进精神，如"两弹一星"精神、载人航天精神、新时代北斗精神、载人深潜精神等，都为相关企业档案编研指明了方向。

3.4　围绕中心热点编研扩大传播力

紧扣时代主题，围绕国家、行业、本单位重大纪念活动、重大历史节点开展档案编研选题既是主动服务中心工作的有力举措，也是有效提升档案工作影响力的重要途径，彰显档案部门的责任担当和历史使命。《"十四五"全国档案事业发展规划》提出要完善重大科技攻关、重大产品研制、重大建设项目档案利用服务机制，助力经济科技发展。围绕庆祝中国共产党成立 100 周年、党史学习教育、迎接中国共产党第二十次全国代表大会召开、纪念中国共产主义青年团成立100 周年、中国人民抗日战争暨世界反法西斯战争胜利 80 周年等重要时间节点、重大纪念活动，通过展览陈列、新媒体传播、编研出版、影视制作、公益讲座等方式，不断推出具有广泛影响力的档案文化精品。因此，企业档案部门要增强前瞻性，提前做好工作谋划，善于结合公司重大活动和热点事件开展选题策划，推出编研精品，用档案文献研究、印证重大史实。

3.5　创新数字编研模式激活生命力

随着数字技术的深入应用，档案资源形态正在经历着"模拟态—数字态—数据态"[7]演进之路，档案编研的手段和成果呈现方式也不断丰富。在以纸质档案为主的模拟态空间，编研手段主要靠人工，成果形式也以纸质图书形式为主。在以电子档案和数字化副本为主的数字态空间，编研手段可以利用数字技术实现编研选材、加工，编研效率得到提高，出现了电子形式成果，如音视频、电子书等。在以档案数据为主的数据态空间，则可按照一定的模型和规则建立编研系统，通过人机交互的方式来开展编研，成果形式更为灵活，可根据不同用户需求呈现不同维度的数据产品。如"中国石油组织机构沿革系统"实现编研方式由过去的传统方式转变为数字编研，不仅提高了编研工作效率，增强了成果的时效性，而且将传统的编研成果形式转化为专题数据库，满足用户检索、阅读和数据利用等多种需求。"中国石油大事记系统"除了利用时间轴动态展示大事要事，还建立起事件、人物、时间、主题、地点的知识图谱，可根据不同利用需求呈现不同数据产品。另外，全国地质资料馆建立了地质科学数据出版中心，将地理信息、地质图和数据库等常见共享数据和地质工作过程中产生的文献、档案记录、数据表格等多种实体数据类型进行出版，产生了具有权威性和针对性的品牌效应[8]。中国人民大学构建的吴宝康思政知识库、历史照片档案智能编研系统取得良好成效，都具有一定的借鉴价值。企业可积极探索知识管理、人工智能、数字人文、可视化等技术在档案信息深层加工和利用中的应用，不断创新数字编研模式，激活档案编研工作的生命力。

参考文献

[1]杨冬权.谈档案与文化建设——在 2012 年全国档案工作者年会上的讲话[J].档案学研究,2012(6):4-9.

[2]张帆,吴建华.基于档案治理的档案信息资源开发模式转型研究[J].档案学通讯,2019(6):18-26.

[3]祁天娇,王强,郭德洪.面向知识赋能的档案数据化编研:新逻辑及其实现[J].档案学通讯,2022,263(1):45-52.

[4]牛力,曾静怡.数字编研:一种全新的档案业务模式[J].中国档案,2022(1):70-71.

[5]牛力,曾静怡,刘丁君.数字记忆视角下档案创新开发利用"PDU"模型探析[J].档案学通讯,2019(1):65-72.

[6]牛力,高晨翔,张宇锋,等.发现、重构与故事化:数字人文视角下档案研究的路径与方法[J].中国图书馆学报,2021,47(1):88-107.

[7]钱毅.技术变迁环境下档案对象管理空间演化初探[J].档案学通讯,2018(2):10-14.

[8]钱毅.在"三态两化"视角下重构档案资源观[J].中国档案,2020(8):77-79.

百年电力档案开发，打造档案文化传播示范窗口
——"百年砥砺、和合之光"文化展厅
打造的实践与思考

陈依平　郑　颖　徐丽丽　杨志惠

国网浙江省电力有限公司宁波供电公司

摘　要：传播档案文化已经成为企业及公司文化建设的重要组成部分，打造文化展厅是拓展档案影响力的重要手段。本文重点介绍了国网浙江省电力有限公司宁波供电公司依托档案资源，打造企业文化展厅的精神内涵及其在档案开发过程中的一系列创新举措，同时深入总结了档案文化传播的实践经验和后续思考，对基于展厅形式传播档案文化提供了范本。

关键词：档案；文化展厅；档案开发；档案文化

档案是承接历史与文化的载体，源远流长的岁月赋予了档案独一无二的厚重感与使命感。国网浙江省电力有限公司宁波供电公司（以下简称"宁波公司"）在百余年的沧海桑田中累积了巨大的精神财富与文化财富。为了贯彻党的十九大精神，践行国家电网公司"旗帜领航·文化登高"行动计划，激励一代又一代的电力人发扬宁波电力精神，宁波公司在宁波有电120年之际，于本部建设国网宁波供电公司"百年砥砺、和合之光"文化展示厅（以下简称"文化展厅"），以史为鉴，以档为证，沿着宁波公司留存档案脉络，掀开宁波电力事业百年波澜壮阔的篇章。文化展厅于2018年正式建成开放，目前已经接待参观干部、群众2400余人，在档案文化推广上发挥了极大的作用，切实打造了档案文化传播示范窗口。

1　打造百年电力企业文化展厅的深远意义

档案是社会记忆核心要素的承载者，能够发挥整合和集中记忆的功能，维持

社会的良性运行，实现社会的可持续发展[1]。而基于承载宁波公司百年历史的档案而打造的文化展厅对企业、电力行业乃至整个社会都具有深远意义，主要体现在以下三个方面。

1.1 彰显电力企业文化内核

习近平总书记在对档案工作的重要指示中指出，"把新时代党领导人民推进实现中华民族伟大复兴的奋斗历史记录好、留存好"。宁波公司百年电力历史作为中华民族奋斗历史的一部分，同样具有保管与宣传的价值，而文化展厅将百年文化精神浓缩，蕴存于展厅墙垣之上，在谱写宁波公司发展诗篇的同时，增强员工自豪感和归属感。同时，宁波公司文化展厅充分突出电力企业发展战略，成为凝聚推动企业发展的强大文化助推力，激励电力人员牢记"人民电业为人民"的宗旨，以建设具有中国特色、国际领先的能源互联网企业为目标不断前行，从而充分发挥了电力企业档案资源开发的文化效用，彰显了电力企业文化内核。

1.2 传播电力行业精神力量

人们通过档案，即历史记录来了解过去的世界，因而要求承担历史记录收集与保存职责的档案馆（室）对历史记录进行判定选择、归纳整理，从而让众多零散、杂乱的档案资源转化为公众所认同的社会记忆[2]。宁波公司百余年的档案累积，记录了电力行业的艰苦发展史，其中的精神内涵沉稳低调，需要人们运用更加显性直观的方法来展现，通过建设电力企业文化展厅，向一批又一批的参观者真实生动地讲解宁波电力发展史，逐步对外传播电力行业精神力量。

1.3 凸显档案文化社会价值

宁波公司文化展厅重点突出电力文化主题，充分展示宁波电力百年来波澜壮阔的发展历程，挖掘其文化内涵，让宁波电力文化与电力科技融入历史的长河，重现了电力文化建设的过程，突出地方文化特色，充分展示宁波"书藏古今、港通天下"的城市形象主题口号，贴近当地群众，宣传宁波文化，使电力文化与宁波地域文化有机地融为一体，展现电力事业与宁波城市建设和谐发展的面貌，为打造文化落地的"宁波实践"、建设"名城名都"提供更加强劲的电力引擎，促进档案文化在社会层面的传播。

2 打造百年电力企业文化展厅的创新举措

宁波公司通过开源收集档案资源，深度挖掘宁波公司电力档案精神内涵，精巧设计展示内容，结合数字化技术，提供多元的展厅服务，构建具有深度内涵的现代化档案文化展厅。

2.1 开源收集，筑牢档案资源基础

宁波公司采用"开源共建"模式，由宁波公司档案管理部门牵头，有序梳理本单位现有档案资源，并且面向社会组织、个人、地方档案单位及基层电力单位开展标准化档案征集工作，体系化管理征集档案，扩大电力档案收集源头，凸显了共建提升、互助互赢的精神理念。

2.1.1 组建资料征集专业化管理队伍，构建征集管理标准

宁波公司专门组建了一支资料征集队伍，采用"开源共建"模式，在公司内外部进行广泛征集，发掘和完善各类档案资料。同时，为有效开展档案征集工作，保证征集工作的顺利开展，宁波公司制定了一系列档案征集标准及征集档案的管理标准，为资料征集组开展工作奠定了制度基础，推动"开源共建"模式的标准化运行。资料征集组赴地方档案馆、图书馆、出版社、报业集团等单位进行多次访问查阅，几乎参考了所有和宁波电力发展建设有关的纸质及电子档案资料，获得了政府文件、报刊、文契单据等珍贵史料；于北仑电厂、镇海电厂、溪口抽水蓄能电站、舟山公司等地方电业单位处获得了由它们独立保存的历史资料，大大丰富了公司档案室馆藏，增加了文化展厅底蕴，使电力人对宁波电力发展的认知更加完善、充实。

2.1.2 积极推动职工参与，扩大人员影响

宁波公司文化展厅在打造过程中突出职工群众参与的特点，广泛向社会各界收集各类展品，让全体职工、社会公众共同参与展厅建设，共享建设成果，促进了职工群众档案意识的提升，激发了大众翻阅档案资料的热情。为进一步提高档案丰富性，宁波公司主动邀请部分老职工参与展厅建设，收集到各年代电子设备、各年代会议与会人员合影、20世纪的工作证、各类会议记录、各类工作操作手册、宁波电网运行电报等收藏于职工个人处的资料。宁波公司对老职工无偿提供的各类档案资料一一造册登记、认真维护、精心展览，让老职工的心意得到了充分的表达。

2.1.3 采用"口述"方法丰富档案史料

由于各类档案资料仅能作为单项事务的历史记录，宁波公司还采用口述历史档案的方式方法来填补档案空白，使历史记录更为完整，更为流畅。资料征集组联系采访了多位20世纪40年代参与宁波电力事业建设的"活档案"，在他们的讲述下对展厅流程和介绍进行了再次的梳理和补充，记录了宁波电力的更多历史画面，同时也传承了老一辈电力人锐意进取的精神。

2.2 深度挖掘，做好资源梳理提炼

宁波公司在档案资料征集队伍建设基础上，进一步组建了由档案专家、资深档案人员、学者组成的专业化档案资源开发小组，制订展厅建设实施方案及工作计划，重点挖掘已有档案资源，凝聚核心，丰富展厅的内涵。为此，宁波公司于2018年1月便开始了前期的展品资料整理工作，对公司内部馆藏的资料进行了全面细致的整理，重点关注公司重要活动的照片、整体性的年度总结大事记资料、重大事项工作的指导性文件和总结文件、各类荣誉获得情况等。从档案中整理宁波电力发展脉络，提炼重点资料，经过慎重对比分析后确定了展厅章节安排和资料的选取侧重，最终确定了以时间为轴的设计基调。最后，对文案和解说词部分进行了多轮反复推敲和档案资料考证，确保定稿内容真实无误、条理清晰，能正确展现宁波电力发展的轨迹。

2.3 精巧设计，串联档案故事脉络

宁波公司依据专家小组提炼的档案精华内容，进行展厅设计，明确展厅布局及馆藏展陈区域，使展品与设计思路相互承接。档案文化展厅选址于宁波公司本部25楼，展厅面积约900平方米，以时间为轴，以宁波电力发展史为主线，通过史料和实物呈现出尘封在档案里的鲜为人知的历史，抒写"心中有高山，向东是大海，和合谱光明"的电力人情怀，展现宁波电力人百年发展历史中的人文、贡献、创新等底蕴和对未来发展的美好展望。展厅共分六个章节来进行讲述，具体内容见表1。

表1 文化展厅六大篇章的主要内容

章节	主题	主要内容
第一章	"岁月如歌四明震泽"	序章拉开文化展厅大幕
第二章	"百年风云星汉启明"	第一部分"萌芽之光战乱余生"介绍1897年至1949年中华人民共和国成立前宁波陆续成立的电力行业和用电量从零开始发展的历程； 第二部分"百废待兴砥砺前行"着墨1949年至1978年改革开放前，经历战后重生烽火洗礼后，宁波电力大步前行、欣欣向荣的状态； 第三部分"电网纵横雄风骤起"介绍电业局成立后，电力设施遍地开花，输电工程星罗棋布的状态

章节	主题	主要内容
第三章	"承故鼎新旭日东升"	描绘2001年新千年跨越发展至今国家电网公司成立，宁波电力大跨步发展，智能电网领先的宁波电力画卷
第四章	"人文荟萃云蒸霞蔚"	注重党的建设和精神文明建设，传达了电力人的指导思想、精神力量和社会责任，呼吁向先进典型人物学习
第五章	"世纪展望阳光璀璨"	部分瞄准战略定位，规划电力蓝图，创新电网未来
第六章	"继往开来，太阳每天都是新的"	表达了对宁波电力未来的美好祝愿

展厅共展出证件、手稿、历史卷宗等实物展品194件，相关照片700余张。展品内容涉及荣誉奖牌奖状、大事记文史资料、土地房屋契书、单据收据、笔记笔录、历史物件等。众多资料按时间分门别类依次展示，并配合文字描述和专业讲解，让参观者能更加深入了解其背后的故事及历史意义，将档案蕴含的文化尽数传播。其中包括1924年时任永耀电力公司董事会主席虞洽卿亲笔签字的公司议事记录、1934年永耀电力公司股票、1938年永耀电力公司大事记、1940年永耀电力公司员工薪水记录等珍贵档案，这些电力公司发展实况历史资料让众多参观者凝神驻足观看。实物展品中的历史电子设备展出也颇具分量，如1926年美国GE（奇异）公司生产的世界上最早的棉纱丝电灯泡，中国最早引进的电度表——英国产单相电表在内的21个不同年代的电度表，32个不同时期的继电器等，这些珍贵的实物档案也属于电力事业发展变迁史上浓墨重彩的一笔。

2.4　多元展陈，丰富档案展示形式

区别于传统展厅形式，宁波公司档案文化展厅应用图文、场景复原、雕塑、智能化多媒体等多种手法，使展厅生动形象、丰富精彩、深入人心。展厅为凸显公共文化服务精神与数字化创新理念，在内容展示上大量运用数字化技术，展览智能化程度高，展览智能化程度高，突出智能化、互动化的特点，通过多媒体新技术、新载体，采用静态展示与动态演示相结合的方式让档案动起来，实现展示手段多样化、知识传播互动化。参观者不仅可以在展厅内电子屏上观看所有档案的电子版本，还可以通过类似"清明上河图"般的宁波电力的发展历程电子动态图观看宁波电力事业持续健康快速发展的场景，耳目一新，印象深刻。为更加直观地展现宁波公司业务发展情况，宁波公司将电网建设数据、营销数据等大数

据档案资料安排在三联大屏中统一展现，简洁明了、条理清晰，使参观者可以直观了解到现阶段公司已取得的业务成效。

3 档案文化传播实践经验总结

相较于传统的文化上墙展示形式，宁波公司打造的百年历史现代化档案文化展厅有着更为丰富的精神内涵与现代化手段。宁波公司档案文化展厅创新实践成效，形成了以下几点档案资源开发及文化传播经验。

3.1 立足优势档案，纵深挖掘档案内容

宁波公司是国家电网系统内的一家市级电力单位，其档案馆藏主要以电力营销档案、电力工程档案等电力档案为主，数量众多且围绕电力档案的开发成果也较为丰富，应属于宁波公司优势开发档案。宁波公司在打造文化展厅的过程中并没有过分展现电力档案成绩，而是立足于电力优势档案，深度钻研电力档案中蕴含的人、事、精神，在每个篇章下展示对应的藏品与故事，一步步展现电力精神。同时，为了丰富馆藏与精神内容，还采用征集、口述记录等形式来增加展厅内容，提高了档案开发层次，拓展了文化内涵。

3.2 应用数字化手段，提升档案文化服务效果

宁波公司档案文化展厅内有诸多的多媒体显示屏和互动触屏，以及大量运用数字化手段展现的模型。例如宁波市电力规划立体地图，参观者在参观过程中可以通过这些生动的数字化手段感知到电力事业发展的艰苦卓绝，同时还能够透过部分设备完成与展厅场景间的互动。该地图整体实现了从传统展厅的转变，提高了展厅互动性、科技性与人文性，提升了档案文化服务效果。

3.3 推行标准化管理，保障档案工作顺利推进

宁波公司为打造档案文化展厅，形成了征集档案标准、征集档案管理标准、展厅建设标准、展厅管理标准等系列标准体系，以保障展厅建设的高质量，也为推动后续档案文化传播工作提供了重要保障。宁波公司档案文化展厅建设从展厅规划起，经历档案征集、展厅内容挖掘、陈列打造等环节，直至档案文化展厅开放后的日常管理，都是按照标准化流程及规范开展。这不仅能够保证开发流程的规范性与计划性，更能保证档案文化开发的质量。

4　基于文化展厅对档案文化传播的后续思考

传统的文化展厅在建成之后，大多数公司通常更为关注短期绩效考核，缺乏长期可持续发展规划。针对耗费大量资源建成的文化展厅，需要有意识地进行后续规划与开发。为此，宁波公司基于现有经验，对利用好档案文化展厅这一形式进行有深度、可持续的档案文化传播形成了几点思考。

4.1　基于展厅资源拓展档案创意文化服务工作

档案创意文化服务是近年来档案行业的热点研究领域，其不仅能够推动档案文化的传播，更能促成一定的市场化变革，为档案行业带来部分经济收益。档案创意文化服务是以文化创意产业和档案公共文化服务为背景，推广创新型档案管理方式、传承档案文化为执行目的，依托馆藏资源开展的服务实践。综合档案馆（室）是档案创意文化服务的绝对主体，应根据档案馆藏实际情况开发相应的档案创意文化产品和创意文化活动[3]。如北京市档案局（馆）曾以"北京四合院与胡同"为主题向社会各界征集相关档案创意文化作品，收集到了大量纸质出版物、档案微电影、馆藏档案元素工艺品等成果，并配合开展了一系列展陈活动。宁波公司目前除了展厅内的近200余件档案展品外，在系统内外共征集了千余份精品档案，未来计划通过档案创意文化开发，结合展厅资源开展各类创意文化活动，邀请系统内容媒体开展相关推广宣传工作，逐步打造宁波公司的档案创意文化体系。

4.2　深化新媒体工具在档案文化传播方面的应用

"十四五"倡议提升公共文化服务水平后，2021年3月，国家发展改革委联合20个部门印发的《国家基本公共服务标准（2021年版）》[4]进一步提出充分利用政府公报、政府网站、新媒体平台等，方便群众获取信息。档案工作作为一项基础性的公共服务工作，其价值容易被普通群众忽视。目前，档案宣传工具越发多样，信息技术的发展也使得档案展厅的展示与推广形式发生了改变。电视、报纸等传统媒介形式也逐步转变成了微信（公众号、小程序）、短视频、短文资讯等形式[5]。但是档案文化展厅的服务圈层有一定的限制，其本身在传媒推广中不占优势，因此需要组建一支专业化的新媒体队伍，充分调动身边的资源开展相应的宣传工作，通过利用好新媒体平台渠道，以多元的档案内容和开发产品去立足于新时代的档案传播工作，让档案价值与档案魅力深入社会各个角落。

5 结语

电力事业是我国经济社会发展的重要支撑，电力公司档案在公司文化建设与发展过程中承担着不可替代的作用。开发百年档案不仅有利于传承电力企业宝贵的精神财富，同时也为电力企业的稳定发展提供了保障。随着信息技术的进步，电力企业档案工作也面临着全新挑战。宁波公司依托档案资源，利用网络媒体及信息化新技术建设百年电力企业文化展厅，打造出了档案文化传播释放窗口，在充分发挥档案价值的同时，有效促进了宁波公司档案文化的发展与建设。

参考文献

[1]徐拥军.档案记忆观：社会学与档案学的双向审视[J].求索,2017(11)：159-166.

[2]陈兆祺,和宝荣,王英玮.档案学管理基础[M].北京：中国人民大学出版社,2005：41.

[3]王玉珏,洪泽文,李子林,等.档案文化创意产品开发的理论依据[J].档案学研究,2018(4)：52-58.

[4]中华人民共和国国家发展和改革委员会.关于印发《国家基本公共服务标准(2021年版)》的通知[EB/OL].[2021-04-20].https://www.ndrc.gov.cn/xwdt/tzgg/202104/t20210421_1276842_ext.html.

[5]赵建平.新媒体环境下档案馆公共服务能力提升研究[J].兰台世界,2022(2)：40-44.

科技档案文化资源理论与实践探索
——以中国科学院档案馆为例

潘亚男[1,2,3]　邵亚伟[1,2]

1. 中国科学院文献情报中心　2. 中国科学院大学经济与
管理学院图书情报与档案管理系　3. 中国科学院档案馆

摘　要：科学文化是科学技术的精神土壤，科技档案是科学文化的重要载体。现有研究较少关注科技档案的文化价值，有关科技档案文化资源开发的理论与方法尚未形成体系。本文在文献调研的基础上，基于文化资源、档案文化资源的概念，阐述科技档案文化资源的定义、内涵与特点；以中国科学院档案馆为例，探索科技档案文化资源开发的实践路径，为相关机构、部门提供参考借鉴。

关键词：科技档案；科技档案文化资源；中国科学院档案馆；科学文化

档案是人们在各项社会实践活动中直接形成的具有保存价值的原始记录，是人类文化、文明的记录与物质承载体，是人类创造的精神文化财富的重要组成部分[1]。基于档案的文化属性和文化价值，档案文化资源开发、档案文化建设、档案文化创意服务、档案与文化记忆等是档案学界和业界热衷的话题。其中，科技档案作为科技活动的原始记录，具有重要的凭证价值、经济价值和文化价值。经文献调研可知，有关科技档案开发利用的研究与实践较少关注科技档案的文化价值，科技档案文化资源开发的理论与方法尚未形成体系。

中国科学院档案馆（以下简称"中科院档案馆"）是集中永久保存中国科学院系统各类重要档案的基地，在档案利用体系建设方面承担着组织开展档案编研、学术研究、传播档案文化等职能。郑勇等认为，档案学者要善于从不同角度研究档案文化资源，丰富档案文化的话语表达[2]。近年来，中科院档案馆围绕科技档案文化资源开发与科学文化传播取得了丰硕的实践成果，为我国科技档案开发利用工作积累了丰富的实践经验。基于此，本文对科技档案文化资源的定义、内涵、特点加以梳理，以中科院档案馆为例，提出相关实践路径，为科技档案文化资源开发与传播提供借鉴。

1 科技档案文化资源相关概念阐述

1.1 文化资源、档案文化资源与科技档案文化资源

从 20 世纪 80 年代开始，国内学者开始关注档案文化资源。翟江于 1982 年提出"要大力宣传档案是科学、技术、文化资源储备的一种形式"[3]。

首先，有关文化资源的研究响应了文化产业的发展与兴起。吴圣刚认为，文化资源包含文化事业和文化产业、科学与教育发展水平等[4]。欧阳友权认为，文化资源包括历史遗迹、民俗文化、文学历史、自然景观等，同时图书馆业和档案馆业也属于文化产业[5]。故而有观点认为，文化资源既是一种事业性资源，也是一种产业性资源[6]。

其次，当前学界尚未就档案文化资源形成较为权威、统一的概念。综合学界各类观点可知，档案文化资源主要有四个构成要素：（1）满足社会和公众特定的精神文化需求；（2）承载特定的文化内涵和文化价值；（3）具有社会、经济、文化、教育等多方面效益；（4）由档案或档案集合及具有档案性质的文化产物组成。此外，相关研究结合各类新技术、新场景、新领域，如新媒体、数字人文、碎片时间管理、信息化建设、视觉文化等探索档案文化资源开发之道，主要涉及民族档案文化资源、高校档案文化资源、企业档案文化资源、地方特色档案文化资源、家庭档案文化资源等。受上述理论基础与实践背景影响，有研究认为档案文化资源是一种兼容公益性和产业性的文化资源[7]，茅蕾等于 2014 年提出档案作为文化资源的产业属性尚未完全展示出来[8]。故而当前也有较多研究探讨了档案文化资源的商业化、产业化、旅游化开发。

最后，科技档案文化资源应受到重视。一方面，科技档案是一种重要的档案门类，是科技文化传承的重要载体[9]，是科学文化继承发展的重要基础[10]。另一方面，当前有关科技档案的研究多集中于业务工作，包括但不限于新技术、新时代、新环境下的科技档案管理，各行各业科技档案收集、管理和开发策略，鲜少从文化层面探讨、挖掘科技档案的文化效益。所以，科技档案的文化效益应和其社会效益、经济效益一样受到重视。科技档案文化资源是在自然科学研究、生产技术、基本建设等活动中形成，具有科学文化内核，可以通过多种形式开发利用并产生文化、经济等多种效益，以满足社会公众科学文化需求，提升公众科学素养的科技档案和具有科技档案性质的相关文化产物组成的集合。

1.2 科技档案文化资源的内涵

结合档案文化资源的构成要素与科技档案的特点，科技档案文化资源的内涵主要体现在以下四个方面。

第一，科技档案文化资源承载特定的科学文化。科学是一种文化，科学文化是文化的一种形态。科技档案直接形成于各类科技活动中，是科研活动的"软成果"，是科技工作者智慧成果的结晶，集中体现科研活动的原始面貌，直接记录敢于创新、勇于挑战的科研精神，具有极高的科学文化价值。如老科学家学术成长资料采集工程，系统收集老科学家各类口述资料、书信、手稿等文献资料，建设资料数据库，宣扬中国科学家的科学精神与科学传统，真实、全面地呈现中国科技事业发展历程[11]。

第二，科技档案文化资源能够满足社会公众科学文化需求，助力提升社会公众科学素养。随着我国科技创新的不断发展，科技人才需求不断提升，对科学素养的培育提出更高要求。科学素养包含科学知识、科学方法、科学思想、科学精神等，其中科学精神是最核心的要素。《全民科学素质行动规划纲要（2021—2035年）》明确指出，提升科学素质对于提升国家文化软实力具有重要意义[12]。通过开发科技档案文化资源，能够满足社会公众的科学文化需求，助力提升科学素养。

第三，科技档案文化资源具有文化、社会、经济、教育等多方面效益。在文化层面，科技档案是科学文化的重要载体，宏观上的科技档案资源体系凝聚着一个国家、民族的科技发展史。在社会层面，科技档案记载的科学知识、科学方法对于科技创新、社会发展具有凭证、参考价值。例如，中国中元国际工程有限公司（以下简称"中国中元"）向武汉市城乡建设局提供小汤山医院图纸，助力火神山医院10天时间神速建成[13]。在经济层面，科技档案具有经济属性[14]，档案文化资源具有产业性，科技档案文化资源在各类科技产业中也具有经济价值。在教育层面，基于科技档案文化资源所承载的科学文化、科学精神，可以开展科普教育，宣传科技创新成果，增强文化自信。中科院档案馆即积极开展各类宣传推广实践，传播科学文化，助力提升公众科学素养。总之，科技档案文化资源的多种效益彼此融合、紧密关联，应予以重视、挖掘、推广。譬如，王传宇、张斌认为，开发科技档案资源，实现科技档案的有效利用，为国家的经济建设和科技文化建设服务，是各级各类档案部门的重要任务[15]。吴建华认为，开发科技档案信息资源兼具经济效益和社会效益，其能够传递科学技术和文化知识，提高劳动者科学文化素质，推动社会生产力发展，创造经济效益；其中又以经济效益为主，是档案工作重点转移到为经济建设服务上来的题中应有之义[16]。可见，经济效益和社会效益并非对立关系，在特定条件下两者可相互转化。科技档案文化资源则更加突出科学文化、科学精神等"软实力"在促进经济发展、科技创新、社会进步等方面的效益。

第四，科技档案文化资源由科技档案或科技档案集合及具有科技档案性质的科学文化产物组成。除科技档案本身外，围绕科技档案进行管理、开发利用等过程中形成的科学文化产物，如企业文化、科技档案管理制度、科技档案编研成果等，均属于科技档案文化资源的组成部分。例如，中国中元相关科技档案见证了其医疗建筑事业发展的足迹，现已成为医院设计的必备参考和设计新人的"学习教材"，发挥了多种效益[17]。中科院档案馆依托馆藏的珍贵科技档案文献资源，编辑出版《中国著名科学家手稿珍藏档案选》，展现科学家的科学精神和家国情怀[18]。

2　科技档案文化资源的特点

一方面，科技档案是档案分类中的一项重要门类，其形成、保管、开发利用均有独特的业务模式；另一方面，科技档案所承载的科学文化既有人类文化的共性，也具有自身特性。故而，科技档案文化资源的特点源于科技档案自身特点与文化资源特点的有机结合，同时也凸显了科学文化的特点。

2.1　科技档案的特点

科技档案具有专业性、系统性、动态性、现实性等特点。在档案分类中，科技档案是区别于文书档案、专门档案而言的，其来源于科学研究的各专业领域。以科研课题为单位，成套的科技档案之间具有较强的逻辑关联，往往能够形成系统、完备的科技档案资源体系。随着科研课题的推进，在立项、执行、评审等不同阶段，科技档案的形成也具有阶段性。只有面向社会现实需求对科技档案进行开发利用，方可发挥其价值。

2.2　文化资源的特点

文化资源包括物质文化资源与精神文化资源，人类物质文化遗产和非物质文化遗产是文化资源的主要存在形式。具体来看，除上文阐述的公益性、产业性以外，文化资源属于一个民族、国家，甚至是全人类所共有，在传承、创新的过程中呈社会性、稳定性等特点。

2.3 档案文化资源与科技档案文化资源的特点

荣华认为，档案文化具有资源性、可供开发性[19]。在此基础上，档案文化资源呈现出历史性、文化性、多样性等特点。此外，科学文化不同于各种宗教、民俗和艺术门类等具有较强民族性、地域性的人文文化，其具有普遍性、公有性和共享性[20]。所以，科技档案文化资源兼具上述各类特点的同时，也具有较为突出的科技性、经济性、传承性、整体性和复用性等特点。

3 科技档案文化资源开发实践路径——以中科院档案馆为例

科学文化的建设与繁荣，是助力科技创新、推动经济社会发展的强大助推剂，和科学技术一起满足社会公众的物质、文化需要。基于上文有关科技档案文化资源定义、内涵、特性的阐述，开发科技档案文化资源的必要性与意义不言而喻。近年来，中科院档案馆深耕实践，在开发形式、合作模式、技术方法、内容挖掘、宣传渠道等方面紧密结合资源特色，探索出以下开发科技档案文化资源的实践路径。

3.1 开发科技档案文化资源编纂物

中科院档案馆负责接收全院 120 多个院属单位的档案信息资源，承担全院档案工作管理、指导和监督的职能。中科院档案馆积极同各院属单位档案部门，以及中国科学院文献情报中心等其他信息资源管理机构、文化机构展开协作，整合各类文化资源，积极探索科研档案和科学数据、科技期刊等数字资源的聚合与挖掘，拓展形成多源、异构的馆藏文化资源结构，为档案编研工作积累丰富的档案文献资源。例如，中科院档案馆精选 60 份珍贵档案，编辑《中国科学院国家重大科技基础设施珍藏档案图册》，以项目档案展示中国科学院乃至国家重大科技基础设施建设和科研事业的发展历程与成就；以科学家精神为主题，精选 70 位著名科学家的近百份珍贵手稿档案，编辑出版《中国著名科学家手稿珍藏档案选》，展现科学家个人学术生涯，也从侧面呈现中国科学院与祖国同行、与科学共进，推进中华人民共和国科学技术事业从筚路蓝缕走向辉煌的历史进程[21]，对于弘扬科学家精神，加强科研伦理和学风建设具有重要的现实意义。此外，中科院档案馆档案专项课题支持编著出版《六秩弦歌 甲子鼎新——中国科学院昆明动物研究所历史图集（1959—2019）》，以纪念、宣传昆明动物所科研人员科技报国、创新为民的家国情怀和昆明动物所创立、发展、壮大的光辉历程。

3.2 策划科技档案文化资源专题展览

中科院档案馆依托馆藏资源策划科技档案文化资源专题展览，致力于面向广大社会公众宣传、推广科学文化和科学精神。目前，中科院档案馆连续 5 年就不同主题举办中科院"国际档案日"档案主题宣传活动，联合百余家院属单位制作内容丰富、形式多样的档案主题展，弘扬爱国奉献、严谨治学的科学精神，回顾中科院各机构建立与发展的峥嵘岁月。"十三五"期间，全院线下观展 2.7 万余人次，线上访问 7.3 万余人次[22]。2021 年，为庆祝中国共产党成立 100 周年、弘扬科学家精神，中科院档案馆精选并集中展示中科院百位著名科学家的 300 余件珍贵档案，举办"科学丰碑　档案基石——中国科学院著名科学家档案展"，用档案展示中国共产党领导下的新中国科学技术事业筚路蓝缕、走向辉煌的历程，深刻诠释"爱国、创新、求实、奉献、协同、育人"的科学家精神。同时，《科学丰碑　档案基石——中国科学院档案馆弘扬科学家精神探索与实践》也获评 2021 年度全国经济科技档案资源开发利用案例评选一类案例。

3.3 探索科技档案文化资源开发技术路线

中科院档案馆在"十四五"档案工作发展规划中，将新修订《中华人民共和国档案法》作为明确的行动指南，提出探索大数据、区块链、数字人文等技术方法在科技档案文化资源开发中的应用，以多手段、多路径、多媒介全面深入挖掘科技档案文化资源的价值，探索"数字化—文本化—数据化—知识化"的技术路线[23]。例如，引入机器学习和深度学习，分类解决早期历史档案 OCR 识别准确性问题。在技术的具体应用场景上，中科院档案馆将主要以科研项目为主题，基于信息抽取、可视化等技术推进项目档案开发向内容挖掘、关联分析延伸，助力科技档案文化资源开发与知识服务的融合；以科学家精神为主题，采用数据挖掘、语义关联、知识图谱等技术，立体、多维地展示科学家形象，弘扬科学家精神。例如，以系统全面保存中科院院士重要科技和文化资源的中科院院士文库为数据来源，通过绘制院士学术画像、关联学术成就，进行细粒度、智能化的科技档案文化资源开发，在数字人文时代以更加多元、创新的形式与方法传播科学思想和科学文化。

3.4 构建科技档案文化资源宣传矩阵

在全媒体时代，新旧媒体相互融合，社会公众接收信息的渠道更加多元化。中科院档案馆积极采用各类新旧媒体搭建媒体矩阵，以多种形式拓宽科技档案文化宣传渠道。在 2021 年国际档案日之际，中科院档案馆推出"档案中的科学家故事"百部档案微视频，在中科院档案馆微信公众号、网站展播，学习强国

APP、中科院继续教育网均开设"档案中的科学家故事"专题。

2022年，中科院档案馆首次联合中央广播电视总台科教频道《解码科技史》栏目推出系列档案专题电视节目《于无声处》，用档案讲述钱三强、何泽慧夫妇和李四光等科学家的故事，宣扬以科学家精神为主的科学文化。在新媒体方面，两者联合推出百集系列短视频《档案里的新中国科技》，用珍藏档案展现新中国科技发展的波澜壮阔，央视频、学习强国、中科院之声、中国科讯等多个平台均有播出、转载。

4 结语

一方面，《"十四五"全国档案事业发展规划》明确指出当前人民"档案文化的需求日益增长""满足人民群众的档案信息和档案文化需求""不断推出具有广泛影响力的档案文化精品"是"十四五"时期档案利用体系建设的主要任务之一[24]。另一方面，科学技术的发展与应用给人类社会带来福祉的同时，在现代社会也引发了数据泄露、数字鸿沟、算法偏见、科研失信等现实问题。科学文化是文化的重要类型之一，是科学技术发展的文化基础。发展和传播科学文化有利于提高国民核心文化素养、助力科技创新，同时也可为解决上述问题提供思想和精神层面的动力与支撑。中科院档案馆积极探索科技档案文化资源开发的实践路径，极大地促进了科学文化与科学精神的传播，在实践中所积累的经验对我国科技档案管理部门有参考和借鉴价值。如何从资源导向转型至需求导向，全面提升科技档案文化资源开发成效，仍值得在实践中进一步探索。

参考文献

[1]王英玮.档案文化论[J].档案学通讯,2003(2):48-52.

[2]郑勇,张敏.数字人文视域下档案文化资源开发整合研究[J].山西档案,2020(2):109-112,32.

[3]翟江.要大力宣传档案是科学、技术、文化资源储备的一种形式[J].浙江档案工作,1982(7):15-17.

[4]吴圣刚.文化资源及其特征[J].河南师范大学学报(哲学社会科学版),2002(4):11-12.

[5]欧阳友权.文化产业通论[M].长沙:湖南人民出版社,2006:138.

[6]王旭东.论档案文化资源的开发利用[D].昆明:云南大学,2013:26.

[7]王烁.基于理论分析框架的档案文化资源开发利用研究[J].黑龙江档案,

2016(6):26-27.

[8]茅蕾,闫惠.档案:不该被遗忘的文化产业资源库[EB/OL].(2014-07-30)[2022-03-26].http://www.cssn.cn/st/st_whdgy/201407/t20140730_1272495.shtml.

[9]马庆.文化生态视野下科技档案建设策略探析[J].黑龙江档案,2021(3):58-59.

[10]王群善.科技档案与标准化的关系及其在人类科学文化发展中的作用[J].甘肃档案,1982(4):10-12.

[11]中国科学家博物馆.老科学家学术成长采集工程[EB/OL].(2017-04-14)[2022-03-26].http://www.mmcs.org.cn/1228/2017-04/149591.shtml.

[12]国务院.国务院关于印发全民科学素质行动规划纲要(2021—2035年)的通知[EB/OL].(2021-06-25)[2022-03-26].http://www.gov.cn/zhengce/content/2021-06/25/content_5620813.htm.

[13]王燕民,戴莉,王睿.档案助力抗击疫情医院建设[J].中国档案,2020(3):22-23.

[14]陈作明.科技档案的经济属性及我们的工作策略[J].档案学研究,1990(1):33-37.

[15]王传宇,张斌.科技档案管理学[M].北京:中国人民大学出版社,2009:242.

[16]吴建华.科技档案管理学[M].南京:南京大学出版社,2002:294.

[17]王燕民,戴莉,王睿.档案助力抗击疫情医院建设[J].中国档案,2020(3):22-23.

[18]潘亚男.《中国著名科学家手稿珍藏档案选》出版[N].中国档案报,2019-10-07(001).

[19]荣华.推动档案文化大繁荣大发展的思考[J].中国档案,2010(10):26-29.

[20]李醒民.论科学文化及其特性[J].科学文化评论,2007(4):72-87.

[21]潘亚男,王兰.使命驱动 责任担当 发展导向——"十三五"中国科学院务力开创档案工作新局面[J].中国档案,2020(12):30-31.

[22]潘亚男,梁宵萌.新修订《档案法》为中国科学院档案工作指明方向[J].中国档案,2020(10):22-23.

[23]中华人民共和国国家档案局.中办国办印发《"十四五"全国档案事业发展规划》[EB/OL].(2021-06-09)[2022-03-21].https://www.saac.gov.cn/daj/toutiao/202106/ecca2de5bce44a0eb55c890762868683.shtml.

[24]谭笑.发展科学文化是当下紧迫课题[N].光明日报,2021-10-18(02).

基于新媒体影像技术的高校档案文化传播作用机制和策略研究

杨　巍

浙江财经大学

摘　要：在数字文化传播时代，高校档案部门采用新媒体影像技术线上线下结合推动档案文化传播。本文从新媒体影像技术应用档案文化传播的影响入手，结合数据和案例具体分析高校档案部门利用新媒体影像技术进行档案文化传播的现状及困境，力图寻求推进高校档案文化有效传播的策略。

关键词：新媒体影像技术；档案文化；档案传播；机制和策略

新媒体影像技术是以触摸、空间移动、发声等不同方式引发载体变化，让观众通过感官系统产生独特而震撼的综合体验的技术。新媒体影像技术包括互动和交互体验技术、异形屏幕、多维立体现实和成像技术（3D、4D、5D 技术）、虚拟现实技术（AR）和数字展陈技术（三维、全息影像、3D 技术的集成和融合），具有多感官、沉浸式和多用户的特点[1]。新媒体影像技术为文化传播方式、传播理念、传播途径带来了新的机遇，众多文化类型以缤纷的方式呈现在人们面前，不断满足人们的文化享受需要，使人们的视觉、听觉、味觉、触觉、嗅觉等感官都产生了前所未有的体验。档案文化作为一种特殊而又新崛起的文化类型也不断以新的形式融入社会和人们的生活中。Michelle Chao 等指出，新媒体作为一种新的传播媒介，为文博领域带来了一种先进的营销模式；台北故宫博物院在利用数字媒体影像技术的展示中发现，影像技术能有效消除文物与受众、不同文化之间的"隔阂"与"冲突"，有效拓展文化传播市场[2]。在博物馆、档案馆等场地中运用新技术设计展示，不仅打破了传统沉闷的展示方式，增强博物馆的活力和魅力，同时拉近了展品与观众的距离，更好地满足了观众对馆藏的精神需求，提高了信息的传播效率[3]。同时，新媒体影像技术的运用也改变了受众单向被动接收档案文化信息的方式，易使用和易接受的新媒体技术使受众能主动参与文化传播活动中，生产属于不同受众群体的个性化传播内容，丰富档案文化传播内涵[4]。本文结合新媒体影像技术的优势特点，阐述高校档案文化传播的内外机理，通过案例分析，提出高校档案文化深度传播的策略。

1　新媒体影像技术与高校档案文化传播

简·基德在研究中断定，新媒体影像技术已经将博物馆早期的基于一体机的展览转变到新一代的多点触控界面，新媒体影像技术会从可用性、内容和价值呈现出各种变化[5]。新媒体影像技术促进博物馆、档案馆改变了传统角色，在新时代扮演了叙事者主体，成为一种传播媒体和媒介。

档案文化包括档案的实体文化和在档案管理利用过程中创造出来的档案事业文化的结合[6]。高校档案文化是高校档案管理利用形成的一种文化形态，是高校文化重要的组成部分[7]。目前，高校普遍利用广播、网站、微博、微信、网络直播平台等媒介融合宣传和传播文化，新媒体技术也得到广泛关注和运用，促使文化传播达到更深层次的传播效果。高校档案馆、校史馆、博物馆也逐渐改变宣传思路，积极利用新媒体打破时空限制，推动档案文化传播。有研究人员调研发现，早在 2014 年，就有30%的高校档案馆开通了微信公众号和微博，不定期更新档案馆藏信息、历史档案信息等[8]。

2　新媒体影像技术在高校档案文化传播中的应用

互动数字传播时代，高校档案部门在建造新校史馆（博物馆）等展览馆和线上展览馆时，会积极采用多维立体现实和成像技术、虚拟现实技术（AR）和三维全息影像技术、触屏和漫游联动、裸眼 3D、混合现实等技术吸引用户，缩小档案文化与用户间的距离感，让技术延伸到心灵，打造沉浸式体验。

2.1　实体展馆集合视觉、听觉、触觉美学，多方式展示，增强传播效果

如今，多数高校的实体展馆中出现了多感官互动的新媒体设备的身影。其中，主题沉浸式投影和全息投影是高校利用较为成熟的新媒体影像技术。沉浸式投影技术多是用在校史馆沙盘展示，利用光感动画原理，实现一种虚实联动，调动用户的视觉、听觉，使其沉浸其中，进而达到宣传的效果，如吉林大学校史馆沙盘便是采用了沉浸式投影技术。全息投影是利用光折射的原理，通过投影和后期图像数据处理实现虚拟成像。在档案展陈中，为保护实物档案的安全和延长档

案寿命，全息投影技术能够精准还原实物展品，将灯光、投影、声音融合在一起，全方位、动感地展示展品全貌，为参观者零距离接触展品提供可能。多媒体融合呈现也是高校档案部门青睐的新媒体影像技术，主要用于历史回溯区和历史图片展示，比如吉林大学的时光隧道，能让人瞬间回到历史时空中，更加真实地触摸历史。

2.2 线上展馆采用 VR 技术和三维虚拟技术，跨时空跨地域展示，扩大传播范围

本文利用网络调研了全国 42 所"双一流"高校档案馆、校史馆利用新媒体技术传播档案文化的状况。从调研结果看到，有 11 所高校档案馆（校史馆）利用新媒体技术开通了网上展馆（表 1）。从表 1 中可以看到，高校最早开启网上展览的时间是在 2016 年。随着新媒体影像技术的升级，高校档案馆（校史馆）的网上展厅利用新媒体技术的类型也存在多样性，一类是利用最初的 Flash 技术、Web 技术展示以馆藏内容为主的传播。比如天津大学在线校史博物馆、中国科学技术大学校史馆网上展厅，主要是采用现场采集图片，利用 Flash 将图片和讲解音频制作成动态场景，观众点击鼠标可以自由切换场景，浏览馆藏信息。另一类是利用三维全景技术、VR 技术、云技术开展沉浸式展示的传播。比如武汉大学三维虚拟校史馆、西安交通大学西迁博物馆、山东大学校史网上展览等，主要是利用计算机对馆藏信息和环境进行全方位的处理生成虚拟图像，让现实环境与虚拟图像叠加共同显示，让用户在浏览过程中有种"身临其境"的沉浸感[9]。

2.3 新媒体影像技术应用需求

一方面，随着智慧校园的建设和校园建设的需求，大部分高校都投入大量人力、物力、财力进行了档案数字化，并在馆藏档案的基础上建造了馆藏资源丰富的校史馆，档案馆（校史馆）、博物馆成为展示学校形象、宣传校园历史和档案文化的窗口和名片。然而，纵观全国高校，只有很少一部分学校利用 VR 技术、三维全景技术将数字化的档案历史信息资源整合展示。另一方面，目前高校档案文化传播互动交流有待提高、关注度低[10]。高校档案部门主要是通过微博、微信、网站等社交媒体发布信息，内容主要是通知公告、馆情概况等，热门话题或特定主题的历史事件、人物，文章或影视资料的内容比较少，单一枯燥的内容设计很难吸引用户的关注，导致互动性不强。以微信公众号为例，其传播指数较图书馆而言就有很大差距，所以要想促进档案文化传播，必须采用符合当代档案展览需求的新媒体技术，线上线下协同一致打造互动、融合多媒体的档案文化传播媒介和平台。

表 1　高校档案馆网上展馆新媒体技术利用情况统计（2021 年 10 月）

序号	学校	展厅及网址	利用技术	上线时间
1	北京航空航天大学	数字校史馆 http://211.71.14.153:801/photo/index.aspx	VR 技术	2019 年
2	天津大学	天津大学在线校史博物馆 http://historym.tju.edu.cn/	flash 技术、图片+音频	2016 年
3	大连理工大学	720 校史馆 http://zy.zhongzhilian.com.cn/dlut/? scene_id=72511412	VR 技术、Web 技术	2019 年
4	中国科学技术大学	校史馆网上展厅 http://arch.ustc.edu.cn/dsyj/list.htm	flash 技术、Web 技术、图片、音频、直播视频	2021 年
5	厦门大学	厦门大学网上展馆 http://wszg.xmu.edu.cn/ExhibitionXS	flash 技术、Web 技术+VR 技术	2021 年
6	山东大学	山东大学校史馆网上展览 http:202.194.15.190/vtour/tour.html	VR 技术	2020 年
7	武汉大学	武汉大学三维虚拟校史馆 https://xsg.whu.edu.cn/tour/index.html	三维全景技术	2018 年
8	华中科技大学	数字校史馆 http://xsyj.hust.edu.cn/info/1011/1492.htm	VR 技术、Web 技术	2017 年
9	重庆大学	立德树人网上展馆 http://ldsr.cqu.edu.cn/yjxs.htm	flash 技术、Web 技术、图片+音频	2017 年
10	西安交通大学	西安交通大学西迁博物馆 https://www.jt720.cn/pano/47cd5b868d65b341? s=scene_bec730d7dfd4720c	VR 技术、全景技术	2019 年
11	吉林大学	吉林大学校史馆 https://720yun.com/t/9fvkued758q? scene_id=38446584	VR 技术、云技术	2021 年

3 新媒体影像技术应用于高校档案文化传播的优势及问题分析

3.1 新媒体影像技术应用的优势

新媒体影像技术之所以比较普遍地被运用于现代档案馆（校史馆）的文化传播系统中，主要是因为其拥有传统的以实物、模型、图片配合灯光、说明牌为主的静态陈列形式的展示技术无可替代的优势。为此，本文从展示媒介、功能角度、传授关系、展示角度、情感评估等维度对二者进行了比较（表2）。总体而言，其一，新媒体技术借助计算机等电子媒介能全方位、动态化展示档案，这使得用户的观赏舒适感提升；其二，新媒体影像技术能完整还原高校历史建筑群，在以档案还原高校历史建筑时，能瞬间让用户沉浸其中，激发用户情感；其三，新媒体技术的运用，增强了用户与档案的互动，如利用全息投影技术把档案中的人物、事件场景还原出来，用户可以"穿越"到档案之中，与档案人物"对话"，体验档案中历史人物的生活。良好的互动让用户获得了愉悦感、放松感，用户也更乐意成为档案文化叙事者，分享传播相关信息，促进下一轮档案文化传播。

表2 新媒体影像技术与传统展示技术比较

比较维度	新媒体影像技术	传统（图片、文字、声像）展示技术
展示媒介	计算机等电子设备	展柜、展板
展示角度	立体式、全方位	静态式、平面化
功能特点	沉浸式、情感化	浮泛式、固态化
传授关系	循环传播、多向性	线性传播、单项性
情感评估	愉悦、互动、放松	枯燥、被动

3.2 新媒体影像技术应用于高校档案文化传播中尚存在问题

3.2.1 档案文化和新媒体影像技术结合的力度不够

在数字传播时代，档案文化传播的重点在于新媒体影像技术与档案的结合，从而挖掘、传承并创新档案文化的深层底蕴。在调研中发现，一些高校档案馆虽然利用了新媒体影像技术，但是展示的档案文化内容并没有很好地对接受众的心理情感，不能多角度揭示档案价值，使参观者无法和档案的底蕴产生共鸣。另外，档案数据化质量也影响档案文化与新媒体影像技术的结合。数字化进程较快的高校能够多角度融合新技术展示，如武汉大学三维虚拟校史馆杰出校友、科学研究板块就是在档案数字化的基础上利用新媒体影像技术充分展示的；反之，档案部门利用新媒体时就出现"巧妇难为无米之炊"的困境。

3.2.2 利用新媒体技术缺乏系统的标准体系和方法

高校档案馆利用新媒体影像技术缺乏统一的数据管理规范，也缺乏利用效果评估标准，导致在实际利用中，有些高校师生反馈新媒体操作不友好、体验感不佳，没能达到理想的效果。缺乏数据管理规范的另一个后果就是新媒体影像技术利用区域后期故障报修多，给日常利用造成不便。

3.2.3 新技术应用存在跟风现象，忽视实际档案文化深度挖掘

基于档案资源建设的校史馆、博物馆多是高校对外宣传的名片。如果为追求沉浸式效果，混合使用多种新媒体影像技术，而忽略实际档案文化的深度挖掘，喧宾夺主的设计和展示既不能达到档案文化传播的目的，又造成资源的浪费。一些高校利用新媒体展示区域同质化严重，自身特色没有彰显出来。

3.2.4 线下展示影响力弱，线上展示宣传力不足

档案文化线下展示主要通过实体展馆和临时展览的方式实现。尽管在实体展馆中有新颖的新媒体影像技术呈现，可感可触的互动性强，但因实体展馆更新时间长、新媒体影像技术更换慢、开放时间有限等条件限制，师生容易失去新鲜感，这些因素削弱了线下展馆的影响力。另外，利用新媒体影像技术的线上展馆虽然打破了时间和地点限制，可对外宣传度却不及图书馆等其他机构，导致大部分用户不知道有线上展馆可浏览，这种制约也影响了档案文化传播效果。

4 新媒体影像技术应用于高校档案文化传播的推进策略

新媒体影像技术和数字传播的发展对档案的保护和档案文化的传播是一个重大机遇。对于目前高校档案馆新媒体影像技术利用存在的问题，档案部门可以采取以下策略推进档案文化的传播。

第一，树立数字思维意识，制定新媒体技术运用及管理标准体系，打好档案文化传播之"基"。新媒体影像技术应用到档案文化传播的过程包括数字采集、存储、计算机处理、数字展示、信息传播等多个环节。因此，档案部门应树立数字思维，结合部门实际，借鉴电子文件管理的全过程管理的理念，制定新媒体影像技术运用档案文化传播的标准和要求，从源头上规范使用范围和标准，防止因一味追求潮流，忽略部门实际档案文化保护和传承需求而造成的资源浪费。

第二，深度挖掘档案内容，牢固档案文化传播之"源"。新媒体时代文化传

播的实质是：技术是支撑，内容是王道，要做好高校档案文化的传播，最核心的环节就是档案资源的建设。档案部门可以从档案收集范围、档案归档质量、档案资源结构和档案数字化等方面着手，扩大收集范围，丰富馆藏，优化馆藏结构，积极推动数字化。并在此基础上，深挖学校特色档案、重要历史节点档案和师生感兴趣的主题档案，再以新媒体影像技术加以呈现，让观众真正地领略到档案文化蕴含的寓意，达到扩大档案文化传播的目的。

第三，跨界合作，构建协同共建机制，善用档案文化传播"术"。一方面，新媒体影像技术需要用到建筑构成、数字摄影、三维建模等专业知识，档案馆（校史馆）文化展陈需要用到艺术设计、展示设计、数字媒体等专业知识。所以，高校档案部门应积极寻求和艺术学院、计算机学院等相关学院的人才进行合作，寻找专业的人才参与新媒体技术的使用过程，这样既方便准确地向设计公司提出需求，又便于后期的运行维护。另一方面，档案部门应积极和宣传部、团委、学生处等职能部门合作，不间断地宣传档案馆档案文化和利用的新媒体影像技术，吸引师生的关注，促进档案文化传播。

第四，加强新媒体影像技术方面的人才培养。新媒体影像技术的运用和不断变化，需要档案工作人员不断提升自身的知识素养和操作技能，档案部门要加强对档案人员新媒体影像技术方面的知识培训，让档案工作人员熟悉新媒体影像技术的运作原理和操作技能，熟练运用新媒体硬件设备，这样既方便日常管理，又方便对新媒体影像技术进行更新换代，赋能档案文化传播。

5 结语

随着数字传播时代的发展，档案也逐渐走向现代化、走向开放，新媒体影像技术必定不断出现在档案文化传播过程中。高校档案部门应根据档案文化传播需要选择合适的新媒体技术，能够起到事半功倍的效果。但是，当前多数高校对档案文化传播和新媒体影像技术的结合力度还不足，在后续的发展中还需要不断改进策略，加强和观众的交互，推动档案文化传播的更深一步发展。

参考文献

[1]杨瑾.互动、融合与流动:全球当代性语境下的博物馆[M].北京:科学出版社,2020:381.

[2]Michelle Chaotzu Wang,James Quo-Ping Lin. The Future Museum shapes the museum future: A progressive strategy of the National Palace Museum adopting new

media art exhibitions as a marketing tool [J]. Arts and the Market, 2018, 8 (2): 168-181.

[3]韩坤炯,王蒙.新技术在自然博物馆展示设计中的应用[J].工业设计,2020 (1):46-47.

[4]赵静.论博物馆的新媒体文化传播功能[J].新闻研究导刊,2019,10(12): 164-165.

[5][英]简·基德.新媒体环境中的博物馆:跨媒体、参与及伦理[M].胡芳, 译.上海:上海科技教育出版社,2017:52.

[6]王英玮.档案文化论[J].档案学通讯,2003(2):48-52.

[7]杜清,陈少徐.融媒体视域下高校档案文化传播模式研究[J].新媒体研究, 2021(7):99-101.

[8]李晓.基于社交媒体应用的档案文化传播策略研究[D].哈尔滨:黑龙江大 学,2015.

[9]刘音.新媒体技术在数字展馆设计中的应用研究[D].北京:北京邮电大 学,2016.

[10]岳全华."互联网+"时代的档案文化传播:档案重构、跨界融合与互动[J]. 浙江档案,2017(2):28-29.

高校档案馆文创产品开发的现实困境及应对策略研究

孙大东　白路浩

郑州大学信息管理学院

摘　要：高校档案馆文创产品开发有利于宣传高校档案文化、提高师生及公众的档案意识、塑造有特色的高校文化。本文通过文献调查和分析相关具体开发实例，梳理了高校档案馆文创产品开发的现状，分析了存在的现实困境，在此基础上结合先进的文创产品开发经验，提出了文创产品开发的应对策略，并从跨界合作、新兴技术利用及增值服务等方面对未来高校档案馆文创产品的开发进行了展望。

关键词：高校档案馆；文创产品；档案开发

0　引言

随着科学技术和生产力水平的提高以及知识经济的发展，文化创意产业迅速发展起来，作为一个新兴的朝阳产业，具有市场需求大、资源消耗低、投资回报大的特点，成为一个新的经济增长点[1]。我国于 2006 年在《国家"十一五"时期文化发展规划纲要》中首次提出"文化创意产业"的概念，鼓励发展文化产业。2016 年 5 月，国务院批准发布了《关于推动文化文物单位文化创意产品开发的若干意见》，要求文化文物单位充分发挥开发文创产品的主体作用，积极开发文创产品。在此背景下，部分博物馆对文创产品的开发如火如荼地开展起来，一些综合档案馆也开始开发文创产品，同样作为文化文物单位的高校档案馆也不能置身事外。面对当前文化产业化浪潮，高校档案馆应积极地迎接机遇与挑战，开发馆藏优质资源，培育多元的档案文创产品。

笔者于 2022 年 2 月 18 日，以中国知网（CNKI）为检索数据库，采用高级检索方式，以"篇名"为检索项，并以"档案+文化创意"或"档案+文创"为检索词进行检索，共得到97篇有效文献。通过对现有研究的梳理，笔者发现以下三点：第一，档案文创产品开发的相关研究走热，成为学者们的研究热点之一；第二，部分档案馆已开始开发文创产品，如美国、法国和澳大利亚的国家档案馆都结合自己的馆藏开发了各具特色的文创产品；第三，国内档案文创产品开发的研究以综合档案馆居多，目前关于档案文创产品开发的讨论大多集中于综合档案馆，对高校档案馆文创产品开发的关注还比较少。可以见得对高校档案馆文创产品开发的研究还不够深入，关于高校档案馆文创产品类型及未来发展的探讨，还存在较大的研究空间。

1 高校档案馆文创产品开发的现状

1.1 国内高校档案馆文创产品开发现状分析

为了解国内高校档案馆文创产品开发的具体情况，笔者运用网络调研法，在互联网上浏览了北京大学、清华大学、复旦大学、武汉大学等42所一流大学建设高校的档案馆官网，以及搜索引擎所能获取到的与高校档案馆文创产品开发相关的信息。经分析发现，高校档案馆网站尚未有明确的与档案文创产品开发相关的板块。在目前网上的资料中，高校档案馆作为开发主体，或者参与文创产品开发的具体实例很少。笔者仅发现复旦大学和台湾大学的档案馆有直接的文创产品开发经历，具体的实例将在下一小节进行阐述，可见高校档案馆对文创产品开发的关注度并不高。当然，说起高校档案馆文创产品，不能不提到高校纪念品商店，目前北京大学、清华大学等都开设了自己的纪念品商店，郑州大学也有自己的"眉湖小屋"，但是这些纪念品商店的开发主体主要是一些第三方机构，如北京大学纪念品商店的经营主体是北京龙腾四海校园文化传播中心，高校档案馆没有或很少参与纪念品的开发。此外，还存在一些高校档案馆开发了文创产品，但并没有进行宣传推广的现象。例如，郑州大学档案馆每年举办的国际档案日活动中，有明信片、书签、T恤等文创产品，但只是线下免费赠送，没有将其开发推广成可以赢利的商品，因而也很少为人们所知晓。

虽然绝大多数的高校档案馆没有明确的文创产品开发活动，但大多数高校都有自己的编研成果，如郑州大学编写了本校的大事记、校友回忆录等。杨红从档案文创产品的使用功能出发，把档案文创产品分为典藏复制品、出版品、纪念类产品和体验式产品四种类型[2]。结合以上分析，可见目前高校档案馆文创产品主要为四种类型中的出版品，即高校档案工作者对馆藏的文献资料进行编研，综合利用相关主题的档案资料，编辑出版高校大事记、高校志、校友纪念集、回忆录等纸质出版物，以及一些音视频资料。这些出版品虽然能起到宣传馆藏资源和科研成果的作用，但由于内容形式单一、创意性不足，且一般都是内部发行，即便公开出版也价格不菲，也就使得这类档案文创产品缺乏用户基础，市场较为狭小。

1.2 国内高校档案馆文创产品开发具体实例

复旦大学档案馆在馆藏基础上，通过编研推出一系列电子展览，如名人手迹、馆藏精品书画展、复旦英烈、110周年展、毛泽东与复旦大学主题展等，以在线展览的方式，充实师生及社会公众的精神文化生活。复旦大学档案馆还参与举办了《共产党宣言》展示馆（陈望道旧居）首届文创设计大赛，吸引文创设计人员、在校师生等进行文创设计，面向社会征集文化创意，通过创意设计和开发档案文创产品，让过去的文物"活起来"，焕发红色基因在新时代的活力，让更多的人重温经典，体会信仰的力量（图1为部分参赛作品）[3]。《共产党宣言》展示馆（陈望道旧居）文创设计大赛将在今后继续举办，未来将集合社会各界的力量开发出更多具有馆藏特色的文创产品，进而传承好红色基因，更好地宣传复旦的特色校园文化。

图1 部分参赛作品展示

我国台湾大学档案馆不仅专门为儿童设计了一套与档案相关的读物《听水讲故事》，还从馆藏中提取素材，结合台大历史人物事迹，推出了一系列文创产品。

如印有傅斯年函件及亲手签名图案的笔记本,其内页写有与傅斯年相关的函件并附有英文介绍,具有很强的纪念意义;印着台大精神的笔筒,采用档案盒形象设计,是一个经过改良的、竖立版的小型档案盒;还有一些充满创意的日常生活用品,极具生活气息,包括环保袋、杯子、文具等。来馆访客可以根据自己的喜好进行购买,这样台湾大学的档案文化也就随之融入人们的日常工作与生活当中,让更多的人了解档案,提升台湾大学在人们心中的形象[4]。

总的来说,国内高校档案馆目前从事档案文创产品开发的还比较少,一些配套的设施也不够完善。国内其他的高校档案馆可以借鉴博物馆、综合档案馆等文创产品开发的成功经验,将珍贵的档案馆藏作为档案馆文创产品开发的材料,从中汲取创意元素,开发出一系列既实用又新颖的档案文创产品,如明信片、书签、手账本、冰箱贴、帆布袋等,用于赠送其他来访高校,或者供师生及公众购买、收藏。这样不仅可以为学校带来一定的实质性收益,还可以宣传高校档案文化,以及促进高校特色文化的传播。

2 高校档案馆文创产品开发的现实困境

2.1 文创产品开发的思想认识不足

《高等学校档案管理办法》中说明,高校档案馆的管理职责有制度制定、档案收集管理、统计编研、开放利用及宣传教育等。目前,大多数高校档案馆十分重视保存档案的职能,花费大量的时间和人力成本来收集、整理和保存对本校有重要价值的档案信息,但是对于馆藏档案资源的开发利用不够重视[5]。鉴于知名"985"高校享有充足的经费和政策支持,笔者浏览了北京大学、清华大学和武汉大学的档案馆官网,发现三所高校的档案馆官网中都没有文创产品的展示,也没有相关文创产品的新闻推送,仅是对高校的部分档案馆藏进行简要的展示,这从一个侧面反映了高校档案馆对馆藏档案文化资源的开发认识不到位。高校档案馆应充分发挥对档案文化的宣传教育职能,开发出丰富多样的档案文创产品,使高校师生及公众的文化需求得到满足。

2.2 文创产品开发的业务基础欠缺

高校档案馆文创产品开发面临的困境在很大程度上来源于其业务基础的欠缺,可从两方面分析:首先,高校的档案馆藏具有特殊性,其中有很大一部分来自高校教学工作,主要收集的有教学方案、学生成绩档案、杰出校友事迹及学校的历史沿革等,这就使得在收集过程中,有些具有文化价值的重要档案文件不能得到有效收集，在开发文创产品时，也就缺乏与之对应的具有创意元素的馆藏。高校档案馆也不像图书馆那样开放，其馆藏大多具有保密性，只有已开放的档案才能进行公开利用，文创工作者想要接触到馆藏也并不容易，这就进一步限制了高校档案文创产品的开发。其次，高校档案馆的经费大多是由高校专门划拨的，经费的使用也有严格规范的条例。高校档案馆开发档案文创产品，需要充足的经费支持，而档案馆馆藏的收集、整理、保管及信息化工作会占用大量的资金经费，加之文创产品一般都有较长的开发周期，在短时间内，开发产品所投入的成本难以收回，导致高校档案馆的文创产品开发意愿进一步降低。

2.3　文创产品开发的产品形式单一

目前高校档案馆开发的文创产品还比较少，尚局限于一些印刷出版品，如大事记、回忆录等，形式还比较单一，创意设计不足。而一个好的档案文创产品是技术、创意与设计的优秀集合，是具有较高含金量的。传统单一的开发方式，会使文创产品显得单调，丧失对用户的吸引力，且单将馆藏图案元素复制到产品上，不进行深层次的开发，也会使用户的购买热情大大降低，这也是高校档案馆在开发文创产品的过程中亟待突破的问题之一，阻碍着高校文创产品的开发。因此，高校档案馆在开发文创产品时，需结合创意设计，丰富档案文创产品形式。

2.4　文创产品开发的专业人才缺乏

档案文创产品的开发需有一批专业人才，这些人才不仅需要具备一定的美术、设计素养，还要有一定的市场营销能力，了解文创产品发展的动向，以及用户的实际需要，进而合理地进行档案文创产品的开发。而目前高校档案馆的工作人员主要是档案学、图书情报学、历史学及教育学等专业的人才，虽具有较高的档案工作素养，但缺乏创意设计方面的知识，不能对馆藏档案中的元素进行有效的设计开发，对档案文创产品的市场也缺乏了解，开发出能被师生及公众接受的档案文创产品难度较大。但由于非专业档案工作人员对档案不了解，也不能完全把档案文创产品外包给设计公司。因而，高校档案馆缺乏开发文创产品的综合性、实用性专业人才，并且存在很大缺口。

3　高校档案馆文创产品开发的应对策略

3.1　改变思想理念提升文创能力

高校档案馆应积极地学习新的理论，主动改变开发理念。王玉珏、洪泽文等提出的档案文创产品开发的理论有文化资本理论、公共文化服务理论、档案情感理论及档案多元理论[6]。高校档案馆在开发文创产品时可以融入这些理论，改变开发文创产品的理念，把档案馆藏视为一种文化资本，积极地进行开发，为师生及公众提供服务，同时可将开发的档案文创产品作为维系师生与学校感情的纽带，增强师生对高校特色文化的认同。高校档案馆应在先进理念的指引下，积极争取政策、资金等方面的支持，开发丰富多样的档案文创产品，在开发过程中要注意文创产品开发、设计、生产、销售之间的关系，使之上下联通。开发出的档案文创产品，需要根据师生及公众的反馈不断地完善，提高其质量水平。当然，高校档案馆的工作人员也需要不停地创新，积极学习新知识，提升自身的整体素质，为高校档案馆档案珍藏维护及文创产品开发提供充足知识储备，从而提升高校档案馆开发文创产品的整体水平。

3.2 丰富馆设基础开发多元产品

针对目前高校档案馆业务基础欠缺的问题，高校档案馆应不断丰富档案馆的业务基础设施。首先，高校档案馆可以适当地扩大馆藏收集范围，在档案收集时，除了收集常规的教学、学籍及政务工作档案，还可适当地收集一些其他的具有纪念价值的档案，使馆藏更为丰富，更具高校生活气息。其次，高校档案馆要积极地对馆藏档案进行鉴定，及时地开放非密档案，为档案文创产品开发创造可以立足的馆藏基础。再次，高校档案馆应从多方面筹集资金，如向高校申请专项资金或者采用众筹的方式获取档案文创产品开发的资金支持。当然，在此基础上进行开发时也应注意产品的多元化，如苏州博物馆十分注重文创产品的多元化开发，开发出家居、文具、配饰等多元化的文创产品，多元化的产品中也透露着实用气息，如手账本、镇纸、眼罩等文创产品，美观实用。数据显示，2017 年，苏博文创荣获"中国最佳旅游文创项目 TOP20"称号；2018 年，苏博文创"双十一"销售额突破 45 万元，可见其文创产品开发是很成功的。因此，高校档案馆可以借鉴苏博文创经验，结合馆藏基础，开发实用多元的文创产品。

3.3 注重创意设计满足用户需求

台湾艺术大学设计学院林荣泰教授认为控制文创产品的成本固然重要，但是通过设计提高文创产品的附加值更为重要[7]。高校档案馆在从事档案文创产品开发时应注重创意设计，避免沦为简单的设计搬运工。在基本的生理需求、安全需求、社会需求及自我实现需求得到满足后，人们会更加注重美学体验，这也使得人们会更加倾向于拥有好的设计的文创产品。因此，高校档案馆须通过技术、文化创新，提高产品的设计感，从而提高文创产品的附加值。例如，由故宫博物院结合宫殿元素设计的"故宫猫"系列文创产品，因其萌小、可爱设计而很受人们的喜爱，开始流行于网络，并成为超级流行的文创 IP。"故宫猫"的成功是因为抓住了人们内心对萌物的需求，加上其独特、可爱的设计，使人们很快便会喜爱上。可见一个好的设计对于文创产品来说是多么重要。高校档案馆必须要了解用户需要什么，从用户的需求入手，加上好的创意设计，开发出符合用户期望的文创产品。

3.4　加强队伍建设开辟宣传渠道

高校档案馆文创产品开发，涉及许多领域，需要一批高素质的创新型人才，进而统筹馆藏编研、创意设计、市场营销等方面的开发工作。接下来分三方面阐述如何进行文创产品开发队伍的建设。首先，在教学培养方面，高校应该结合教学实际，在档案学教育中适当增加一些创新训练性课程，多方面培养学生的能力，提高其综合素质。也可以多和其他院系交流合作，如和美术专业联合举办一些档案美术作品创作竞赛等，在交流合作中提升学生素质。其次，在人才招聘方面，可以适当增加综合性实用人才的招聘，结合高校档案馆文创需求，招录一批具有创意设计技能的人才，从而提高文创产品的开发能力。最后，针对高校档案馆在职人员，增加一些专业培训，让馆员学习与文创产品开发相关的知识，优化其知识结构，提高其文创能力。

在加强人才队伍建设、开发高校档案馆文创产品的同时，需要对开发的产品进行积极的宣传推广。据相关学者调查，目前全国排名前 20 位的档案微信公众号的文创实物服务基本没有开展，暂时还没有结合档案元素开发的纪念品或其他商品[8]。在当下媒体融合及全媒体态势下，高校档案馆可以将开发的文创产品通过微信、微博等新媒体平台进行宣传推广，以及依托电商平台，开办文创产品旗舰店进行宣传销售。

4　高校档案馆文创产品开发的未来展望

高校档案馆可以借鉴国内外文创产品开发的有益经验，对馆藏资源进行深入挖掘，融入时尚创意元素，开发出既具实用性又兼具艺术欣赏价值的档案文创产品，满足高校师生及社会公众的文化需求。相信经过一系列的开发拓展，未来高校档案馆的文创产品将会变得丰富多样。结合已有分类方法，笔者将未来高校档案馆文创产品划分为如下类型（表1），并从以下三方面对高校档案馆文创产品开发进行展望。

表 1 高校档案馆文创产品分类

典藏复制品	出版品	纪念类产品	体验式产品
模仿馆藏中的珍品制作复制件，可制作不同规格的复制件，以满足不同的使用场合及用户需求	印刷型出版品（校友集、漫画绘本、手账本等）；电子型出版品（微电影、音乐 MV、光盘 CD 等）	从馆藏资源中提取创作元素，结合时尚元素开发具有纪念意义的档案文创产品，具有很高的创意性	立足馆藏资源，通过实体场馆或依靠虚拟现实（VR）技术搭建三维虚拟陈列馆，为用户带来真切的体验

4.1 跨界文创合作

文创产品的开发过程涉及不同行业和领域，需要社会不同机构与部门进行合作与配合，因而高校档案馆在开发文创产品时不能单打独斗，而要和外界的一些企业合作，跨领域开发档案文创产品。李思玥指出，跨界合作和一般的合作不同，它突破了合作双方所属行业、领域等，可以更充分发挥不同界别主体的优势[9]。高校档案馆采取跨界合作的方式开发文创产品可以弥补自身的不足与短板，提高档案文创产品的开发效率。在未来，高校档案馆可以和外界的文创机构合作，共同开发馆藏资源，如高校档案馆可以提供想法和创意，然后交给外部机构进行设计与绘制原画，生产加工也可以通过招标的方式进行，以尽可能节省经费。这样通过跨界文创合作，高校档案馆可以更好地开发文创产品，并更好地向社会提供文化服务。

4.2 新兴技术应用

随着生产力的进步，越来越多的新兴技术涌现出来，如云计算、物联网、虚拟现实技术、3D 打印技术、全息投影技术，以及 5G+8K 超高清视频等，这些新兴技术的出现，为文创产品的开发创造了更多可能。高校档案馆可以适当地结合新兴技术开发文创产品，如高校档案馆可以借助虚拟现实和全息投影技术搭建虚拟的线上展馆，让用户可以远程欣赏观看，也可以制作一些 5G+8K 的超高清视频，向用户展示档案，宣传档案文化。物联网 IOT 与 5G 技术的发展，使得用户能以超低的时延进行远程操作，高校档案馆可以利用这一点，开展一些文创产品制作的线上体验项目，让偏远地区的用户亲身体验、参与项目。当然也可以对馆藏元素进行提炼，然后融入物联网设备的设计，制作一些贴近生活的智能设备。

4.3 增值服务提供

高校档案馆在开发文创产品时，不能为了开发而开发，需要了解用户、理解用户需求，为其提供文创产品的后期增值服务，做好延伸服务工作。高校档案馆需以用户为中心进行文创产品开发，权衡好价格与质量的关系，向用户提供物美价廉的文创产品，这样才能提高产品吸引力，增加用户忠诚度，进而获得更多的收益。高校档案馆应满足师生及公众的个性化需求，为其定制文创产品，在售后提供免费刻字、清洁保养等增值服务，让用户感觉物超所值。打造好的文创产品，营造良好的用户体验，对于高校档案馆文创产品走向市场、塑造好 IP 十分重要，因而提供适当的增值服务是必要的。

参考文献

[1]王玉珏.档案文化创意服务的理论与实践[M].武汉:武汉大学出版社,2017:1-4.

[2]杨红.浅谈档案文化创意产品开发[J].陕西档案,2019(3):49-50.

[3]复旦大学档案馆.《共产党宣言》展示馆(陈望道旧居)首届文创设计大赛获奖名单出炉![EB/OL].(2019-12-19)[2022-02-25].http://www.fda.fudan.edu.cn/2f/6e/c8828a208750/page.htm.

[4]朱江.谈台大档案馆的创意[J].档案与建设,2011(2):17-19.

[5]韩亚梅.增强高校档案服务职能探索[J].陕西档案,2018(3):50-51.

[6]王玉珏,洪泽文,李子林,等.档案文化创意产品开发的理论依据[J].档案学研究,2018(4):52-58.

[7]林荣泰.文化创意产品设计:从感性科技、人性设计与文化创意谈起[J].人文与社会科学简讯,2009,11(11):32-42.

[8]孙大东,李婷婷.档案微信公众号文化创意服务调查研究[J].兰台世界,2019(11):16-19,10.

[9]李思玥."互联网+"时代下档案馆跨界合作研究[D].沈阳:辽宁大学,2019.

附录

2022 年中国档案学会档案文化专业委员会 "新发展理念下档案文化建设的创新与实践" 征文获奖名单

中国档案学会档案文化专业委员会 2022 年 2 月 22 日发布通知，以 "新发展理念下档案文化建设的创新与实践" 为主题开展征文活动，截至 2022 年 3 月 31 日，共收到论文 475 篇。经档案文化专业委员会组织专家进行两轮双盲评审，共评出获奖文章 333 篇，其中一等奖 42 篇，二等奖 90 篇，优秀奖 201 篇，特此通知。

获奖名单见下。

中国档案学会档案文化专业委员会
二〇二二年五月三十日

一等奖 42篇

（注：同一等级内按第一作者姓氏拼音排序）

序号	题目	作者	工作单位
1	及民到亲民：我国国际档案日宣传活动的实践经验与完善建议	卜昊昊[1]　洪秋双[2]	1 中国人民大学信息资源管理学院；2 中国长江三峡集团有限公司
2	百年电力档案开发，打造档案文化传播示范窗口——"百年砥砺、和合之光"文化展厅打造的实践与思考	陈依平　郑颖　徐丽丽　杨志惠	国网宁波供电公司
3	民国档案在大运河国家记忆体系构建中的价值与发展思考	陈宇	中国第二历史档案馆
4	探析红色档案、文物开发利用的创新与实践	程薇薇　张瀚巍　缪磊	南京抗日航空烈士纪念馆
5	档案数字展览集成开发平台建设探析	丁晓雪[1]　王福耀[2]	1 郑州航空工业管理学院；2 中国船舶技术档案馆
6	非物质文化遗产档案的文化开发与传播路径——以"陆稿荐"苏式卤菜档案为例	杜冰艳　王芷婕　郭雨菁　谢诗艺	苏州大学社会学院
7	叙事理论在大别山区红色档案资源开发中的应用	段燕鸽　朱兰兰	郑州航空工业管理学院
8	中国石油利用档案文献讲好石油故事的途径与效果分析	高朝阳	中国石油档案馆
9	论档案的记忆架构与身份认同：档案文化建设如何弥合文化鸿沟	葛文洁	广东外语外贸大学档案馆
10	万物有灵——以印章档案为例探讨实物档案内向的文化精神	谷依峰	云南大学历史与档案学院

序号	题目	作者	工作单位
11	三螺旋构式：关于档案文化结构的再思考	郭朗睿　谢诗艺	苏州大学社会学院
12	文化大数据背景下红色人物档案资源开发中的知识图谱应用研究	韩瑞雪	郑州航空工业管理学院
13	叙事解读与沉浸体验：档案文化创意产品开发策略研究	何紫璇	山东大学历史文化学院
14	红色档案文化资源建构：溯源、理论与实践	胡卫国	江苏省档案馆
15	应用"赋能思维"优化档案馆公共文化服务的内在逻辑及实践路径	黄霄羽　靳文君　徐晓苗	中国人民大学信息资源管理学院
16	用档案构建记忆，以记忆塑造文化——企业档案资源开发为基础的"企业记忆"项目建设研究	蒋耀伟	中国空空导弹研究院
17	互动视频在档案保护文化传播中的应用研究	焦圣兰　蔡梦玲	苏州大学社会学院
18	论档案赋能城市文化建设的协同创新路径——以厦门经济特区为例	康丽雅	厦门市城市建设档案馆
19	基于数字人文的红色档案文化资源建设	赖雯	广东外语外贸大学档案馆
20	传统村落档案管理多元利益主体间的共生演化模式研究——基于对内蒙古 P 市传统村落调研的分析	李健[1]　陈闽芳[2]	1 包头师范学院历史文化学院；2 广州市档案发展中心
21	浅析档案文化如何创新服务爱国主义教育基地建设——以曾三同志档案陈列馆为例	李幸	益阳市档案馆
22	面向数智时代的档案文化创意产品开发模式构建与实践路径	李冬[1]　闫金利[2]	1 大庆油田档案馆；2 哈尔滨市档案馆
23	基于扎根理论的地方特色档案资源开发影响因素研究	李玉珂[1]　张钰[2]　李高峰[3]　曹德奎[4]	1、3、4 西北农林科技大学档案馆；2 浙江中医药大学图书馆

序号	题目	作者	工作单位
24	纳西族东巴档案文化创意产品开发研究——以丽江市调研为例	梁思思　武思远	云南大学历史与档案学院
25	融媒体时代档案文化开发与传播的创新实践	米东荣	珠海市残疾人综合服务中心
26	科技档案文化资源理论与实践探索——以中国科学院档案馆为例	潘亚男[1,2,3] 邵亚伟[1,2]	1 中国科学院文献情报中心；2 中国科学院大学经济与管理学院图书情报与档案管理系；3 中国科学院档案馆
27	高校档案馆文创产品开发的现实困境及应对策略研究	孙大东　白路浩	郑州大学信息管理学院
28	档案文化产品社会化传播的效果研究	谭碧云	惠州市排水管理中心
29	新形势下档案资源共享开发利用效能评价体系探析——以南京市为例	王宇[1]　程薇薇[2]	1 南京市档案馆；2 南京抗日航空烈士纪念馆
30	历史街区建筑档案编研工作研究——以青岛八大关历史建筑信息调查与编研为例	王俊刚	青岛市城市建设档案馆
31	档案馆红色文化建设途径的研究	王力明　吕荣波	湖北省襄阳市襄州区档案馆
32	文化引领视角下企业档案编研的实践探索与路径思考——以中国石油集团为例	王强	中国石油档案馆
33	档案文化创意产品多层次设计研究	王云庆　朱烨青	山东大学历史文化学院
34	侨批档案文化创意产品开发过程中的优质IP培育策略研究	肖鸿强[1]　陈辉林[2]	1 广东省粤东技师学院；2 汕头职业技术学院
35	红色档案资源与高校课程思政的融合路径与实现机制	许珍花	北部湾大学档案馆
36	侨批档案与华侨身份认同——以晋江侨批为中心的考察	闫静　章伟婷	山东大学历史文化学院
37	基于新媒体影像技术高校档案文化传播作用机制和策略研究	杨巍	浙江财经大学

序号	题目	作者	工作单位
38	面向知识服务的红色档案知识组织模型构建——以成都市《蓉城党史》红色档案资源为例	余律[1]　张弘琴[2]	1 成都索贝数码科技股份有限公司；2 四川大学公共管理学院
39	乡村振兴战略背景下乡村档案文化建设初探	赵彦昌　王琳	辽宁大学信息资源管理学院
40	我国省级综合档案馆红色档案线上资源开发利用现状研究	赵跃　李艺　代欣怡	四川大学公共管理学院
41	民国时期档案文化保护建设中去酸新技术的探索与实践——以浙江省档案馆馆藏民国时期文化档案为例	郑丽新	浙江省电子政务数据灾难备份中心
42	坚定文化自信　讲好中国档案故事——强化新时代档案主流媒体责任担当的思考	冯喆	中国档案报

二等奖　90篇

序号	题目	作者	工作单位
1	新发展理念视域下档案展览高质量发展的策略分析	柏德有	广州市档案发展中心（广州市音像资料馆）
2	非遗中的民间舞蹈：从非物质到物质外化再现——以江西省为例	毕牧　徐梦玲	山东大学历史文化学院
3	用档案展览讲好地方传统文化——自贡盐业档案展览网页构思及启示	陈丽　田国庆　舒丽华　杨昊恬　余悦　张慧	四川大学公共管理学院
4	众开发视角下的档案故事共创研究	陈闽芳	广州市档案发展中心（广州市音像资料馆）
5	全媒体视域下档案文化宣传工作探析	陈宁辉　王晓源　荚敏　金先来　朱常武	安徽省档案馆
6	城建声像档案文化价值的传播	楚雪	上海市城市建设档案馆
7	港口档案文化开发与传播的创新探索与实践研究	丁江涌	青岛港国际股份有限公司
8	档案文化的可视化形象塑造——以中国第一历史档案馆新标志设计为例	丁威	中国第一历史档案馆
9	水书文献古籍在亚太地区及世界记忆遗产的重要价值意义	方景发	贵州省黔南州档案馆
10	数字人文下家庭档案资源开发利用探索	冯宇松　王芹	苏州大学社会学院
11	建设国际旅游消费中心背景下档案工作深度参与海南文化旅游融合发展的思考	符史涵	海南师范大学档案馆
12	新发展理念下档案文化创意产品开发策略研究	巩淑芳	鹤壁职业技术学院

序号	题目	作者	工作单位
13	依托于"国际档案日"的档案文化开发与传播的实践与思考——以上海卫星工程研究所为例	顾剑萍 郭斐 孙斌 夏新华 王索 金林	上海卫星工程研究所
14	基于地方文化的档案资源开发研究——以苏州丝绸档案为例	郭帆 王玲	辽宁大学信息资源管理学院
15	基于"五共"理念的电力企业档案文化建设	何伊娜 章怡帆 孙晓娜	国网舟山供电公司
16	西部乡村视野中的民国革命史——以修建成渝铁路对龙泉驿区的影响为中心	胡开全	成都市龙泉驿区档案馆
17	档案数据治理能力成熟度模型构建	胡晓庆	中山职业技术学院
18	青岛红色档案文化产品的开发——以青岛市档案馆"红色三部曲"为例	黄琪	青岛市档案馆
19	全媒体视阈下红色档案文化的传播效应与策略路径——以"百年华诞·百件珍档"红色百年南京印记活动为例	季红军	南京市档案馆
20	基于多维全程融合互联网技术的档案文化建设策略研究	金思纲 殷波 孙洲同 魏新 牛冬雪	国网黑龙江省电力有限公司
21	守正创新：新时代档案文化研究回顾与述评（2017—2021）——基于 Citespace 的文献分析	柯嘉睿 谢诗艺	苏州大学社会学院
22	红星照耀下的科尔沁——草原英雄儿女红色档案推广与利用研究	李昊霖	内蒙古民族大学档案室
23	谱牒档案中蕴藏的中华传统文化——从《陇西堂李氏家乘（李集苏北鲁南各房各支）》历次修谱序谈起	李加才	中国船级社江苏分社
24	情感价值视域下的企业档案文化资源开发与传播——以国网湖北省电力有限公司为例	李琳[1] 郭方[2]	1 国网湖北省电力有限公司；2 国网湖北省电力有限公司武汉供电公司

序号	题目	作者	工作单位
25	地图档案文化开发与传播创新实践——"地图上的雄安"设计实现	李明[1,2] 王海清[1] 王陈哲[1] 李佳[1]	1 国家基础地理信息中心；2 北京理工大学
26	数字人文视域下拓片档案文化资源的建构与开发	李姗姗 崔晨	西北大学公共管理学院
27	档案治理视角下的民间邮品档案及其价值阐释——以苏州市为例	李晓梅 王芹	苏州大学社会学院
28	文化记忆视角下档案文化资源开发与传播研究	李雪莹 杨帆	广东省地质科普教育馆
29	玩转档案产品体验馆设想	李云鹏	苏州大学附属第一医院
30	地方特色文化建设背景下档案展览设计方案研究——以西青区档案馆为例	刘梦莲 曹玉	天津师范大学管理学院
31	档案记忆观指引企业档案文化建设的实践研究	刘臻 张霄旭 郭璇	中国核电工程有限公司
32	"产学研教协同创新"语境下档案文化创意产品开发实践研究——以广州市国家档案馆为例	马微微	广州市国家档案馆
33	加强档案文化建设推动乡村振兴	马玉珍	贵州省毕节市档案馆
34	挖掘档案价值 创新档案编研 传播企业文化——以中国石油《吐哈记忆》文史纪述集编研为例	苗殿国 王利利 王怡 刘华 席英 李艳蓉	中国石油吐哈油田公司档案中心
35	公共文化服务高质量发展背景下档案馆的定位与发展研究	潘娜	中山大学信息管理学院
36	讲好档案中的科学家故事 深耕科技档案文化建设——中国科学院档案馆实践与探索	潘亚男[1,2,3] 翟瑶[3]	1 中国科学院文献情报中心；2 中国科学院大学经济与管理学院图书情报与档案管理系；3 中国科学院档案馆
37	数字策展在档案展览中的价值研究	齐浩 王玲	辽宁大学信息资源管理学院

序号	题目	作者	工作单位
38	创新档案编研　加强文化建设　提升服务能力——新时代天津社保档案馆档案编研工作的实践与探索	齐学霞	天津市社会保险基金管理中心档案馆
39	"文化IP"视域下档案文创产品开发策略探析	沈程程[1]　陈雨[2]	1 中国科学院新疆天文台；2 中国科学院档案馆
40	新时代背景下档案文化资源的开发与传播——以苏州市档案馆为例	沈慧瑛	苏州市档案馆
41	基于场景化思维的红色档案文创产品设计	宋姝瑶　王玲	辽宁大学信息资源管理学院
42	武汉市档案馆征编宣一体化路径探索与实践	宋晓丹　任芷芸　马昕冉	武汉市档案馆
43	档案文化传播新探	宋鑫娜	北京市档案馆
44	新时代档案文化建设内容体系研究	苏碧莹　杨晴晴	南京大学信息管理学院
45	国有企业档案文化建设与传播的创新与实践——以中国金茂打造特色档案创标文化为例	苏洲　张菁　李辉　司海杰	中国金茂控股集团有限公司
46	新发展理念下实施红色家谱修建，推动档案文化建设的创新与实践——以广西壮族自治区南宁市为例	粟盛民	南宁市国家档案馆
47	新发展理念下红色档案文化开发传播的实践与探索——以山东省淄博市淄川区党史研究部门为例	孙哲	中共淄川区委党史研究中心
48	红色档案资源开发利用实践——以大庆油田庆祝建党100周年系列档案编研为例	唐姝　崔艳红　杜鑫	中国石油大庆油田档案馆
49	融媒体时代石油生产企业档案文化资源开发利用创新与实践	唐妍麟　陈志强　熊晓奔　冯霞　周琼	中国石油天然气股份有限公司西南油气田公司蜀南气矿
50	档案文化服务高校育人实践路径研究	王春玲	黑龙江财经学院图书馆＼校史馆

序号	题目	作者	工作单位
51	基于受众体验理念的档案文创产品开发研究	王曼茜	北京联合大学应用文理学院
52	"三全育人"：新时代高校档案文化育人的发展路径	王玮	河海大学档案馆
53	文旅融合下海南红色档案开发现状与建议	王先发　康蠡　钟万梅	海南省社会治理创新与人才培养研究基地
54	从"教科书"到"畅销书"：档案文化主题展览策划的实践与思考——以中国现代文学馆的两个主题展览为个案	王雪	中国现代文学馆
55	档案文化展览服务党史学习教育的实现路径——以《迎着新生的太阳：庆祝中国共产党成立100周年红色经典大展》为例	王雪	中国现代文学馆
56	我国档案馆档案文化创意产品开发策略研究——以苏州工商档案管理中心为例	王妍	中国人民大学信息资源管理学院
57	基于乡村记忆的传统村落立档保护问题研究	王云庆	山东大学历史文化学院
58	企业档案文化建设实践与思考	翁非	国网福建省电力有限公司
59	数字化转型背景下的档案文化资源建设研究	吴金燕　房小可	北京联合大学应用文理学院
60	基于数字记忆架构下的高校档案文化建设研究	夏小茵	北京联合大学
61	论新时期高校档案文化的赋形解构及建设策略——基于高校档案现象的观察与分析	谢恺璇	华南师范大学档案馆
62	清代档册视角的台账溯源	谢晴　沈蕾	北京联合大学应用文理学院
63	面向档案文化资源开发与传播的档案部门网站建设路径研究——以英国国家档案馆网站为例	谢志成	国家档案局

序号	题目	作者	工作单位
64	高校国际档案日宣传策略分析——以西藏民族大学为例	徐诗成　任红　洛珠	西藏民族大学
65	新发展理念下档案文化建设的创新与实践——深刻把握红色档案资源的开发之道	许兆来[1]　许峰[1]　胡凯[1]　武正忠[2]　章云[3]	1 马鞍山市档案馆；2 马鞍山市博望区档案馆；3 马鞍山市公安局
66	清末民初铁狮子胡同一号院历史变迁初探	许正泓　沈蕾	北京联合大学应用文理学院
67	东北振兴视野下档案文化传播的价值体现与实现路径研究	杨剑云	沈阳医学院
68	高校档案文化创意产品开发研究——以云南大学为例	杨茜	攀枝花市西区档案馆
69	档案文化创意产品开发现状与策略研究	杨阳　王媛　车丹	山西大学档案馆
70	企业档案文化建设的独特性及价值实现——基于中国金茂郑州公司档案文化建设的思考	姚迪	中国金茂控股集团有限公司郑州公司
71	梦回洄溜——以洄溜集现状简析如何利用档案讲好百年村落文化故事	尤继[1]　肖佳俊[2]	1 阜阳市颍州区档案局；2 阜阳市第三人民医院
72	"遇见你真好"——关于档案馆传承优秀传统文化的若干思考	张步东	常州市档案馆
73	信息生态视域下档案文化建设研究	张加欣	中国兵器工业北方勘察设计研究院有限公司
74	探索档案文化资源建设和利用的新途径——以成都"城市记忆工程"为例	张娟	成都市城市建设和自然资源档案馆
75	科研单位档案开发促进历史文化建设实践探析	张微、李心祥	中国科学院昆明动物研究所
76	基于 Kano 模型的档案文创产品用户需求分析	张忆南	北京联合大学应用文理学院
77	面向用户需求的档案文创产品开发研究——以北京地区为例	张雨凡　房小可	北京联合大学应用文理学院

序号	题目	作者	工作单位
78	拉斯韦尔 5W 模式在档案文化传播中的运用分析	赵安[1] 陈璇[2]	1 中国兵器装备集团有限公司档案馆；2 广西壮族自治区档案馆
79	基于用户体验的档案文创产品开发策略研究	赵帅	河北大学管理学院
80	中国路段万里茶道沿途非遗的空间分布特征——基于档案资料的分析	赵雪芹 董乐颖	湖北大学历史文化学院
81	融媒体视域下档案文化传播要素研究——基于《"十四五"全国档案事业发展规划》的学术考察	赵彦昌 吴倩男	辽宁大学信息资源管理学院
82	我国档案文化模式变迁研究	郑情愿	四川大学华西医院
83	文化经济学视域下的档案文化创意产品阐释	郑子涵	汕头技师学院
84	论档案创意游戏产品开发对档案文化宣传的重要作用——以互动解谜游戏《第七档案室》为例	周凤	无锡地铁集团运营有限公司
85	新形势下档案文化传播策略及路径探析——以成都市档案馆为例	周葵、曾义	成都市档案馆
86	"十四五"时期，档案文化体系的建设思路研究	周秋萍	广东省佛山市档案中心
87	红色档案资源区域协作开发传播的实践与创新——以"印记 100"川渝地区建党百年档案宣传系列活动为例	周书生 詹雪瑜 刘科	四川省档案馆
88	档案虚拟展览策划与设计探析——以馆藏中福公司档案为例	朱兰兰 王晓霞 王倩楠	郑州航空工业管理学院
89	重大公共卫生事件下医疗档案文化价值的实现	邹雪晶	广州医科大学附属第一医院
90	新发展理念下档案文化创意产品开发策略研究	邹妍	华东交通大学档案馆

优秀奖　201篇

(注：同一等级内按第一作者姓氏拼音排序)

序号	题目	作者	工作单位
1	文化自信背景下高校红色档案文化建设路径	毕鹏瑶　张兴	牡丹江师范学院档案馆
2	新时代背景下档案文化创新服务探索	蔡飞铃	广州市城市规划勘测设计研究院
3	高校档案在高校文化传承中的价值研究	曹燕红	广西科技大学
4	基于档案特色文化创意产品的开发与研究	曾薇薇　方潇	北京控制工程研究所
5	档案文化建设与乡村振兴——以青岛市农村"三项工作"档案文化建设为例	常鲁河[1]　葛荣华[2]	1 青岛市档案馆；2 青岛市房屋使用安全服务中心
6	新发展理念下高校档案文化资源开发与利用创新研究	车艳红	哈尔滨工程大学
7	社会记忆视角下的档案文化建设体系研究	陈爱华	东莞市技师学院
8	昭示革命精神伟力　管窥档案文化魅力——"一方大印"彰显档案文化魅力的如皋实践与思考	陈红　丁小雁	如皋市档案馆
9	服务党史学习教育的红色档案文化建构研究	陈洪诚	百色学院
10	新发展理念下档案文化高质量服务路径思考——基于开发与利用视角	陈健怡	广州市城市规划勘测设计研究院
11	深入开发档案资源　延续企业文化传承	陈姗姗　杨飞	安徽恒源煤电股份有限公司钱营孜煤矿
12	浅析创建世界文创名城背景下的档案文化建设路径	陈玮　王楠	成都市档案馆

序号	题目	作者	工作单位
13	用好用活红色档案 赓续红色精神血脉 ——以山东省为例	陈晓	山东省档案馆
14	开展档案文化建设，助力国家文化软实力提升	陈昀欣	华南师范大学档案馆
15	探析档案文化资源开发与传播的新境遇和路径	陈长春	吉林省省属改制企业档案托管中心
16	"城市记忆工程"实施方法论——暨成都市"城市记忆"声像档案工作的实践与探索	崔建民	成都市城市建设和自然资源档案馆
17	档案文化的资政育人正风功效探索——以渠县档案文化建设为例	戴连渠 戴馥霜	四川省渠县档案馆
18	融合发展：档案与地域文化的命运共同体——以渠县为例	戴连渠 戴馥霜	四川省渠县档案馆
19	基于文旅融合的高校档案文化发展路径选择——以深圳大学档案馆为例	邓晋芝	深圳大学档案馆
20	深圳规划国土口述史料采集实践及思考	杜万平	深圳市规划和自然资源数据中心
21	文化自信背景下档案文化传播实践与思考——以中国石油勘探开发研究院建党100周年档案展为例	杜艳玲	中国石油勘探开发研究院文献档案馆
22	音像档案开发利用社会合作的模式	段竹莹	中国科学院上海技术物理研究所
23	饮食技艺类非物质文化遗产建档保护研究——以焦作非遗老字号美食项目为例	樊伟伟	河南省焦作市导游服务中心
24	档案文化建设与企业文化的发展	范真钰 郭萌 郑璐 张丙寅	国网沈阳供电公司

序号	题目	作者	工作单位
25	整合农村档案文化资源　助力乡村振兴建设——以广西崇左市扶绥县为例	方华娟	广西壮族自治区档案馆
26	档案文化资源赋能高质量发展研究——以苏州市为例	付双双	苏州大学
27	充分发挥档案文化建设在提升国家软实力中的作用	付好珂	四川电力职业技术学院
28	清代的重大活动和突发事件档案	高乐　沈蕾	北京联合大学应用文理学院
29	文旅融合视角下的档案文化建设：机遇、意义与路径	高妍	青岛市城市建设档案馆
30	档案历史文化建设的思考与建议	关颖	黑河市科学技术发展服务中心
31	档案文化资源开发利用策略研究	管建飞	北京联合大学应用文理学院
32	"69国际档案日"——国有企业档案管理开发与传播的新形式探究	郭美芳　柳志	广东水电二局股份有限公司
33	基于档案文化价值的高校档案开发利用研究	郭森	长春大学档案馆
34	档案文化创意产品开发流程与实践分析	郭玉红	山西省吕梁市水利局
35	加强档案文化建设　为全国文明单位金字招牌保驾护航	韩娟	山东省国土测绘院
36	现代背景下的西柏坡精神传承与弘扬中石油文化	韩锐　李倩	中国石油天然气股份有限公司河北销售分公司
37	加强红色军工遗产档案管理，助推红色企业文化建设的探索与研究	韩卫　王佼　曾雅丽　赵鹏飞　章华娟	泸州北方化学工业有限公司
38	档案文化建设与档案事业高质量发展	韩文杰	鲁北技师学院
39	漫瀚调视域下档案文化建设与国家软实力提升探析	郝中华　李伟　郝婧舒　肖瑞兰	鄂尔多斯市准格尔旗档案局
40	推进档案文化建设助力档案事业发展	何小萍	广东舞蹈戏剧职业学院

序号	题目	作者	工作单位
41	企业档案文化建设研究——意义、问题与对策	贺芸	国网浙江省电力有限公司金华供电公司
42	技术创新为档案文化建设赋能加力——新技术在档案文化建设应用刍议	侯永杰	华北军区烈士陵园
43	基于用户画像的档案文创产品开发研究	胡晓庆	中山职业技术学院
44	校史档案资源开发利用的行为模式研究	纪慧梅	上海大学档案馆
45	档案见证公园城市城乡无边界——争创全国文明典范城市的"成都路径"	贾燕妮	成都市档案馆
46	情感体验在档案文创产品设计中的应用探析	江秋奋	暨南大学档案馆
47	打造企业档案文化，推动档案事业高质量发展——从青岛市档案馆及所属部分企业档案建设进行探究	姜璐	青岛水务集团有限公司
48	浅析档案文化建设与档案事业高质量发展	解利民	山东省东明县城关街道办事处
49	学校档案促进校园文化整体性建设的实践研究	金海焕	杭州市萧山区特殊教育学校
50	关于推进地名档案文化建设的思考	景雪	河北省地名区划档案资料馆
51	开发红色档案文创产品，赓续红色基因	寇宁　冯丽博	河北省地质调查院
52	地质档案的红色基因与文化建设	寇宁　王子洋	河北省地质调查院
53	以重庆市档案馆为例从红色档案展陈谈档案文化建设	赖鹏辉	重庆市档案馆
54	红色实物档案视角下的"美机残骸制纪念品"初探	赖鹏辉　胡仁浩	重庆市档案馆
55	从主客体关系的价值视角——浅析航天强国战略中航天档案文化的意义与建设	雷婷	四川航天川南火工技术有限公司
56	新《档案法》施行背景下档案文化与医院文化建设探析	黎秀雯	海口市人民医院

续表

序号	题目	作者	工作单位
57	高校档案思政的研究探析	李高峰　李玉珂	西北农林科技大学档案馆
58	农村档案文化建设助力乡村振兴	李广丽	黎城县档案馆
59	为党管档　为国守史　守护军工红色基因永不褪色	李季	辽宁庆阳特种化工有限公司
60	"互联网+档案文创产品"的价值分析与开发策略	李建平	福建省浦城县干部信息中心
61	浅谈基层档案文化的建设与传播——唯美中国建筑陶瓷博物馆引发的思考	李晶晶	广东省东莞市市场监督管理局
62	浅谈新时期档案文化建设的创新与实践	李娟	四川省泸州市江阳区档案馆
63	综合档案馆重大活动和突发事件档案文化资源开发与传播探析	李美芳	广州市档案发展中心（广州市音像资料馆）
64	基于企业历史档案研究成果的品牌与产品创意实践研究——以泸州老窖特曲60版为例	李勇　曾凤鸣　袁霞	泸州老窖股份有限公司
65	文化自信战略下关于档案文化建设的几点思考	李真	山东省卫生健康委医疗管理服务中心
66	中小学档案文化对校园文化建设的影响	李争平	成都市龙泉驿区柏合学校
67	浅谈新发展理念下航天档案文化开发与传播的创新与实践	李卓妮　吴京	航天档案馆
68	"四维"保质用起来，"四效"着色活起来——中学党建档案文化资源开发与整合探微	梁翠云	广西南宁市第八中学
69	自然资源档案文化资源开发与传播	梁丽坚	中山市自然资源局火炬开发区分局
70	双视角下看档案文化传播的实践、提升	梁振丽　鲁永兵	成都市档案馆
71	新媒体环境下档案文化的传播研究	林妹静	自然资源部第三海洋研究所
72	践行新发展理念，加强档案文创产品开发	林中凰　张曙　申飞	中国科学院合肥物质科学研究院

序号	题目	作者	工作单位
73	方寸门票传播档案文化之初探——以淮海战役系列门票为例	刘斌	南京水务集团有限公司
74	档案文化建设在医疗卫生领域的理论与实践探讨	刘霞	山西省人民医院档案室
75	档案文创产品开发利用对校园文化建设的启示	刘晓明	南宁市第八中学
76	用好用活家庭红色档案，让红色基因代代相传——以沈毅力夫妇档案开发利用为例	刘媛之	南京市博物总馆
77	文化自信指导下档案文化建设路径的探索与研究——以中国石油辽河油田为例	刘长江　沈明军　李秀文　石坚　杨莹　李博	中国石油辽河油田档案馆
78	顶流"冰墩墩"走红的背后　如何讲好档案里的熊猫故事——以成都市档案馆馆藏为例	刘卓驭	成都市档案馆
79	基于 SWOT 模型的科研单位档案文化建设工作浅析	刘子菲　姜恬　张大业	北京控制工程研究所信息档案室
80	知识服务背景下兵工档案文化资源开发与传播路径探析——以内蒙古北方兵器城为例	卢国锋　吕媛　韩阳	内蒙古北方重工业集团有限公司档案馆
81	基于档案文化资源开发与传播实践的创新研究	卢森林　周佳丽	南昌职业大学
82	深谋区域特色　打响宣传品牌　加强档案文化建设——以湖州市档案文化建设为例	陆学敏　周茂林	浙江省湖州市档案馆
83	AI 人脸识别与数码照片档案结合助力高校档案文化建设	罗家靖	深圳大学档案馆
84	新发展理念下电网企业档案文化传播的实践与探索	罗亮[1]　康驰[1]　张伟[1]　高莉萍[2]	1 国网四川省电力公司；2 国网四川省电力公司乐山供电公司

序号	题目	作者	工作单位
85	探究我国企业档案文化建设现状	罗占健	贵州省地矿局区域地质调查研究院
86	高校红色档案融入党史学习教育探究	吕中元	岭南师范学院档案馆
87	构建媒体融合的档案资源建设新模式	马婷婷	深圳大学档案馆
88	文化记忆视域下地勘行业档案资源开发探究——以广东省地勘单位为例	满雪萍	广东省地质局第五地质大队
89	基于大思政建设视域下的高校档案文化开发与传播——以西南交通大学档案馆（校史馆）为例	孟凡春	西南交通大学档案馆（校史馆）
90	红色档案文化资源开发利用的思考——以宁夏回族自治区档案工作为例	母慧新	宁夏档案馆
91	档案文化建设理论	牛玉存　刘金莉	国网山东省电力公司聊城供电公司
92	城建档案管理在城市文化传播中的作用探寻探讨	潘忠[1]　黄泓泽[2]	1 福建省福安市城建档案室；2 福建省福安市城市管理综合执法大队
93	开发高校档案史志　弘扬大学分校精神——京津两地大学分校档案史志编纂模式对比及对天津的启示研究	潘子聪[1]　周持[2]	1 天津市东丽区档案馆；2 天津市北辰区档案馆
94	基于新形势下档案文化建设的创新	彭彩霞	铜仁学院
95	档案文化建设推动档案事业发展	祁宁	国网福建省电力有限公司厦门供电公司
96	"文化自信"视域下企业档案文化建设的探索与思考——以中核集团秦山核电档案文化建设为例	乔飞	中核核电运行管理有限公司
97	文化强国背景下的档案文化建设	秦筱璇　向京慧	北京航天长征科技信息研究所

序号	题目	作者	工作单位
98	基于"档案+"模式的创新实践与思考	卿柔　杨滢	成都市城市建设和自然资源档案馆
99	贵州少数民族档案文化传承保护与创新交融研究	瞿智琳	贵州师范学院
100	加强城建档案文化建设　助力国家软实力提升	饶笛	广西壮族自治区城乡规划设计院
101	浅谈影响档案文化传播的重要因素：档案开放——从城建档案开放行为切入	阮雅	广州市城市建设档案馆
102	传播学视角下的档案文化建设：意义、实践及创新	沈桂凤	南京信息工程大学档案馆
103	关于加强档案资源开发促进档案文化建设的实践与思考——以河北省农林科院昌黎果树研究所历史展览馆筹建为例	沈淑燕　张克凡	河北省农林科学院
104	基因编辑模式下档案保护技术文化基因的创新与传承	沈晓涛	暨南大学档案馆
105	档案文化资源开发与宣传的路径探析	石修银	贵州省黎平县第三中学
106	关于推进档案文化建设有效途径的思考	双小丽	山西省交城县天宁镇人民政府
107	新时代红色档案资源开发的理论与实践	宋鑫娜	北京市档案馆
108	新发展理念下做好企业档案文化建设的思考	苏洲　宋书明	广州金茂置业有限公司
109	新时期档案文化建设的探索与实践——以宁波市鄞州区为例	孙晓红	宁波市鄞州区档案馆
110	加强档案文化建设浅析	孙祚华　陶召利	平阴县档案馆
111	新发展理念下钢铁工业遗产文化档案文化的保护和利用——以青岛钢铁工业遗存档案文化保护和利用为例	唐婧	青岛红岛开发建设集团有限公司

序号	题目	作者	工作单位
112	档案文化建设在煤炭企业中的作用	唐利华	川煤华荣能源石洞沟煤业公司
113	以党管档案为着力点，推动国有企业档案文化与企业文化融合发展	唐泉彬	国网莆田电力公司
114	湖南省浏阳市档案文化开发与传播的创新与实践	唐学雷	湖南省浏阳市档案馆
115	公共档案馆开拓文化休闲服务功能的现状与对策	唐贞全	广州市档案发展中心（广州市音像资料馆）
116	档案文化建设推动档案事业高质量发展的思考	唐紫亨	广元市档案馆
117	档案文化创意产品开发	滕玉波	营口市自然资源事务中心
118	新发展理念下档案文化建设的创新与管理	田娇[1]　王鹏[2]	1 山东汇丰石化集团有限公司；2 桓台县档案馆
119	档案文化传播与融媒体融合的探索	王飞	合江县档案馆
120	电网企业基于数字人文的档案文化体系构建研究	王广　何伊娜　李彦	国网舟山供电公司
121	关于红色档案文化信息资源数字化建设的思考	王红茹	中共陕西省委党校
122	深耕红色档案资源　打造红色文化新高地	王家佳[1]　张璇[2]　王伟[3]	1 江北新区红色广场；2 南京市第一中学；3 南京市档案馆
123	新发展理念下档案文化建设的创新与实践	王剑	晋中师范高等专科学校
124	论航天企业档案的文化价值	王萌　张依然	西安航天发动机有限公司
125	浅谈新形势下电力企业档案文化建设的创新实践——基于国家电网广元供电公司的案例分析	王攀	国家电网四川省电力公司广元市供电公司

序号	题目	作者	工作单位
126	利用档案资源传承弘扬企业文化——以克石化企业文化系列编研为例	黄国强[1] 刘娟[1] 黄扶显[2] 吴昊[2]	1 中国石油档案馆；2 中石油克拉玛依石化有限责任公司
127	新发展理念下档案文化建设研究	王斯雨 张大业 葛羚	北京控制工程研究所
128	原平市档案文化建设理论创新与探索实践	王卫东 杨帆 张美霞	山西省原平市委办公室
129	新时代、新理念背景下如何凸显档案工作的历史使命感和政治责任感	王小娟	鄂尔多斯职业学院
130	浅谈档案文化产品开发实践与策略——基于甘肃省庆阳市档案文化产品开发实践	王晓灵	甘肃省庆阳市档案馆
131	新时代基层档案馆档案文化开发与传播的创新与实践——以青岛市市南区档案馆为例	王艳丽	青岛市市南区档案馆
132	新时代档案馆文化建设路径探索——以太原市档案馆为例	王元亮	太原市档案馆
133	新时期红色档案文化资源的价值及开发利用路径实践——以中山市红色档案为例	王长伟	中山市自然资源档案馆
134	重庆市红色档案文化资源国内开发与传播策略研究	温长松 马念	重庆市档案馆
135	自媒体环境下档案文化传播特征及传播理念探析	问宇鹏 任越	黑龙江大学信息管理学院
136	企业档案文化建设研究与实践	吴京 李卓妮	航天档案馆
137	历史文化街区档案文化挖掘和提质活化浅析	吴翠雯	恩平市疾病预防控制中心
138	以两个"服务"指导基层档案文化开发与传播的创新与实践	吴峰梅	攀枝花市西区档案馆
139	新时代档案文化建设存在的不足及发展路径分析	吴佳迪	中国金茂控股有限公司青岛公司

序号	题目	作者	工作单位
140	新媒体时代下历史文化资源开发与传播路径探析——以数字敦煌为例	向钰洁 吕文婷	湖北大学历史文化学院
141	档案意识历史变迁谈新时代档案意识的内容及培育	肖鸿强	广东省粤东技师学院
142	从《南京云锦及丝织业口述档案》谈口述采集	肖妍娜	南京江南丝绸文化博物馆
143	挖掘档案文化资源推进档案文化建设	谢宝亮 杨慧	中煤能源新疆煤电化有限公司
144	档案文化创意产品开发	谢顺琼	东莞松山湖高新技术产业开发区管理委员会
145	让校史"活起来"——挖掘校史档案资源,助推校园文化建设	谢忆静	浙江省萧山中学
146	浅谈红色档案在党史学习教育中的有效利用路径——以南京抗日航空烈士纪念馆为例	许皓 高炜 杨丽丽	南京抗日航空烈士纪念馆
147	档案文化资源在新形势下的开发与传播	许文良	国网青川县供电公司
148	浅论档案文化的自媒体传播价值	许跃飞	佛山市档案馆
149	医院档案为医院文化建设服务的策略研究	严金瑜	广东省肇庆市第三人民医院
150	新时代背景下档案文化建设的思考	杨凡	湖北省武汉市东西湖区档案馆
151	浅谈档案文创产品开发策略	杨珺	广东省东莞市东莞科技进修学院
152	新时代下档案文化资源开发与传播探究	杨宁	山西省文水县自然资源综合行政执法队
153	意识形态安全视域下红色档案文化融入高校协同育人开发路径研究	杨威	包头师范学院
154	加强档案馆和方志馆合作 助推档案文化资源开发	杨葳	吉林省方志馆

序号	题目	作者	工作单位
155	新形势下档案文化创新建设探索	杨洋	广州市档案发展中心（广州市音像资料馆）
156	档案文化建设与档案事业高质量发展	姚海燕	中国电子科技集团公司第三十八研究所
157	浅谈数字人文背景下的档案文化资源开发	姚雅娟	陕西陕煤澄合矿业有限公司
158	新时代新征程档案文化建设的战略方向——以广州为例	叶朝曦　梁珊	广州市国家档案馆
159	档案文化建设与档案事业高质量发展研究	宜玉琴	陕西黄陵煤化工有限责任公司
160	《洛阳伽蓝记》南朝档案举隅	殷春华	南京市博物总馆
161	浅析档案文化资源编研开发队伍建设	尤佳新	太原市建设工程质量安全站（太原市城乡建设档案馆、太原市工程建设标准定额站）
162	建国前地质档案的价值与开发利用——以山东省级地质档案馆藏为例	于海	山东省自然资源资料档案馆
163	文化自信视角下历史建筑档案文化数字化保护传承研究	袁绍晚	广州市城市建设档案馆
164	档案安全管理文化建设探析	岳红博　王伟红	河北省档案馆（河北省地方志编纂委员会办公室）
165	国有企业档案文化建设的创新与实践	张霞[1]　李博文[2]	1 国网冀北电力有限公司张家口供电公司；2 国网冀北电力有限公司张家口市万全区供电分公司
166	农村档案文化开发与传播的创新与实践——以山东省临沂市临沭县朱村为例	张静[1]　徐之光[2]	1 山东省档案馆；2 临沭县档案馆
167	航天档案文化发展与航天事业的融合分析	张大业　余瑜　王斯雨	北京控制工程研究所

序号	题目	作者	工作单位
168	档案对疫情防控的作用——从《全国农村卫生工作稷山现场会议档案选编》一书谈起	张建婷	山西稷山县档案馆
169	微时代档案宣传工作新举措	张娟　王静	山西工商学院档案馆
170	石油档案赓续红色基因——以中国石油兰州石化公司建设石油精神教育基地为例	张坤　米莎	中国石油兰州石化公司
171	新媒体视角下档案文化资源开发与传播途径探讨	张蕾蕾	惠民县档案馆工作
172	论档案文化资源的挖掘与利用	张莉	枣庄市非公有制经济发展促进中心
173	新时代档案文化建设中的文化自觉和文化担当	张良波	山东省淄博市淄川区档案馆
174	基于信息化视角的档案文化建设与实践	张珊	日照职业技术学院
175	基于区块链技术的档案数字藏品开发与应用	张伟茵	郑州航空工业管理学院信息管理学院
176	"双一流"背景下高校档案文化建设路径浅析	张霞	太原科技大学档案馆
177	档案文化资源开发利用在国有企业中的探索与实践	张询阳	国网四川省电力公司广元供电公司
178	档案宣传工作刍议——以青岛市档案馆为例	张晔[1]　葛荣华[2]	1 青岛市档案馆编辑研究处；2 青岛市房屋使用安全中心
179	基于旅游服务视角下的档案文化产品的开发研究——以旅游城市大连为例	张一囡	辽宁大学信息资源管理学院
180	浅谈从档案文化到设计院档案信息文化生态建设	张元科	中广核工程有限公司
181	档案文化资源开发与传播	张占武	宁夏医科大学档案馆

续表

序号	题目	作者	工作单位
182	加强档案编研工作　助力档案文化建设	赵春红	北京遥测技术研究所
183	新发展理念背景下的档案价值体现及未来发展路径探析	赵津华	莒南县档案馆
184	关于推进企业档案文件建设的几点思考	赵兰花　远景　毛文宇	哈尔滨第一机械集团有限公司
185	新发展理念下档案文化资源传播研究	赵铭媛	辽宁大学信息资源管理学院
186	微媒体平台下档案文化建设SWOT分析及对策研究——以31个省级档案馆微信、微博公众号为例	赵通	中南大学生命科学学院图书情报专业
187	融媒体环境下档案文化传播路径研究	赵彦昌　宋雪婷	辽宁大学信息资源管理学院
188	基于用户感知价值下档案文创产品的多元化开发	赵袁园	清远市中医院
189	基于档案文化认同感的档案人文化建设研究	郑洁	桂林理工大学
190	新发展理念下档案文化的开发与传播	郑敏	叙永县档案馆
191	新媒体时代高校红色档案文化服务党史学习教育的研究与探讨	郑茜	华南理工大学档案馆
192	新发展理念下档案文化资源开发利用探究	钟娟　职凌楚	北方导航控制技术股份有限公司
193	"档志融合"视阈下档案学专业本科课程改革探析	周持　孙杰	天津市北辰区档案馆
194	文化自信背景下高校档案馆文化建设初探	周媛　李飞荣　张文磊	国防科技大学档案馆
195	基层档案文化资源开发与传播探索	周德琼	四川省筠连县档案局
196	技术嵌入视角下档案文化资源建设新模式	周昊　高允东	中国航空工业集团公司雷华电子技术研究所
197	发挥红色档案文化功能服务"四史"教育的思考与实践	周葵　王楠	成都市档案馆

序号	题目	作者	工作单位
198	浅析新时代中国档案文化宣传	周永圣	重庆市档案馆
199	浅谈企业档案与企业文化建设	周玉霞	兖矿能源集团有限公司
200	少数民族档案文化传承保护与创新交融研究之——少数民族档案文化演进历程溯源	朱天梅	黑龙江大学信息管理学院
201	红色档案开发成果赋能思想政治教育理路探析	朱万悦　卢珊	江苏省档案馆